高等职业教育教材

数字素养基础

SHUZI
SUYANG
JICHU

白林林 ◎ 主　编
王真文　张　会 ◎ 副主编

化学工业出版社

·北京·

内容简介

《数字素养基础》以党的二十大提出的"推进教育数字化,建设全民终身学习的学习型社会、学习型大国"为指引,以目前数字技术发展的现状为基础,详细介绍数字时代大学生必备的数字技能与素养,确保大学生安全、有效和负责任地使用数字技术。

本书共有五章,第一章介绍数字素养和数字包容基本内涵,强调在数字时代大学生应具备数字生活能力、学习能力及计算思维的重要性;第二章和第三章分别介绍了数字化的关键技术和智能技术,为学生学习数字技术奠定基础;第四章介绍数字化技术在教育领域、政务领域以及企业的赋能作用,进一步加深学生对数字化的认知,为今后的职业生涯奠定基础;第五章强调学生不仅应具备数字意识、了解数字技术,更应培养个人数字安全能力、数字创新能力以及数字社会责任意识,以便更好地适应数字化时代。

本书章节设有案例导读与案例分享,设有实践提升和拓展阅读环节,便于学生巩固学习成果,拓宽视野。

本书可作为高等职业院校数字素养基础等课程的教材,也可供希望了解数字化知识的企业人员阅读。

图书在版编目(CIP)数据

数字素养基础 / 白林林主编 ;王真文,张会副主编. 北京 : 化学工业出版社,2024.9. --(高等职业教育教材). -- ISBN 978-7-122-45969-5

Ⅰ. G202

中国国家版本馆CIP数据核字第2024ZZ9510号

责任编辑:王海燕　蔡洪伟　　　装帧设计:王晓宇
责任校对:边　涛

出版发行:化学工业出版社
　　　　(北京市东城区青年湖南街13号　邮政编码100011)
印　　装:河北延风印务有限公司
787mm×1092mm　1/16　印张12¾　字数288千字
2024年9月北京第1版第1次印刷

购书咨询:010-64518888　　　售后服务:010-64518899
网　　址:http://www.cip.com.cn
凡购买本书,如有缺损质量问题,本社销售中心负责调换。

定　　价:58.00元　　　　　　　　　　版权所有　违者必究

前言 PREFACE

　　数字浪潮席卷而来,成为经济发展关键力量。在这个以数据为驱动的21世纪,数字技术已成为我们生活和工作不可或缺的一部分。从智能手机的日常使用到在线教育的普及,从社交媒体连接再到大数据分析,数字技术的触角已经深入到社会的每个角落。因此,掌握数字技能、发展高水平的数字素养在数字化时代对个人的发展非常必要。

　　《数字素养基础》教材是一本适用于高等职业院校学生的教材,同时也可供希望了解数字化知识的企业人员阅读。本书结合数字化时代全民数字素养能力提升要求,积极践行数字素养提升行动计划,对数字素养涉及的新概念、新技术等作了全面阐述,辅以案例分享和实践探索,旨在落实党的二十大提出的"推进教育数字化,建设全民终身学习的学习型社会、学习型大国"的要求,提升新时代大学生的数字素养与技能,理解数字技术对社会和个人生活的影响,并在日益增长的数字社会中作出明智决策。

　　《数字素养基础》教材共有五章,第一章为培养基本数字素养,介绍数字素养和数字包容基本内涵,强调在数字时代大学生应具备数字生活能力、学习能力及计算思维的重要性;第二章和第三章分别介绍了数字化的关键技术和智能技术,了解这些技术可为学生学习数字技术奠定基础;第四章介绍数字化技术在教育领域、政务领域以及企业的赋能作用,让学生进一步加深对数字化的认知,为今后的职业生涯奠定基础;第五章为持续提升个人数字素养,旨在强调学生不仅应具备数字意识、了解数字技术,更应培养个人数字安全能力、数字创新能力以及数字社会责任意识,以便更好地适应数字化时代。

　　本书内容丰富、结构严谨、系统性强,在内容编排与组织上,章与章之间具有较强逻辑性,从数字素养基础概念和意识,逐步深入到数字化关键技术和智能技术的认知,再扩展到这些技术在各行各业中的应用,最后强调个人数字素养持续提升,循序渐进,旨在帮助学生构建起完整的数字素养知识体系。每章中的小节按知识学习、学习探索、实践提升及拓展阅读四个环节进行编写，符合学生认知、探索、实践和拓展的学习特点，层层递进，有助于学生达到学习目标。同时，教材中引用大量真实案例，帮助学生理解相关知识的同时，具有较好的思政引领作用。

本书由四川长江职业学院白林林担任主编；四川长江职业学院王真文、张会担任副主编，四川长江职业学院徐诗娟、蒲陶、晏萍丽、张炜、陈玉冬、辛光以及石家庄职业技术学院张成飞参编。具体分工为：第一章由王真文、徐诗娟、蒲陶编写；第二章由白林林、辛光、晏萍丽编写；第三章由晏萍丽、张炜、陈玉冬编写；第四章由白林林、张会编写；第五章由王真文、徐诗娟、张成飞编写。王真文负责教材整体框架搭建与内容构思，张会负责教材内容结构编排设计；全书由白林林统稿，四川长江职业学院耿兵教授主审。

本书在编写过程中，得到了学校领导的大力支持与帮助，同时教材编写团队成员也付出了辛勤的努力，在此致以诚挚的谢意。

由于编者水平有限，书中不妥之处在所难免，恳请读者批评指正，以共同提高教材质量。

编者

2024 年 5 月

目录 CONTENTS

第一章　培养基本数字素养　001

第一节　培养数字素养　发展数字包容　002

知识学习　002
- 一、数字素养重要内涵及必要性　002
- 二、数字包容的基本概念及意义　004
- 三、我国数字包容发展进展　005

学习探索　006
- 一、数字鸿沟与包容性发展关系　006
- 二、数字包容发展实现途径探索　007
- 三、培养数字素养和发展数字包容　009

实践提升　数字素养和数字包容能力训练　010

拓展阅读　2024年提升全民数字素养与技能工作要点　011

第二节　树立个人数字素养意识　011

知识学习　012
- 一、个人数字素养意识的内涵　012
- 二、树立个人数字素养意识的重要性　013
- 三、当代公民数字素养意识的发展趋势　013

学习探索　014
- 一、个人数字意识在生活中的应用场景　014
- 二、个人数字伦理与数字道德意识　015
- 三、个人数字意识培养和提升路径　016

实践提升　树立数字素养意识的实践探索　017

拓展阅读　将"数字"融入日常生活，金山这样做！　018

第三节　具备数字生活能力　018

知识学习　019
- 一、数字生活能力的内涵及构成要素　019
- 二、关键数字生活技能介绍　020
- 三、数字生活能力未来发展趋势　021

学习探索　022
- 一、数字生活能力的影响因素　022
- 二、数字生活能力的提升策略　023

实践提升　提升个人数字生活能力的实用技巧与方法　024

拓展阅读　"数字化"赋能人民美好生活　025

第四节　掌握数字学习能力　026

知识学习　027
- 一、数字化学习能力定义及特点　027
- 二、数字化学习能力构成要素　028

三、数字化学习能力应用　029
学习探索　030
　　一、数字化学习能力内涵探索　030
　　二、数字化学习能力培养策略　031
　　三、数字化学习能力评估反馈　032
实践提升　数字化学习能力
　　　　　实践训练　033
拓展阅读　提升全民数字素养与
　　　　　技能行动纲要　034

第五节　训练计算思维能力　035
知识学习　035
　　一、计算思维理论基础　035
　　二、计算思维教育价值　036
　　三、计算思维典型应用场景　036
学习探索　038
　　一、训练计算思维能力的方法与
　　　　策略　038
　　二、训练计算思维能力面临的
　　　　挑战与对策　039
　　三、训练计算思维能力的效果
　　　　评估体系构建　039
实践提升　提升个人计算思维
　　　　　能力训练　040
拓展阅读　人工智能时代计算
　　　　　思维的新发展　041

第二章　认识数字化关键技术　043

第一节　物联网——实时数据采集的核心　044
知识学习　045
　　一、物联网基本概述　045
　　二、物联网关键技术　046
　　三、物联网未来展望　048
学习探索　049
　　一、物联网与数字化转型之间的
　　　　联系　049
　　二、物联网在现实中的应用探索　050
　　三、物联网安全与隐私保护思考　052
实践提升　提升对物联网应用的
　　　　　理解　053
拓展阅读　数字孪生系统介绍　054

第二节　5G技术——数字化转型的加速器　055
知识学习　055
　　一、5G基本概念　055
　　二、5G基本特点　056
　　三、5G核心技术　058
学习探索　060
　　一、5G主要应用场景　060
　　二、5G在企业数字化转型中的
　　　　应用　062
实践提升　提升5G技术认识和应用
　　　　　理解能力训练　063
拓展阅读　5G发展历程　064

第三节　区块链——为数字化转型提供新安全　066
知识学习　067
　　一、区块链的产生与发展　067
　　二、区块链的概念与特征　068
　　三、区块链的工作原理　069
学习探索　071
　　一、区块链在教育数字化转型
　　　　中的应用　071

二、区块链推动食品安全管理 071
三、区块链在环保领域的应用 072
四、区块链在数字政务领域的应用 072
实践提升 提升区块链技术认识和应用理解能力训练 073
拓展阅读 虚实交织：元宇宙与区块链的交融与差异 074

第四节 云计算——数字化转型的引擎 076
知识学习 077
一、云计算基本概念 077
二、云计算服务模式和部署方式 078
三、云计算在典型行业中的应用 079
学习探索 081
一、云计算与数字化转型关系 081
二、云计算在数字化转型中的作用 082
三、云计算面临的挑战与未来发展 083
实践提升 提升云计算技术认识和应用理解能力训练 084
拓展阅读 中国云计算发展历程 085

第三章 认知数字化智能技术 087

第一节 大数据——为数字化提供洞察力 088
知识学习 089
一、大数据的产生与发展 089
二、大数据的特征与处理流程 089
三、大数据与数字化的关系 090
学习探索 092
一、大数据在数字化中的应用领域 092
二、大数据为数字化提供洞察力 094
三、大数据在数字化中的挑战与应对策略 095
实践提升 提升大数据运用能力 096
拓展阅读 Netflix大数据的成功秘诀 098

第二节 机器学习——数字化的智能大脑 098
知识学习 099
一、机器学习理论基础 099
二、机器学习基本原理 100
三、机器学习发展趋势 100
学习探索 102
一、机器学习在数字化中的应用 102
二、机器学习面临的挑战及解决方案 103
实践提升 识别机器学习场景 105
拓展阅读 机器学习发展进程 106

第三节 机器人——数字化流程自动化作业者 107
知识学习 108
一、机器人技术基础 108
二、机器人流程自动化（RPA） 109
三、机器人应用场景 109
学习探索 111
一、RPA在数字化转型中的角色 111
二、机器人面临的挑战及解决方案 112

实践提升　识别机器人常用技术
　　　　　工具　　　　　　　　113
拓展阅读　机器人的产生与发展　114

第四节　大模型——助力数字化
　　　　向智能化发展　　　　115
知识学习　　　　　　　　　　116
　一、大模型技术概述　　　　116
　二、大模型应用分类　　　　117
　三、国产大模型介绍　　　　118
学习探索　　　　　　　　　　119

一、数字化向智能化转型的机遇
　　与挑战　　　　　　　　119
二、大模型在智能化发展中的
　　应用实践　　　　　　　121
三、大模型技术发展面临的挑战
　　与应对策略　　　　　　122
实践提升　大模型运用能力提升
　　　　　实践训练　　　　123
拓展阅读　生成式人工智能
　　　　　（AIGC）的前世今生　125

第四章　数字化赋能千行百业　127

第一节　教育数字化——数字化
　　　　赋能师生提升教学质量　128
知识学习　　　　　　　　　　128
　一、教育数字化相关概念　　128
　二、教育数字化转型解决方案　129
　三、教育数字化未来发展趋势　131
学习探索　　　　　　　　　　133
　一、教育数字化场景应用　　133
　二、数字化教学资源　　　　136
　三、师生数字素养培养路径　137
实践提升　个人数字素养能力
　　　　　提升训练　　　　138
拓展阅读　中国教育数字化发展
　　　　　概况　　　　　　139

第二节　政务数字化——数字化
　　　　助力政务服务提质增效　141
知识学习　　　　　　　　　　141
　一、政务数字化相关概念　　141
　二、我国政务数字化发展状况　142
　三、政务数字化解决方案　　143
学习探索　　　　　　　　　　145

一、政务数字化应用场景　　145
二、政务数字化应用优势　　147
三、应用安全与防范措施　　147
实践提升　应用政务数字化平台
　　　　　办理个人业务　　148
拓展阅读　数字政府建设全面
　　　　　呈现一体化发展态势　151

第三节　企业数字化——数字化
　　　　赋能千行百业精彩蝶变　152
知识学习　　　　　　　　　　153
　一、数字经济、企业数字化
　　　转型概念　　　　　　153
　二、企业数字化转型路径　　154
　三、企业数字化发展趋势　　156
学习探索　　　　　　　　　　158
　一、企业数字化转型痛点与难点　158
　二、企业数字化转型解决方案　159
　三、企业数字化转型评估体系　160
实践提升　数字化赋能个人工作
　　　　　能力提升训练　　162
拓展阅读　中国企业数字化发展
　　　　　进程　　　　　　163

第五章　持续提升数字素养　165

第一节　保障数字安全能力　166

知识学习　166
　一、数字安全的概念　166
　二、数字安全的重要性　168
　三、数字安全技术趋势　168

学习探索　171
　一、数字转型阶段的安全新形势分析　171
　二、数字安全实践应用　172
　三、数字安全与我们的工作和生活　174

实践提升　保障数字安全的能力训练　175

拓展阅读　筑牢可信可控数字安全屏障　176

第二节　激活数字创新能力　177

知识学习　178
　一、数字创新能力内涵概述　178
　二、数字创新能力构成要素　178
　三、数字创新能力应用场景　179

学习探索　181
　一、激活数字创新能力面临的挑战　181
　二、数字创新能力与企业发展　181
　三、数字创新能力与个人发展　182
　四、激活数字创新能力的关键　182

实践提升　数字创新能力实践训练　183

拓展阅读　数字化创新人才发展前景　184

第三节　践行数字社会责任　186

知识学习　186
　一、数字社会责任理论基础　186
　二、数字社会责任核心要素　187
　三、数字社会责任的现状及挑战　188

学习探索　189
　一、数字社会责任实践路径与方法　189
　二、数字社会责任评估与监管体系　190

实践提升　数字社会责任案例思考　191

拓展阅读　AI 虚拟数字人介绍　193

参考文献　194

配套二维码资源目录

序号	编号	名称	页码
1	M1-1	中国数字包容发展实践探索	008
2	M1-2	思维导图软件安装及使用方法	033
3	M2-1	5G模组简介	048
4	M2-2	比特币的概念	067
5	M2-3	区块链的共识机制	070
6	M2-4	云计算关键技术介绍	079
7	M3-1	Hadoop 简介	089
8	M3-2	数据的收集及其应用	089
9	M3-3	机器学习的关键算法	100
10	M3-4	机器学习在实际生活中的应用	105
11	M3-5	机器人的控制算法与物理结构	110
12	M3-6	机器人的特征	113
13	M3-7	大模型应用操作演示	123
14	M4-1	政务数字平台应用安全与防范措施	148
15	M4-2	四川政务服务网及"天府通办"移动端操作指南	150
16	M5-1	数字安全与网络安全的区别	167
17	M5-2	手机丢失后的处理过程	176

第一章

培养基本数字素养

学习目标

知识目标

（1）理解数字素养与数字包容概念；
（2）掌握数字学习基本方法。

能力目标

（1）具备一定的数字生活能力；
（2）具备一定的计算思维能力；
（3）具备一定的数字学习能力。

素养目标

培养个人数字素养和数字包容意识。

第一节　培养数字素养　发展数字包容

> **案例导读**
>
> 提升全域数字素养，塑造网络文明"三力"
>
> 浙江省乐清市围绕中央网信办、教育部、工业和信息化部、人力资源和社会保障部关于提升全民数字素养与技能工作的有关要求，着力培育数字人才、打造数字公益、强化数字服务，推动网络文明健康发展。
>
> 培育数字技术人才，激发网络文明"创新力"。乐清市利用省级"文润同心"网络文化家园示范基地——"乐音清扬"网络文化家园，建成互联网行业培训基地，由政、企、行、校共同打造"三大智库""三大实验室""三大研究院""六大中心"的教研系统，服务乐清数字产业发展，通过举办数字技术应用培训，培育百名数字技术人才，逐步提升全域网络文明数字素养水平。
>
> 打造数字公益品牌，扩大网络文明"影响力"。近年来，乐清市通过网络公益宣传，汇聚社会公益资源，在"乐清网"开设公益栏目，开展"最美系列"等正能量网络展示和评选活动，倡导广大网民关注参与公益活动，如乐清一心一意公益联合会、和谐志工协会共同开展的"橙丝带"爱心助学、孤寡老人关爱等品牌服务项目，激发调动互联网企业社会责任感。乐清利用本地互联网企业人才优势，成立网络宣讲团，到学校、社区、乡村开展宣讲，推动网络安全、数字经济、网络反诈等互联网知识普及工作。
>
> 优化数字公共服务，增强网络文明"生命力"。乐清市坚持把网络问效平台作为践行网上群众路线的主抓手，架起了党和群众的连心桥、开启了社情民意的直通车。目前，网络问效平台累计办件近3万起，总好评率达92%以上，入选了温州网络治理典型案例。2021年以来，乐清围绕"共同富裕"主题，建立"E路红帆"网络直播间，开启直播带货、惠农助农新模式。
>
> （资料来源：乐清市委网信办）

> **知识学习**

一、数字素养重要内涵及必要性

1. 数字素养的重要内涵

中央网络安全和信息化委员会印发的《提升全民数字素养与技能行动纲要2022—2035》指出，数字素养是数字社会公民学习工作生活应具备的数字获取、制作、使用、评价、交互、分享、创新、安全保障、伦理道德等一系列素质与能力的集合。数字素养能力模型包括：数字生存能力、数字安全能力、数字思维能力、数字生产能力和数字创新能力，如图1-1所示。

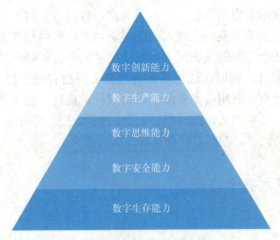

图1-1　数字素养能力模型

（1）数字生存能力　这是数字素养最基本的能力，包括会在日常生活中使用APP进行购物、出行、社交、看病等操作；会根据需要浏览、检索、查询相关的信息；会对自己的照片、视频等数字资产进行初步的整理、保存，防止丢失。中国的数字化程度越来越高，缺少这些能力，基本上会陷入"寸步难行"的境地。所以国家提出要提升中国的全民数字素养，要特别关注老年人、残疾人、贫困人口等特殊群体的基本数字生存能力的获取。

（2）数字安全能力　数字世界里，信息纷繁真假难辨，危险也无处不在。每一个人都需要具备数字安全能力，保护自己的数字资产或物理资产不被侵害，主要包括个人数据与隐私的保护；对网络谣言、电信诈骗、信息窃取等不法行为的辨别能力和安全防护技能，对游戏、短视频等的自控能力，以防沉迷。

（3）数字思维能力　数字思维能力是指用数字技术（如人工智能、大数据等）解决自己或他人在生活、工作中遇到的问题，主要包括利用数字技术提升生活体验和生活水平，如智慧家庭等；利用数字技术提升工作效率，如在线办公、数字渠道营销推广、远程教育/医疗等；具备数据思维能力，能利用数据发现问题，找到根本原因，进行精准研判或者对未来进行预测。

（4）数字生产能力　数字生产能力是指能输出数字产品、数字内容或者其他解决方案，提升自己或者企业在数字世界的品牌影响力，包括数字内容创作（短视频制作等）、数字产品研发、数字解决方案集成等。

（5）数字创新能力　个人或者企业在数字经济时代中要起到引领带头作用，则须具备数字创新能力，运用个人独特的观点或者在基础技术、开放平台、商业模式等方面具备独特的竞争能力。数字创新能力包括数字基础设施创新，如底层芯片研究、算力网络建设与优化、5G异网漫游商用推广等；数字开放平台创新，如人工智能平台、区块链平台、大数据平台等；数字应用与商业模式创新，如共享经济、订阅服务等。

2. 培养全民数字素养，发展数字包容

培养全民数字素养在现代社会中显得尤为关键，因为数字化已经渗入我们生活的方方面面。首先，随着经济和工作的数字化转型，拥有良好的数字技能成为个人职业发展的重要资本，同时也为企业带来更高效的生产力。其次，数字素养对于确保个人信息安全、维护网络空间的公序良俗至关重要，它使人们能够识别并防范网络诈骗、保护个人隐私。此外，数字素养是实现社会平等的关键因素，它让更多的声音能够在数字平台上被听到，增强社会的多元性和包容性。同时，这也是促进教育公平的有效手段，通过普及数字技能，可以确保所有学生都能充分利用数字资源学习和成长。最后，提高全民数字素养有助于缩小不同社会群体之间的数字鸿沟，推动经济社会的整体进步。因此，加强全民数字素养的培养，对于建设一个知识型、创新型社会具有深远的意义。

二、数字包容的基本概念及意义

1. 数字包容的起源

在2000年10月美国统计局发布的互联网发展报告《网络的落伍者：走向数字包容》中，数字包容（Digital Inclusion）作为弥合数字鸿沟的动态过程被首次提出，2006年被正式纳入欧盟的政策话语体系。数字包容又被称为电子包容（E-inclusion）、数字融合、电子融合。在信息技术飞速发展的今天，数字化转型成为驱动社会发展的强大动力。根据中国互联网络信息中心（CNNIC）发布的第53次《中国互联网络发展状况统计报告》，截至2023年12月，我国网民规模为10.92亿人，互联网普及率达77.5%，5G建设和普及不断深化。但与此同时，"横向数字鸿沟"（不同群体或区域之间的数字裂痕）和"纵向数字鸿沟"（公民与公共权力机关、企业之间的数字级差）不断扩大，逐渐成为各界关注的焦点。因此，以数字包容弥合数字鸿沟对于数字时代的社会治理至关重要，我们需要警惕"数字排斥"，通过"数字包容"促进"社会包容"。

2. 数字包容的概念

概而言之，数字包容是指利用数字技术为所有人平等地提供信息和通信技术的便利，不论他们的年龄、性别、经济状况或身体能力如何。这意味着应该确保每个人都有机会接触到和使用数字技术，无论他们身处何种环境或背景。其次，数字包容的内涵包含两个方面：一是技术层面的包容，即所有人都应该拥有接触和使用数字技术的机会；二是社会层面的包容，意味着在数字化社会中，每个人都应该被平等对待并享有公平的机会。这两个层面相互依存，共同构建了数字包容的完整概念。近十年来，通过"数字乡村""普遍服务""宽带中国""网络扶贫"等一系列政策措施，中国形成了一整套推动实现城乡数字包容性增长的"中国方案"，不仅很好地承接了联合国可持续发展目标（SDGs），更为世界贡献了构建人类命运共同体的"东方智慧"。

3. 数字包容的重要意义

数字包容对于实现社会公平、推动经济增长和促进全民福祉具有重大意义。首先，它

能够确保所有人都能平等地接触和使用数字技术，从而减少社会不平等现象。这对于地处偏远地区的人们尤为重要，因为数字技术可以帮助他们跨越地理限制，获得教育、医疗和市场等资源。其次，数字包容有助于提升个人技能和就业潜力，为职业发展和经济机遇打开门户。此外，它也促进了公民参与和社会整合，使更多的人能够通过数字平台发声，参与到民主治理和公共决策中来。总之，数字包容不仅是技术发展的必然要求，也是构建更加开放和公正社会的关键步骤。

三、我国数字包容发展进展

1. 数字基础设施建设

中国网络覆盖及质量提升效果显著，并不断完善广大农村地区数字基础设施，为推动实现数字技术的普及打下良好基础。截至2023年底，中国行政村、脱贫村通宽带率达100%，行政村通光纤和4G的比例均超过99%，5G网络覆盖全国所有县城城区并逐步向有条件的农村地区延伸，历史性实现"村村通宽带""县县通5G"。

2. 数据价值释放

数据要素具有虚拟性、低成本、可复制等特点，打破了传统要素有限供给的制约，正逐渐成为数字包容建设的关键动力。各类企业特别是互联网企业，通过对自身数据挖掘和分析，洞察用户（老年人、残疾人、偏远地区居民等）多样化需求、优化产品运营模式、提供个性化服务，从而提升企业参与数字包容的广度和深度。比如阿里、腾讯、京东、抖音、美团等围绕乡村振兴战略，在电商、供应链物流、智慧农业、乡村治理等领域开展广泛实践，为促进乡村数字化发展和农民增产增收创造了许多新的渠道。

3. 数字素养培育

中国持续开展全民数字素养与技能提升行动，在供给端不断提高数字设施和智能服务，面向全民特别是弱势群体的覆盖广度和渗透深度，如面向老年人、农民、残疾人等群体分类开展数字素养与技能培训，全民数字技能稳步提升，数字鸿沟加快弥合。例如，上海市残联和各区分残联2022年举办的障碍群体数字技能培训项目已超58个，涵盖了计算机基础、新媒体运营、网店运营、直播运营等多个领域，为障碍群体开拓了新的职业道路。

4. 数字化应用拓展

越来越多的企业开始结合自身技术优势开展数字包容探索，深化数字技术研究以打造更多创新解决方案，改进原有产品和服务以使产品和服务更加具有包容性。例如，华为、滴滴等企业结合自身在网络接入、云计算、人工智能等方面的优势，在教育、医疗、出行等方面开展大量数字包容实践，为老年群体、障碍群体接触数字技术、享受数字技术发展成果提供条件。

5. 制度规则引导

中国近年来加快完善数字包容政策体系，强化政府在数字包容建设中的基础性、引领性作用。在夯实数字包容发展基础方面，推出了"网络扶贫""电信普遍服务""数字乡村建设"等一系列政策措施，取得了显著的成绩。在信息无障碍建设方面，印发了《互联网应用适老化及无障碍改造专项行动方案》等政策文件，并积极推进配套政策制定和落实。

> **案例分享**
>
> ### 华为数字包容"鹤颜学堂"助老赋能行动
>
> 为解决当前社会老龄群体面临的"数字困境"，北京老年开放大学发起了"百千万智慧助老"公益行动，2021年华为也结合自身在终端零售培训、门店讲师资源及ICT领域的优势加入其中，双方在2022年达成合作协议，联合开发"鹤颜学堂"公益助老行动，利用"线上+线下"的教学模式，给老年人培训智能手机的基础功能，并传递生活服务、反诈等简洁实用的知识。
>
> "鹤颜学堂"是华为在适老化领域探索的延伸，也是TECH4ALL数字包容行动的重要实践。其服务对象不限于华为终端的老年消费者，讲解的产品知识和应用场景也不限于华为自有品牌，而是为全体老龄人群服务，真正践行"不让任何一个人在数字世界中掉队"的理念。基于华为学堂丰富的教学资源，进行简化和提炼，开发了系列涵盖手机基础功能使用、互联网APP运用、网购、娱乐、摄影等功能的适合老年人的培训课程内容。
>
> "鹤颜学堂"在北京老年开放大学、街道办的协助下，深入各街道、社区、老年大学分校、养老院等场地，帮助老年人更好地掌握数字技能。
>
> （资料来源：国家老年大学）

学习探索

一、数字鸿沟与包容性发展关系

所谓数字鸿沟，指的是不同社会群体在获取、使用和受益于数字技术方面的差异和不平等现象，而包容性发展则是指一个社会或经济体在确保所有成员都能参与并享受发展成果的过程中，努力消除不平等和歧视的现象。

首先，数字鸿沟表现在多个层面，包括基础设施的接入、技能的掌握以及内容的可用性等。这些差异往往与社会经济发展水平的不均衡有关，导致某些地区或群体无法充分利用数字技术带来的机遇。例如，农村地区居民可能因为缺乏必要的互联网基础设施而难以接触在线资源，从而在信息获取和知识学习方面处于劣势地位。

其次，包容性发展要求政策制定者关注那些被边缘化的群体，并通过提供教育、技术和基础设施的支持来缩小数字鸿沟。例如为边远地区的学校提供计算机和互联网接入，可以确保学生能够平等地接触到数字学习资源,从而提高其未来的就业机会和社会参与度。

再次,数字技术的普及和应用有助于提高生产效率,创造新的就业机会,促进经济增长。然而,如果增长的成果不能被广泛分享,那么数字鸿沟就可能进一步扩大。因此,包容性发展策略需要确保所有人群都能从数字化转型中受益,这包括提供职业培训、创业支持和法律保护等措施。

最后,数字鸿沟不仅仅是技术的问题,它还涉及社会和文化因素。例如,特定群体的文化背景和语言可能会影响他们利用数字技术的能力。因此,为了实现真正的包容性发展,必须采取多元化的策略,尊重并融合不同文化的特点,设计适合特定群体需求的数字服务和内容。

由此可见,数字鸿沟与包容性发展之间的关系是动态且互动的。只有通过持续的努力,包括投资基础设施、提升数字技能、保障法律法规的公平执行以及尊重文化多样性,才能逐步缩小数字鸿沟,推动实现全社会的包容性发展。

二、数字包容发展实现途径探索

数字包容的实现需要从多方面努力,包括全民数字素养、基础设施建设、可负担的互联网服务、教育和培训、多元内容和服务、法律和政策框架、公民参与、合作与伙伴关系、激励创新以及国际合作。通过这些方面的努力,可以确保每个人都能享受到数字化带来的红利,推动经济社会的平等性和减少社会分层的风险。

1. 提升全民数字素养

这是缩小数字鸿沟、促进共同富裕的关键举措。这需要通过教育和培训,提高人们对数字技术的理解和应用能力,包括数字意识、计算思维、数字化学习与创新、数字社会责任等方面的素质与能力。

2. 加强基础设施建设

政府应加大对网络基础设施的投资,确保宽带互联网覆盖广泛,特别是在农村和偏远地区确保基础通信服务覆盖广泛,为数字包容提供坚实的物理基础。此外,鼓励私营企业通过公私合作伙伴关系(PPP)模式参与到基础设施的建设和运营中来。

3. 提供可负担的技术服务

通过政策支持和市场调控降低技术成本,使设备和服务对低收入群体更加可负担。例如,提供补贴、减税优惠和低成本计划,鼓励厂商推出经济型设备,提供购买智能设备的补贴或优惠价格。

4. 数字教育与技能培训

在学校教育中加强数字素养和技能的教学,为学生适应未来的数字化社会打下基础。此外,为成年人提供持续教育和职业培训课程,帮助他们提升或更新数字技能,以提高他们的数字素养和应对未来工作需求的能力。

5. 提供多元内容和服务

鼓励开发和提供多样化的数字内容和服务，以满足不同语言、文化和能力水平的用户需求，包括为残障人士提供无障碍技术解决方案，确保他们在生活中也能充分利用数字资源。

6. 完善政策法规

制定和实施旨在促进数字包容的政策和法规，包括数据保护法、网络安全法和个人隐私权保护法等，以建立用户对数字服务的信任。

7. 公民参与和社会动员

利用数字工具增强公民参与政治、经济和社会生活的途径，提高透明度和政府问责制。同时，鼓励社会各界利用数字平台进行自我表达和社会监督。

8. 鼓励跨界合作

促进政府、私营部门、非营利组织和国际机构之间的合作，共享资源和信息，协同推进数字包容的各项举措。

9. 激励创新与多元化

支持初创企业和社会组织通过创新解决方案推动数字包容。鼓励开发面向特定群体的应用和服务，如针对老年人、儿童或少数族裔的定制化内容。

10. 国际合作与交流

在全球范围内分享最佳实践和经验，通过国际合作项目帮助发展中国家提高数字包容水平。同时，借鉴国际标准和框架来指导本地政策制定。

总之，数字包容的发展需要各方面的共同努力和持续投入。通过上述对策的实施，可以逐步克服挑战，实现数字技术的普及和公平使用，进而推动社会的整体进步和繁荣。

M1-1 中国数字包容发展实践探索

案例分享

鸿蒙用数字技术打造有温度的无障碍体验

华为鸿蒙系统（Harmony OS），是华为公司在2019年8月9日于东莞举行的华为开发者大会（HDC.2019）上正式发布的操作系统。这一系统是一款全新的面向全场景的分布式操作系统，能够支持手机、平板、智能穿戴、智慧屏等多种终端设备运行，是提供应用开发、设备开发的一站式服务的平台，具有分布架构、微内核、生态共享三大特点。

作为一家科技企业，华为很早就关注到残障人士的需求，以"科技，不让一个人掉队"为理念，持续投入信息无障碍技术研发，在终端设备产品中推出一系列无障碍功能,并基于鸿蒙系统开放无障碍服务能力,让更多开发者开发相关产品,使更多人能够享受科技带来的便捷。

华为通过将技术势能释放到生态平台的方式,联合开发者打造更多辅助应用。减轻三方视障应用开发负担,帮助更多用户"看见"世界。华为也将自然语言交互能力开放,赋能听障应用,提供助听器直连、AI字幕、小艺通话、AI纪要等能力,让更多听障用户"看见"声音,自如融入生活工作当中。越来越多的听障应用已经集成手语服务,譬如畅听无碍、音书、知音等APP,在听障学校教学、日常交流等场景发挥作用。

[资料来源:中国数字包容发展研究报告(2024年)]

三、培养数字素养和发展数字包容

1. 培养个人数字素养路径

针对不同的职业,所需的数字素养是不一样的,在这里尝试为大家提供一个通用的数字素养提升路径。首先是"看",数字技术日新月异,要关注国家相关部委、领先企业在数字经济、数字技术方面的新战略、新规划、新产业、新业态、新模式,做到跟数字世界信息和语言同步。其次是"学",要学习5G、大数据、人工智能、区块链、云、物联网等数字技术的知识,这样在面对一些热点概念(比如元宇宙、NFT、东数西算等)时,能看清事物和现象的本质,找到适合自己的参与方式。再次是"思",在数字经济时代,不仅仅企业需要数字化转型,人也需要数字化转型。要构建数字思维,善于运用数据帮助自己用数字的方式去发现问题的根因、辨明是非,帮助自己进行正确的决策。最后是"用",要理解数字技术在数字生活、数字工作、数字产业化、产业数字化等领域的应用场景,并尝试用数字技术来解决你面对的问题。

2. 培养个人数字包容能力

(1)了解数字技术基础 学习基本的计算机操作技能,如文件管理、文档编辑等,掌握互联网的基本使用,包括搜索、浏览网页、使用电子邮件等。

(2)提高网络素养 学习如何辨别网络信息的真伪性,避免传播虚假信息;理解版权、隐私和网络的基本概念。

(3)学习新工具和平台 定期尝试新的数字化工具和平台,如社交媒体、协作软件、云服务等,参加在线课程研讨会,以获取新的数字技能。

(4)实践和应用 在日常生活中积极使用数字技术,如在线购物、电子支付、远程工作等,创建个人博客或者视频账号,分享知识和经验。

(5)培养批判性思维 对网络上的信息要持批判态度,不轻信未经证实的消息。学会从多个角度分析问题,利用数字工具进行研究和解决。

(6)加强沟通技巧 在线上社区中积极参与讨论,提高数字沟通能力,学习如何使用数字工具有效进行团队协作。

（7）关注无障碍设计　　了解无障碍设计原则，使数字内容和服务对所有人都是可访问的，使用辅助技术，帮助有特殊需求的人更好地融入数字世界。

（8）建立网络形象　　在职业社交网络上建立和维护个人品牌，保持在线简历更新，展示技能与成就。

（9）支持数字包容项目　　积极参与或支持旨在提高数字包容性的社区项目，为不熟悉数字技术的居民提供帮助和指导。

（10）持续反思和自我提升　　定期评估自己的数字技能和应用情况，确定需要改进的地方，对新技术保持好奇心，不断学习和适应。

通过上述方式，逐步建立起自己的数字包容能力，不仅能够更好地适应数字化的世界，还能帮助他人提高他们的数字素养。记住，数字包容性不仅仅是关于技术技能，还包括对社会责任和文化多样性的理解与尊重。

实践提升　数字素养和数字包容能力训练

（一）思考

1. 请阐述国家数字素养的发展目标。
2. 请举例说明数字包含概念。

（二）实践

1. 结合本节学习收获，请从数字生活、数字工作、数字学习、数字创新4个应用场景，使用WPS演示文稿制订培养和提升个人数字素养的学习路径和实施计划。
2. 尝试参加一次社区活动，为社区群众进行网络信息安全科普。

学习评价

学习环节	内容	自评分	组评分	教师评分
知识学习	数字素养的重要内涵、培养必要性；数字包容的概念、重要意义和发展进展			
案例分享	华为数字包容"鹤颜学堂"助老赋能行动			
学习探索	探索实践数字包容发展，培养个人数字素养			
实践提升	数字素养和数字包容能力训练			
学习收获				

学习反思

拓展阅读 2024年提升全民数字素养与技能工作要点

中央网信办、教育部、工业和信息化部、人力资源和社会保障部近日联合印发《2024年提升全民数字素养与技能工作要点》（以下简称《工作要点》），明确到2024年底，我国全民数字素养与技能发展水平迈上新台阶，数字素养与技能培育体系更加健全，数字无障碍环境建设全面推进，群体间数字鸿沟进一步缩小，智慧便捷的数字生活更有质量，网络空间更加规范有序。

《工作要点》部署了6个方面17项重点任务：培育高水平复合型数字人才，包括全面提升师生数字素养与技能、提高领导干部和公务员数字化履职能力、培育高水平数字工匠、培育乡村数字人才、壮大行业数字人才队伍；加快弥合数字鸿沟，包括建设数字无障碍环境、提供普惠包容的公益服务；支撑做强做优做大数字经济，包括加快企业数字化转型升级、扩展数字消费需求空间；拓展智慧便捷的数字生活场景，包括推动数字公共服务普惠高效、提升重点生活领域数字化水平；打造积极健康有序的网络空间，包括营造共建共享社会氛围、构建数字法治道德规范、维护安全有序数字环境；强化支撑保障和协调联动，包括完善协同支撑体系、加大优质数字资源供给、积极参与国际交流合作。

第二节　树立个人数字素养意识

案例导读

数字乡村——推动农产品从"不愁卖"到"卖得好"

眼下，从田间到直播间，电商经济如火如荼，乡村振兴也搭上了这趟电商快车，手机变成新农具，直播带货成了新农活儿，农户变身直播带货"新农人"，推动了农产品从"不愁卖"到"卖得好"升级转变。

> 进入6月中旬，四川省泸州市古蔺县太平镇煌家村的百果源专业合作社内，凤凰李陆续成熟。6月16日，一场雨后，果树上满挂着晶莹的水珠，衬托得果子更加水灵鲜美了。在凤凰李开园的第一天，一场主题为"相约蔺州、香脆'邮'李"的惠农直播专场走进了果园。
>
> 直播中，古蔺县麻辣鸡、凤凰李等众多"明星"农副产品一一亮相，主播们通过"品相介绍、吃播展示、现场互动"等多种方式，向观众推介着古蔺的特色农副产品。当天，百果源专业合作社负责人周光奎受邀进入直播间推介自己种植的凤凰李，并不时与直播间的粉丝互动交流，气氛十分活跃。
>
> 直播带货为当地农产品打开更广阔的市场，一个半小时的直播下来，凤凰李产品成交量800余单，销售总额近6万元。"直播助农一方面能助农增加销量，另一方面也有利于建立农产品的品牌形象，让果子卖出更好的价格。"古蔺县邮政公司市场营销部经理陈雪梅说。
>
> 一部手机，连接了城乡，对接着产销，架起农产品出村进城的网络桥梁。在"全民直播"浪潮的助推下，周光奎今年的销售渠道也发生了变化："往年我们园区的李子是以线下批发为主，线上销售为辅，今年我们以抖音、快手直播等渠道进行线上销售为主，效益会更好。"
>
> （资料来源：封面新闻2023年06月19日）

知识学习

一、个人数字素养意识的内涵

个人数字素养意识是指个体对数字技术和信息的敏感度、理解力和应用能力。在数字化时代，这种意识对于个人的学习、工作乃至日常生活都至关重要。具体来说，个人数字素养意识包括几个关键方面：

（1）**信息识别与评估** 个人能够识别各种数字信息，并对这些信息的来源、准确性和相关性进行评估。

（2）**技术操作能力** 掌握基本的数字技术操作技能，如使用计算机、智能手机和其他数字设备，以及相关的软件应用。

（3）**数据理解与分析** 理解数据的含义，能够进行基本的数据分析和解读，从而做出合理的决策。

（4）**数字安全意识** 认识到网络安全的重要性，能够采取措施保护个人隐私和数据安全。

（5）**终身学习态度** 随着数字技术的不断发展，具有不断学习和适应新技术的意愿和能力。

个人数字素养意识的提高有助于增强个人在信息爆炸时代的筛选和判断能力，减少误导和误解的风险。同时，它也为个人提供了更广阔的学习和发展机会，使个人能够更有效地参与社会活动和职业发展。因此，培养和维护个人数字素养意识是适应现代社会的重要能力之一。

二、树立个人数字素养意识的重要性

首先，个人数字素养意识对于个人的信息处理能力至关重要。在信息爆炸的时代，能够有效地筛选、评估和利用信息是个人必备的技能。这种能力可以帮助个人在海量信息中快速找到所需内容，提高学习和工作效率。其次，随着远程办公和在线教育的普及，数字素养已成为参与现代工作和学习的基本要求。无论是使用协作工具、参与在线会议还是进行网络研究，良好的数字素养都能使个人更加适应数字化的工作环境。再次，数字素养意识还与个人的财务安全和社会责任紧密相关。例如，了解网络安全知识可以保护个人免受网络诈骗的侵害，而对数字营销的理解则可以帮助消费者做出更明智的消费决策。

在社会层面，个人数字素养的提升有助于提高整个社会的信息利用效率和创新能力。一个具有高度数字素养的社会能够更好地应对经济全球化和数字化转型的挑战，推动经济的可持续发展。总之，个人数字素养意识是数字化时代的关键能力之一，它不仅影响个人的学习和工作，还对社会的整体进步产生积极影响。因此，培养和维护个人数字素养意识对于个人和社会都具有重要意义。

三、当代公民数字素养意识的发展趋势

当代中国人民个人数字意识的现状是多方面的，涵盖了数字技术的普及、数字素养的提升，以及面临的挑战。首先，随着数字技术的快速发展，数字技术已成为影响人们生活态度和行为能力的重要因素。数字素养不仅仅是关于技术技能，还包括了批判性思维、伦理判断和沟通能力等多方面的知识和技能。这使得数字素养成为社会文明程度、国民素质和国家软实力的重要指标。其次，全民数字素养与技能的提升为数字中国、人才强国建设提供了有力支撑。数字素养与技能内涵广泛，包括信息获取和处理能力、数字交流能力、数字内容创造能力、数字安全意识和数字化问题解决能力等。

然而，数字鸿沟的存在是一个不容忽视的问题。尽管中国在网络基础设施建设和覆盖方面取得了显著成就，但在数字接入成本、数字素养培育体系等方面仍存在挑战，特别是在老年人和偏远地区人群中。此外，数字时代对公民数字胜任力的要求日益提高。中国移动通信研究院发布的《中国公民数字胜任力白皮书》显示，我国公民数字胜任力指数总体得分为54.3，其中数字素养指数得分为55.7，数字行为指数得分为53.0，均处于中等水平。这表明在数字素养和技能方面，还有进一步提升的空间。虽然中国在提升人民数字意识方面取得了显著进展，但仍需努力解决数字鸿沟、完善培养体系等问题，以实现更广泛的数字包容性和社会发展。

> **案例分享**
>
> ### 当公园装上"数字大脑",休闲生活有了新样本
>
> 炎炎夏日,跑步爱好者却能在一条清凉大道上肆意奔跑,运动结束后还能看到自己的运动数据;公园广阔,除了步行欣赏美景,看完了花花草草,还有一场沉浸式的文化盛宴等着你!
>
> 重庆礼嘉智慧公园占地3平方公里,雄踞白云山麓,沿江顺山而建,以白云寨、白云山、白云湖、金海湾四大生态公园为建设本底,并保留了300多年历史的白云寨遗址,是一个生态与人文相融合的美丽之地。在智慧步道两旁安装有喷雾,利用红外线与温感技术,会自动喷雾降温让行人感到阵阵凉爽。路边还设有智能大屏,市民们在运动结束后能够在这里看到自己的运动数据。"我经常到这里来跑步,重庆的夏天太热,能有这样的凉爽感觉很舒服。"市民徐先生表示。走进礼嘉智慧公园的生活馆,极具科技感的未来生活家具让人耳目一新。一位胖胖的"大白"机器人熟练地进行洗茶、泡茶、倒茶等一系列标准动作后,一杯热茶就可以品尝了。"这台机器人的主要功能就是制茶,能够完全摆脱人工控制,独立制茶。"工作人员介绍道。除此以外,这里还摆设了智慧厨房、智能书架等日用家居体验区,让人仿佛穿越到了未来之家。火热的八月,让重庆公园游客减少了很多。为了吸引游客,《画游清明上河——故宫沉浸艺术展》在两江新区礼嘉智慧公园重庆凤凰数字艺术中心拉开帷幕。
>
> 通过数字化手段,《清明上河图》"盛世长卷"动态高清巨幕、"孙羊老店"全沉浸光影空间、"汴河码头"CAVE影院、"南音点茶"全息剧场、"寻找画中人"互动装置等多个板块。全方位展示宋代传世名作《清明上河图》的历史文化内涵与艺术价值,吸引了一批又一批的游客前来体验。
>
> 在数智风潮之下,礼嘉智慧公园不断打造个性化、科学化、智慧化的新场景、新生态,一个"成渝潮流新地标"的缩影正逐渐清晰。市民朋友们不仅可以在智慧公园中体验高科技带来的乐趣,也能在其中观察未来智慧城市建设的方向。

> **学习探索**

一、个人数字意识在生活中的应用场景

1. 在线消费

在电子商务平台上进行购物时,个人数字意识能帮助用户辨别商品信息的真实性,理解电子支付的安全风险,并做出明智的购买决策。

2. 社交媒体

在使用社交网络时,良好的数字意识可以让用户有效地管理个人隐私,识别并避免虚假信息,同时理解算法对信息流的影响。

3. 远程工作

远程办公日益普及,个人数字意识有助于使用协作工具、进行在线会议和数据处理,提高工作效率和质量。

4. 教育学习

在在线教育平台上,数字意识有助于选择高质量的课程资源,利用数字工具进行有效学习,如通过虚拟实验室进行科学实验或使用软件进行语言学习。

5. 健康管理

使用智能健康设备和应用时,数字意识可以帮助用户正确解读健康数据,了解个人健康状况,并对医疗信息进行适当的隐私保护。

6. 金融服务

在进行网上银行交易或使用金融科技服务时,数字意识有助于保护账户安全,理解金融产品的风险和收益,做出合理的财务决策。

7. 娱乐休闲

在享受数字娱乐内容如流媒体、游戏时,用户的数字意识有助于识别版权内容,避免侵权行为,同时理解个性化推荐算法如何影响内容选择。

8. 公民参与

在参与线上公共讨论或社会运动时,数字意识有助于进行有根据的讨论,理解网络舆论的动态,并参与数字民主实践。

9. 创业创新

对于创业者来说,数字意识有助于把握市场趋势,利用数字工具和平台进行市场推广和客户关系管理。

10. 危机应对

在面对自然灾害或公共卫生事件时,数字意识能够帮助个人获取可靠的信息,使用数字工具进行紧急沟通和资源调配。

二、个人数字伦理与数字道德意识

1. 数字伦理的内涵

数字伦理又称信息伦理或计算机伦理,是指在数字化环境中遵循的道德准则和行为规范。它主要关注的是在数字化环境中，人类应如何正确、公正、道德地使用数字技术，以及这些使用对社会、文化和个人产生的影响。随着信息技术的迅猛发展，人们越来越依赖数字工具和网络服务来获取信息、交流沟通、进行商业交易等，因此数字伦理变得尤为重要。它要求个人在数字世界中保持诚实、公正、尊重他人隐私和知识产权。同时，企业需要遵守数据保护法规，确保客户信息的保密性。此外，数字伦理也涉及网络安全问题，如防止黑客攻击和网络欺诈。总之，数字伦理是我们在数字化时代中必须遵循的行为准则，以维护个人和社会的利益，促进信息技术的健康发展。

2. 数字道德的重要性

数字道德是指在数字化环境中应遵守的道德准则，它包括保护个人隐私、防止网络诈骗、维护网络安全、促进知识产权保护、提升网络文明、增强社会责任感、推动法律与政策制定等方面，它对于构建一个健康、安全、公平的网络环境至关重要。首先，良好的数字道德能够保护个人隐私，防止数据泄露和滥用。其次，它有助于打击网络欺诈，确保网络交易的诚信。此外，数字道德对于维护网络安全、防范网络攻击也至关重要。遵循数字道德还能促进知识产权的保护，鼓励创新和知识分享。此外，数字道德能够提升网络文明，遏制网络暴力和假信息的传播。总之，数字道德是维护网络环境健康、保障用户权益、推动社会和谐发展的基石。

3. 树立数字伦理意识的途径

树立数字伦理意识是个体在数字化时代维护网络环境秩序、保护个人隐私和数据安全的重要途径。首先，通过学习相关的法律法规，如《网络安全法》《个人信息保护法》等，可以了解数字世界中的行为规范和法律界限，增强合法使用数字资源的自觉性。其次，参加专业的培训课程和研讨会，可以系统地掌握数字伦理的理论框架和实践要点，提升识别和处理数字伦理问题的能力。此外，积极参与网络文明行为的宣传和实践活动，如遵守网络公约、尊重他人隐私、不传播不实信息等，有助于养成良好的数字行为习惯。通过这些方式，每个人都能在享受数字技术便利的同时，为构建健康、和谐的数字社会贡献力量。

三、个人数字意识培养和提升路径

个人数字意识的培养和提升是一个全面而持续的过程，涉及认知、技能和道德三个层面。在认知层面，首先需要通过学习基本的计算机知识和网络基础，了解数字化时代的发展趋势和特点。其次，关注数据保护法规、网络安全政策等法律知识，增强个人对数字环境中权利和义务的认识。在技能层面，参加各类数字技能培训，如编程课程、数据处理分析、数字营销等，以适应不同职业领域的需求。同时，通过实践操作，比如建立个人博客、参与开源项目、使用数据分析工具等，不断提升实际操作能力和问题解决能力。在道德层面，培养良好的网络行为习惯，如尊重知识产权、保护个人隐私、抵制虚假信息传播等。此外，通过案例学习和道德讨论，树立正确的数字伦理观，提高判断和处理数字道德问题的能力。综合这些路径，个人不仅能够提升数字技能，更能在数字化浪潮中保持批判性思维，做出合理决策，成为一个负责任的数字时代公民。

▶▶ 实践提升　树立数字素养意识的实践探索

（一）思考

1. 请结合实际生活，谈谈树立个人数字意识的方法有哪些？
2. 对于数字意识的实践，还能应用在哪些方面？可举例展开。

（二）实践

请梳理"树立个人数字化意识"有哪些步骤？

请围绕"基础知识学习、技能提升、安全意识培养、数字素养提升、实践应用"等方面，从个人角度谈谈树立个人数字化意识的步骤有哪些。通过这些步骤，我们可以不断提升自己的数字意识，更好地适应数字化时代的要求。

学习评价

学习环节	内容	自评分	组评分	教师评分
知识学习	数字意识的内涵、重要性、发展趋势			
案例分享	当公园装上"数字大脑"，休闲生活有了新样本			
学习探索	个人数字意识在生活中的应用 个人数字伦理与数字道德意识 个人数字意识培养和提升路径			
实践提升	树立数字素养意识的实践探索			
学习收获				
学习反思				

> **拓展阅读** 将"数字"融入日常生活，金山这样做！
>
> 近年来，随着金山区推动城市数字化转型，一系列生活数字化服务及产品出现并投入应用，切实解决市民的急难愁盼问题。为方便市民就医，金山区推出了智能导诊服务，可帮助患者准确挂号就诊。"最近眼睛不舒服，系统告诉我是结膜炎，还告知我去哪个科室看病，好方便！"村民卫阿姨高兴地说。如今，通过门诊智能分诊导诊，许多问题都能得到解决。针对门诊就医人群存在"知症不知病""知病不知科""找不对医生"的困惑和诉求，"金山健康"微信公众号的"健康服务"模块上开通了"智能导诊"菜单。患者可根据提示，进行结构化智能症状问答，系统会通过专业知识库分析患者症状，为患者提供门诊预约就医，推荐最优科室或者专家。
>
> 在推荐中，系统会引导已签约家庭医生的患者前往签约家庭医生处就诊，并帮助家庭医生了解患者病情，做好患者随访工作。同时，该平台提供了完备的数据分析服务，能够为区内医疗部门提供常见患者症状分析。门诊智能分诊导诊在今年上半年取得了初步成效。目前，该平台已为一千余名患者提供了区内最优的医院、科室推荐，为患者提供精确至半小时的预约号源，减少了患者就医候诊时间，缓解了"挂号难、排队长"现象，让就医服务更贴心。
>
> 在数字教育方面，作为金山区教育系统具有代表性的智慧课堂应用，"金山教育智慧课堂"应运而生。"金山教育智慧课堂"利用物联网、云计算、大数据、人工智能等智能信息技术打造智能、高效的课堂。通过整体架构"云－台－端"互联互通，创设网络化、数据化、交互化、智能化的学习环境，支持线上线下一体化、课内课外一体化、虚拟现实一体化的全场景教学应用，基于教学全流程的数据流转，推动学科智慧教学的模式创新，真正实现个性化学习和因材施教，促进学习者转识为智、智慧发展。

第三节　具备数字生活能力

案例导读

改革开放40年　中国人民的数字生活

"随着科学技术不断发展，电脑已经成为不少人每天接触最多的'电器设备'，用今天流行的话来讲，叫作步入'数字化生活'。可是，也有不少家庭还在渴望着一部属于自己的电脑。"这是1997年一篇名为《渴望数字化生活》的文章里的一段话。

20世纪90年代末期,中国社会"数字化"刚处于起步阶段,虽然不少家庭已经购置了电脑,但总体而言,拥有电脑的家庭还是凤毛麟角。自1994年中国实现与国际互联网全功能链接以来,中国开始了全面铺设中国"信息高速公路"的历程,中国科技网、中国公用计算机互联网、中国教育和科研计算机网、中国金桥信息网相继开工建设,信息时代的大门在国人面前悄然开启。从1997年开始,中国互联网步入快速发展阶段。统计显示,1997年,中国网民数量仅为62万人,此后,全国网民每隔半年即增长一倍,到2000年,中国网民数量已经增长到1690万人。中国互联网第一次发展高潮也随之到来,免费邮箱、新闻资讯、即时通信一时间成为最热门应用。新浪、网易、搜狐等互联网品牌也迅速打响知名度,在全球互联网产业崭露头角。到2002年,中国网民数量飙升至5910万。电脑开始在各个家庭迅速普及,中国人对"数字化生活"的渴望,正转变成千千万万"寻常百姓家"的生活日常。

互联网在国人家庭中的迅速普及有效带动了中国数字经济的发展,电子商务、网络游戏、视频网站、社交娱乐等互联网应用几乎在这一时间全面开花。伴随着中国互联网新一轮的高速增长,中国网民数量也不断攀升,2008年6月达到2.53亿,超过美国,跃居世界首位。

(资料来源:人民日报海外版 2018年07月13日)

知识学习

一、数字生活能力的内涵及构成要素

1. 数字生活能力内涵

数字生活能力是指个体在数字化时代中有效获取、处理和使用信息的能力,以适应和参与现代社会的生活和工作。这种能力包括技术操作能力、信息识别与处理能力、数字安全意识、沟通交流能力、数字内容创作、问题解决能力和持续学习能力等。具备数字生活能力的个体能够有效地表达自己的想法和观点,与他人进行互动和交流。在职场中,数字生活能力对于提高工作效率、增强品牌形象和扩大市场影响力至关重要。随着数字化转型的深入,数字生活能力已成为现代社会不可或缺的基本技能之一。

2. 数字生活能力构成要素

数字生活能力构成要素是个体在数字化时代中为了有效获取、处理和使用信息以适应和参与现代社会生活和工作的一系列能力和素质，主要构成要素如表1-1所示。

表1-1　数字生活能力构成要素

序号	构成要素	能力要求
1	技术操作能力	能够熟练操作数字设备，如计算机、智能手机等，以及使用互联网和其他数字工具的能力
2	信息识别与处理能力	包括搜索、筛选、评估和有效利用信息的能力，能够从大量数据中提取有价值的内容
3	沟通交流能力	在数字环境中，通过电子邮件、社交媒体、在线会议等工具进行有效沟通和协作
4	数字内容创作能力	具备创作和编辑数字内容的能力，如编写博客、制作视频、设计图形等
5	数字安全意识能力	了解并实践个人信息保护措施，识别网络风险，保障个人数据和隐私的安全
6	问题解决能力	在遇到技术障碍或信息过载时，能够采取适当的策略解决问题
7	批判性思维能力	对网络信息持有批判性态度，能够辨别信息的真伪和价值
8	道德和法律意识	理解并遵守数字世界的道德规范和相关法律法规
9	终身学习能力	随着技术的不断发展，持续学习新技能和知识以适应变化

3. 具备数字生活能力的重要性

数字生活能力在当今社会已经成为一种基本技能，它的重要性体现在多个方面。

① 随着经济和社会的数字化转型，无论是工作还是日常生活，都需要使用各种数字工具和服务。具备数字生活能力可以使个人有效地使用这些工具，提高效率和生产力，同时也能够更好地管理个人财务。

② 数字生活能力有助于提升个人的学习能力和适应能力。在知识更新迅速的时代，能够独立搜索、评估和应用信息是终身学习的关键。此外，随着远程工作和在线教育的普及，数字技能成为参与这些活动的必要条件。

③ 具备数字生活能力可以增强个人的社会参与度。数字平台提供了表达观点、参与讨论和社交网络的机会，这有助于建立社会联系和参与公民活动。

④ 数字生活能力对于保护个人隐私和数据安全至关重要。了解如何安全地使用数字技术和服务，以及如何防范网络诈骗和侵犯隐私的行为，可以帮助个人保护自己的信息不受侵害。

二、关键数字生活技能介绍

1. 数据分析与处理能力

在信息爆炸的时代，数据无处不在，如何从大量数据中提取有用信息，对于决策制定、业务优化和科学研究等各个领域都至关重要。具备数据分析与处理能力的个体能够使用各种工具和技术，比如统计软件、数据可视化工具和机器学习算法，来解析数据，识别模式和趋势，从而为复杂问题提供解决方案。此外，良好的数据处理技能可以帮助个人高效地整理和管理信息，提高工作效能。在商业环境中，这种能力可以帮助企业更好地理解市场动态和消费者行为，从而制定有效的营销策略和产品改进计划。在科学研究中，数据分析是验证假设和发现新知识的关键步骤。总之，数据分析与处理能力是现代数字技能的重要组成部分，对于推动创新和增强竞争力具有不可忽视的作用。

2. 编程与软件开发基础

编程或编码是指使用特定的编程语言来编写计算机程序的过程，这些程序可以执行各种任务和功能。而软件开发则涉及一系列系统化的过程，包括需求分析、设计、编码、测试和维护，以创建高效、可靠的软件应用。此外，它还涉及版本控制、软件设计原则、测试方法和调试技巧。编程能力使个人能够理解数字世界的底层逻辑。通过编程，可以自动化完成重复性任务，提高个人和组织的工作效率；编程和软件开发基础为那些想要设计和开发新软件应用的人提供了必要的工具和知识。在更广泛的职业环境中，编程技能也变得越来越重要。随着物联网（IoT）、人工智能（AI）和机器学习等技术的发展，编程技能的需求在多个行业中都在迅速增长。

3. 网络信息安全意识

网络信息安全意识是保护个人和组织不受网络威胁的关键。在日益数字化的世界中，数据泄露、恶意软件、钓鱼攻击和其他形式的网络犯罪层出不穷，因此安全地使用网络和保护个人信息的能力变得至关重要。具备网络信息安全意识意味着理解基本的网络安全原则，如使用强密码、定期更新软件、识别可疑邮件和链接等。此外，它还包括了解如何保护设备免受未授权访问，以及如何安全地使用公共Wi-Fi等网络服务。对于企业和组织来说，具备网络安全意识还包括制定和执行安全策略，确保员工接受适当的培训，以防止数据泄露和其他安全事件的发生。

三、数字生活能力未来发展趋势

随着技术的快速发展和数字化转型的深入，数字生活能力的未来发展趋势将表现为更加综合、多元化和智能化。未来，数字生活能力不仅仅局限于使用特定的应用或设备，而是要求个体能够在日益融合的数字世界中灵活适应和创新。这包括对新兴技术如人工智能、物联网、区块链等的理解和应用。同时，随着大数据和机器学习技术的发展，个性化服务将成为可能，个体将能够根据自己的行为和偏好获得定制化的数字体验。此外，数据安全和隐私保护将成为数字生活能力的重要组成部分，因为数据已成为现代社会中的重要资产。在未来，数字生活能力还将强调跨文化和全球视野，因为数字化已经打破了地理界限，使全球互联成为现实。终身学习也将是数字生活能力的关键，因为技术和职业要求的快速变化要求个体不断更新自己的知识和技能。随着数字伦理和社会责任意识的提高，未来的数字生活能力还将包括对这些领域的理解和实践。总之，数字生活能力的未来发展趋势将是一个综合性、不断进化的过程，它要求个体在技术、社会和文化等多个层面上不断学习和适应。

> ### 案例分享
>
> **融入智能社会　乐享数字生活**
>
> 　　随着信息技术的快速发展，智能化服务的广泛应用，深刻改变了生产生活方式，提高了社会治理和服务效能。但同时，我国老龄人口数量快速增长，不少老年人不会上网、不会使用智能手机，无法充分享受智能化服务带来的便利，老年人面临的"数字鸿沟"问题日益凸显。为了贯彻落实国务院办公厅印发的《关于切实解决老年人运用智能技术困难的实施方案》要求，进一步推动解决老年人在运用智能技术方面遇到的困难，让老年人更好共享信息化发展成果，上海市静安区石门二路街道祥福居民区党总支瞄准"送技能、'祥'幸福"的目标，开展智能手机应用课堂，切实解决老年人在运用智能技术方面遇到的困难，让老年人能融入智能社会，乐享美好数字生活。
>
> 　　祥福居民区东起成都北路、南临北京西路、西至石门二路、北靠山海关路，是一个地处市中心的弄堂小区。小区60岁以上老年人占比超过60%，其中孤老10人、独居老人15人、空巢老人30人，是一个老龄化程度较高的社区。祥福居民区立足老年人渴望学习智能手机的迫切需求，与东方信息苑、志愿者服务中心合作，从智能手机的基础使用入手，聚焦老年人日常生活涉及的高频事项，通过一系列的课程，让老年人能够灵活运用通信、支付、出行、购物等功能，切实在信息化发展中有更多获得感、幸福感、安全感。
>
> （资料来源：上海基层党建，2022年8月25日）

学习探索

一、数字生活能力的影响因素

　　数字生活能力的发展受到多方面因素的影响，这些因素交织在一起，共同决定了个人和社会在数字化时代的生活品质和竞争力。

1. 教育培训与数字技术的可及性

　　首先，教育与培训是提升数字生活能力的关键。随着技术的不断进步，教育机构需要更新课程内容，确保学生能够掌握最新的数字技能和工具。这不仅包括传统的学校教育，还包括成人教育和在线学习平台，它们为终身学习提供了可能。其次，技术的可及性是一个基本要素。如果个人无法负担数字设备和互联网服务，那么他们在数字世界中的参与度将受到限制。因此，提供经济实惠的技术和网络服务对于缩小数字鸿沟至关重要。

2. 社会文化价值与经济状况

文化与社会价值观也会影响数字生活能力的发展。一个重视数字技能的社会将鼓励个人学习和使用新技术，而一个对此不感兴趣的社会可能会阻碍人们投入时间和精力去学习。经济状况也是一个重要因素。经济条件较差的个人可能无法获得必要的技术资源，这限制了他们发展数字生活能力的机会。相反，经济条件较好的人更容易接触到先进技术和教育资源。年龄和学习动机也是关键因素。年轻人通常对新技术更加敏感和接受，而年长的人可能需要更多的激励和支持来克服学习新技能的障碍。

3. 政策法规和个人信念

政策和法规的支持可以促进数字技能的普及。政府可以通过提供公共访问点、鼓励教育项目和制定有利于技术发展的政策来推动社会整体的数字化进程。个人的信念和态度对于数字生活能力的发展同样至关重要。自信和积极的态度有助于个人克服学习过程中的困难，而恐惧和抵触感则可能成为学习新技术的障碍。社交支持和网络的存在可以帮助个人在遇到困难时获得必要的帮助和鼓励，这对于维持学习动力和克服挑战非常重要。最后，技术变革的速度要求个人持续学习和适应新工具。快速变化的技术环境意味着人们必须不断更新知识和技能，以保持与时俱进。

二、数字生活能力的提升策略

1. 学习数字化技能

现在人们的生活离不开数字化工具，学习数字化技能，掌握数字化工具使用变得非常重要。数字化技能包括基本的软件应用，例如 Word、Excel 等，以及相应的手机 APP。个人可以通过在线平台参加有关办公软件使用、编程、数据分析和人工智能等的课程来系统地构建知识框架。同时，实际操作是提高技能的关键，因此积极参与项目实践或模拟练习，以应用所学知识至关重要。此外，关注最新的技术动态，通过阅读相关书籍、杂志以及加入专业论坛和社区，可以帮助个人不断更新技能和知识。在日常生活和工作中积极使用数字工具，如云存储服务、协作软件等，也有助于提高对这些工具的熟悉度和使用效率。

2. 增强网络安全意识

在数字化时代，网络安全意识变得尤为重要。随着越来越多的数据和交易活动转移到线上，个人和企业都面临着诸如黑客攻击、恶意软件、钓鱼诈骗等安全威胁。为了保护自身信息和资产安全，首先需要认识到网络安全的重要性，并将其作为日常活动的一部分。通过定期更改强密码、使用双因素认证、不在公共 Wi-Fi 下进行敏感操作、定期更新软件和操作系统等措施，可有效提高个人网络安全防护水平。同时，对于可疑邮件和链接保持警惕，不轻易点击或提供个人信息。了解和学习最新的网络安全知识和趋势，参与相关的培训和教育项目，也是提升网络安全意识的有效途径。对于企业而言，制定和执行严格的网络安全策略，进行定期的安全审计和漏洞检测，以及建立应急响应机制，对于防范和应对网络安全事件至关重要。

3. 提升信息素养和数字素养

提升全民数字素养与技能，是顺应数字时代要求的关键举措。面对海量的信息，下一代需要具备良好的信息筛选和处理能力，这不仅能提高他们的学习效率，也能帮助他们在信息爆炸的环境中保持清晰的思维。可以通过建设全民数字素养与技能提升平台，推动重点院校、科研机构、社会组织等向社会开放学习课程、教学工具、应用案例等数字资源，以及参加各类数字素养与技能培训基地的活动，来提升自己的信息素养和数字素养。

4. 培养良好的数字品德与价值观

遵守数字道德规范是彰显数字伦理、培养数字意识、提高人民数字化生活参与能力的基本价值体现，数字品德的养成和价值观的塑造是提升大众数字化素养的前提。我们需要养成良好的数字品德，包括主动遵守数字社会行为规范、合法进行数字世界交往以及积极参与数字空间治理；同时也要树立正确的数字价值观，包括正向的网络价值观、真诚的网络交往观、正确的网络消费观等价值观念以及诚信、谨慎、安全、包容等行为习惯。

▶▶ 实践提升　提升个人数字生活能力的实用技巧与方法

1. 了解至少3种在线购物软件，尝试使用不同的支付方式进行交易，完成购物流程后，分别列出他们的安全性、便利性和特点。

2. 掌握各种数字工具，如Excel、PPT等的使用方法和技巧，可以提升数据处理和信息呈现的效率。

3. 学习并实践网络安全的基本知识和防范方法，如设置复杂密码、定期更新软件等，能有效保护个人信息安全。

4. 了解并掌握数据备份与恢复的策略，如定时备份重要文件、使用云存储等，可以在数据丢失时快速恢复，保障工作和生活的正常进行。

◀ 学习评价

学习环节	内容	自评分	组评分	教师评分
知识学习	数字生活能力的内涵、构成要素及发展趋势；关键数字生活技能介绍			
案例分享	融入智能社会　乐享数字生活			
学习探索	数字生活能力的影响因素及提升策略			
实践提升	提升个人数字生活能力的实用技巧与方法			

学习收获
学习反思

 拓展阅读 "数字化"赋能人民美好生活

  移动互联网、大数据、云计算、区块链、人工智能等数字技术为人民的日常生活构筑起全方位的数字化基础设施。这张数字大网包罗了人们的学习工作、信息获取、购物娱乐、医疗就诊等日常实践的方方面面,"云交往""云看展""云旅游""云看诊"等词汇的流行反映了人民的日常生活逐渐走向数字化和媒介化。荷兰学者约瑟·范·迪克（José van Dijck）将这种依赖于数字基础设施的平台化实践称为"平台化生存"。数字化更是开启了极具未来感的生活方式,VR/AR眼镜等可穿戴设备提供远程场景的身临其境之感、物联网推动智能家居和智慧城市的发展,AI技术也在自动驾驶领域继续探索,5G技术的普及让远程医疗监测和高精准手术得以实现。随着我国步入老龄化社会,政府联合企业平台进行了一系列数字适老化改造,如中央广播电视总台为满足中老年用户的需求,专门开发了一款面向老年群体的乐龄版"云听"音频客户端,该产品在内容、功能、界面设计及字体上都更加适应中老年用户的收听习惯,为老龄化社会提供贴近人民、以人为本的数字化服务。这些便民的数字技术得益于我国的"数字强国"战略部署。"互联网+"开启了一场日常生活的数字化场景革命。

  数字化在补齐教育、医疗、就业等社会公共服务短板和助力乡村振兴建设方面具有重要作用,有助于实现"维护社会公平正义,着力解决发展不平衡不充分问题和人民群众急难愁盼问题"。教育领域进行平台资源融合创新,尽力缩小城乡教育资源的差距。新型冠状病毒感染期间,国家级网络学习平台"学习强国"及时推出

"在家上学"专区，为全国中小学生提供免费的网课学习入口，成为网络公益教育的典范。医疗领域正在推进互联网+医疗的远程诊治服务，提供在线疾病咨询、电子处方、远程会诊及远程治疗和康复服务，推动医疗服务和医疗产业创新，促进"健康中国"建设。在数字技术的依托下，直播电商成为吸引青年返乡创业的新思路。年轻人通过抖音、快手平台的直播，为家乡农产品和传统手工制品打开销路，拉动当地的生态旅游经济。政府+电商的联动合作模式解决了许多农产品销售难题，电商扶贫成为助力乡村振兴战略的新型探索。

另外，为了避免数字化可能带来的负效应，例如网络舆论极化和网络谣言泛滥、城乡数字鸿沟的扩大等问题，政府正在通过数字技术创新社会治理手段，推动国家治理体系和治理能力现代化建设，全面发挥数字化的正效应。

（资料来源：中国社会科学报，2022年09月22日）

第四节 掌握数字学习能力

案例导读

我国大学生数字化学习现状

我国大学生数字化学习现状存在多方面差异。

首先，设备和网络环境是数字化学习的关键因素。虽然大学校园普遍覆盖无线网络，但许多学生缺乏个人电脑，且网络资源使用需自费，这限制了数字化学习的普及。有设备的学生更可能利用网络资源学习，而无设备者则需依赖网吧、阅览室等场所，但费用问题也是一大挑战。

其次，大学生对数字化学习的态度各异。少数学生高度认同并积极实践，能自控并高效利用网络资源提升信息素养。多数学生虽认同但缺乏主动性，易受外界干扰。还有部分学生持消极态度，认为数字化学习无效且浪费时间，更倾向于传统课堂教学。

当前，大学生进行数字化学习的方式主要分为个人研究和集体协作两种。然而，研究表明，大学生对数字化学习方式的认识不足，与分享协作、共享资源的网络学习方式存在差距。这主要归因于大学生在学习、研究和分享方面的意愿不足，以及协作学习意识薄弱，同时也受到传统课堂教学方式的影响。因此，提高大学生的数字化学习主动性和积极性，是推动其全面提升数字化学习能力的关键。

> 知识学习

一、数字化学习能力定义及特点

1. 数字化学习能力的定义

数字化学习能力是指个体在数字环境中获取、理解、应用和分享知识的能力。这种能力包括使用数字工具和资源来支持学习和解决问题的技能，以及通过在线课程、电子书籍、学习管理系统和其他教育技术平台进行自我指导学习的能力。数字化学习能力的核心在于能够有效地利用数字技术来增强学习体验。这不仅涉及技术操作技能，如使用计算机、平板电脑和智能手机等设备，还包括理解和运用各种软件应用程序，例如文本编辑器、表格处理工具、演示软件以及专业的学习软件等。

此外，数字化学习能力还涉及到信息素养，即能够识别、评估和有效使用信息的能力。这包括在网络上进行有效的信息检索，评估找到的信息的可靠性，以及正确引用和整合这些信息到自己的学习中。在更高层次上，数字化学习能力还意味着能够参与在线协作，与他人共享知识和资源，以及在虚拟社区中进行交流和学习。这要求具备良好的沟通技巧，包括书面和口头表达能力，以及团队合作和领导力。

2. 数字化学习能力的特点

数字化学习能力特点包括自主性、灵活性、多样性、互动性、可追踪性、技术性、信息素养以及适应性等，具体见表1-2。

表1-2　数字化学习能力特点

序号	数字化学习能力特点	具体说明
1	自主性	数字化学习鼓励学习者自我管理学习进程，包括时间管理、学习目标设定和自我评估
2	灵活性	学习者可以随时随地访问教育资源，不受物理位置的限制，这提高了学习的可访问性和便利性
3	多样性	数字化学习提供各种格式的学习材料，如视频、音频、图形和互动媒体，满足不同学习者的偏好
4	互动性	通过在线讨论、协作项目和虚拟互动，学习者可以与同伴、教师和全球社区进行交流和合作
5	可追踪性	学习管理系统等工具可以记录学习者的进度和表现，帮助学习者了解自己的学习轨迹并作出相应调整
6	技术性	要求学习者具备基本的技术操作技能，如使用计算机、平板和智能手机等设备，以及相关的软件和应用
7	信息素养	在海量的在线信息中，学习者需要具备辨别信息真伪和质量的能力，以及合法和道德地使用这些信息的能力
8	适应性	随着技术和社会的快速变化，数字化学习能力还包括适应新工具和技术的能力，以及持续学习和更新知识的意愿

3. 数字化学习能力的重要性

数字化学习能力在当今社会尤为重要，因为它直接关系到个人能否有效利用数字工具和资源进行自我提升和适应快速变化的世界。具备数字化学习能力意味着能够批判性地评估在线信息，高效地使用数字技术进行沟通和协作，以及独立地探索和学习新知识。随着工作和生活日益数字化，这种能力不仅有助于个人在职业生涯中保持竞争力，还有助于培养终身学习的习惯。数字化学习能力使个体能够灵活适应不同的学习环境和工作场景，提高个人解决问题的能力，以及更好地融入全球化的社会和经济体。因此，无论是在教育还是职业发展方面，数字化学习能力都是一项不可或缺的关键技能。在教育领域，数字化学习能力使学生能够访问更广泛的资源，促进自主学习和协作学习，提高学习效率。在职场中，它帮助员工适应远程工作和虚拟团队的要求，提高工作灵活性和生产力。此外，随着人工智能、大数据和机器学习等技术的发展，数字化学习能力成为理解和应用这些技术的基础，对于保持职业技能至关重要。

二、数字化学习能力构成要素

1. 信息素养

信息素养是数字化学习能力的核心要素，它包含了识别、评估、使用和管理信息的能力。在网络信息泛滥的时代，信息素养使个体能够从各种来源中甄别出质量可靠和相关的信息，对信息的真实性和有效性进行批判性分析，并合法地利用这些信息来支持学习和决策。此外，信息素养还涉及信息的整理和存储，以便未来可以高效地检索和使用。良好的信息沟通能力也是信息素养的一部分，它要求个体能够将信息转化为知识，并通过适当的渠道与他人分享。因此，信息素养是个人适应数字化社会，实现终身学习的关键能力。

2. 技术应用能力

数字化学习能力中的技术应用能力是指个体使用数字工具和设备来支持学习和解决问题的能力。这包括基本的计算机操作技能，如文字处理、数据管理和网络浏览，以及更高级的技术支持，如使用学习管理系统、参与在线协作平台和运用专业软件进行创造性工作。技术应用能力还涉及对新技术的快速适应和持续学习，以便能够随着技术发展保持技能的现代性和相关性。此外，有效的技术应用还包括了解如何安全地使用数字工具，保护个人隐私和数据安全。总体而言，技术应用能力是数字化学习能力中实现信息获取、处理和交流的基础性要素。

3. 自主学习能力

数字化学习能力中的自主学习能力是指个体在数字环境中自我驱动、自我管理和自我反思的学习技能。这包括设定学习目标、规划学习路径、选择合适的学习资源、自我监控学习进度以及评估学习成果。自主学习能力使学习者能够在没有传统教师指导的情况下，利用网络课程、在线论坛、电子书籍和其他数字资源进行有效学习。此外，自主学习还涉及时间管理能力，以及在面对信息过载时能够筛选和专注于重要内容的能力。在数字化学习环境中，自主学习能力是关键的，因为它要求学习者对自己的学习过程负责，并能够适应不断变化的信息和技术条件。

三、数字化学习能力应用

数字化学习能力在现实世界中的应用极为广泛，涵盖教育、职场、日常生活和社会的各个层面。

1. 教育领域

学生不仅能够在在线学习平台上独立完成课程，还能够通过互动式的多媒体资源和虚拟实验室来加深对复杂概念的理解。此外，教师利用数字工具进行教学设计和学生评估，可提高教学效率并满足不同学习者的个性化需求。

2. 职场领域

员工通过在线培训模块持续更新技能，使用协作软件与全球团队共享和交流信息，以及利用数据分析工具来优化工作流程和制定决策。企业也依赖数字化能力来管理客户关系和供应链，以及进行市场研究和产品推广。

3. 日常生活

数字化学习能力使个人能够有效地使用智能手机、应用程序和社交媒体来管理个人生活，如健康追踪、在线购物和社交网络。数字化能力还涉及到个人财务管理、家庭自动化系统的操作，以及对网络安全威胁的防范。

4. 社会层面

数字化学习能力使公民能够更好地参与社会政治活动，如在线投票、公共政策讨论和社会运动。它还有助于增强政府服务的透明度和可访问性，例如通过电子政务平台提供信息和服务。

> **案例分享**
>
> **数字化学习能力应用——在线课程**
>
> 数字化技术使得在线课程成为现实，学生可以在任何时间和地点通过网络学习，节省时间和成本。例如，超星学习通、中国大学MOOC、Udemy等在线课程提供商都是非常受欢迎的数字化学习平台。
>
> 目前高校使用较多的教学平台——超星学习通，汇集了大量的优质教育资源，包括教学视频、教材、试题库、实践案例等，学生和教师可以通过平台获取各种学习资

料，帮助他们更好地学习和教学；超星平台支持个性化学习路径设置和推荐系统，根据学生的学习情况和兴趣，为其提供定制化的学习建议和资源，帮助学生高效地学习；超星平台支持在线讨论、互动问答、实时答疑等功能，帮助学生和教师之间进行更加紧密的互动和交流，促进学习效果的提升；超星平台还支持多种教学模式，包括在线课堂、直播授课、实验模拟等，满足不同类型学生和教师的学习和教学需求；超星平台具有学习数据分析功能，可以对学生的学习情况、学习进度等进行分析和反馈，帮助教师更好地了解学生，并调整教学方法。

学习探索

一、数字化学习能力内涵探索

1. 适应数字化学习环境的思维能力

当前，智慧阅读笔、智慧书法桌、智能体验穿戴等各种智能化、信息化学习设备、平台等层出不穷。它们所展现出的多媒体特征更直观、更具有技术性，营造出了智慧的、虚实互联的学习环境。面对数字技术带来的环境改变，个体需要重新构建自身的学习思维，包括学会用"焦点思维"，即开展以问题为导向的学习，将注意力集中在所要解决的核心问题或者学习困惑上，全身心完成学习；学会用"台阶思维"，即在学习中区分好学习的重点、主次、难易，从简单到复杂递进式开展学习；学会用"搜索思维"，即借助数字化学习平台发现并挖掘更优质的学习资料。

2. 数字化学习资源的挖掘能力

美国教育部早在2012年就发布了与教育数字化相关的报告——《提升教与学：教育数据挖掘和学习分析报告》，旨在"通过提升教育数据挖掘技术和学习分析技术，改变教与学的方式，实现教与学的提升与发展"。教育数据挖掘的实质是学生利用数字化技术完成学习的过程。在这一过程中，基础是教学网络，平台是各类学习应用系统，方式是采用人机交互创造出模拟的学习环境，结果是数据的采集和应用，目的是发现自己如何学习并为后期学习改进提供必要的依据。教育数据挖掘掀起了一场学习革命，改变的不仅仅是师生主体之间的教学和学习行为，更重要的是对学习者提出了新的要求——必须具备数字化学习资源的挖掘能力。

3. 数字化学习方式的运用能力

数字化学习方式的运用能力涵盖了多个方面，包括技术工具的使用、在线资源的识别与利用、虚拟环境的适应性，以及网络沟通和协作的技巧。这种能力要求学习者能够熟练操作各类电子设备和软件应用，有效地在网络平台上获取信息、参与讨论，并能够利用电子书籍、教学视频、在线课程等资源进行自主学习。同时，学习者还需要具备良好的时间管理和自我监督的能力，以确保在缺乏物理监督的环境下仍能保持高效的学习进度。此外，网络安全意识也是数字化学习能力中不可忽视的一部分，学习者需要了解如何保护个人隐私和数据安全，预防网络诈骗和侵权风险。

4. 数字化学习工具的应用与创新能力

数字化学习工具的应用与创新能力是指个体能够灵活运用各种数字技术来支持学习过程，并在此基础上进行创新的能力。这包括使用在线课程、虚拟实验室、模拟软件等工具来获取知识，以及利用这些工具进行实践和创造新知识的能力。数字化学习工具的应用能力还涉及对这些工具的深入理解，能够根据学习需求选择最合适的工具，并能够整合多种工具以优化学习效果。此外，创新能力体现在对现有工具的改良、开发新的学习方法或创建原创内容上，这些都能够丰富数字化学习的体验，提高学习效率和增强学习动机。

二、数字化学习能力培养策略

1. 教育教学改革

为了适应数字化学习能力的培养需求，教育教学改革应着重于将技术融入教学过程、更新教学内容和方法、强化师资培训以及促进学生主动学习。具体来说，教育体系需要开发和采纳新的课程，这些课程应包含关键的数字技能，如信息检索、数据分析、网络安全意识和数字伦理。教学方法也需创新，采用翻转课堂、在线协作项目等方式，以提高学生的参与度和动手能力。教师的专业发展是改革的关键，需要定期提供培训，帮助教师掌握最新的数字工具和教学方法。此外，学校应建立一个支持性的学习环境，鼓励学生探索和实验，同时确保他们能够安全地使用数字技术。通过这些改革措施，可以有效地培养出适应未来社会需求的数字化学习者。

2. 技术支持与资源整合

为了有效整合技术支持与资源以提升数字化学习能力，教育机构需要制定全面的战略，将技术融入教学和学习过程。这就包括建立可靠的硬件基础设施，如高速互联网连接和个人设备，并确保这些资源的广泛可用性。同时，教育者应利用多样的软件工具和在线资源，包括学习管理系统、互动式应用程序和开放教育资源，为学生提供丰富的学习体验。此外，重要的是要培养一种支持创新和自主学习的文化，鼓励学生主动探索和使用技术来满足他们的学习需求。通过这些措施，可以优化技术资源的使用，提高学生的数字化学习能力，为他们在未来的学术和职业生涯中获得成功奠定基础。

3. 学习者自主发展

在数字化时代的学习舞台上，学习者站在了前所未有的主体地位，他们的自主发展成为了一场关键的革命。不再是传统教育模式中的被动接受者，他们成为了自己学习之旅的设计师和舵手。数字化工具和资源是他们的翅膀，帮助他们飞越知识的海洋，探索未知的领域。在这样的背景下，学习者需要培养自我管理能力，包括设定学习目标、规划学习路径、监控进度，并在反思中不断调整。他们要学会如何在信息的海洋中辨识方向，如何在虚拟的交流中建立真实的联系，如何在数字世界中保持个体的独特性和批判性思维。

三、数字化学习能力评估反馈

1. 评估方法的探索与创新

数字化学习能力的现有评估方法，尽管在很多方面服务于教育的初衷，但也存在不少局限性。传统标准化测试往往侧重于测量记忆和重复性技能，而不足以反映学生在数字环境中的创造性思维、问题解决能力及信息素养。此外，这些评估通常是静态的、一次性的，不能全面捕捉学生在学习过程中的连续发展和实时反馈的需求。针对这些局限性，创新的评估手段开始涌现。

一种方法是利用数字徽章（digital badges）来认证学生在特定技能或项目上的成就，这不仅衡量了最终成果，还鼓励了学习过程中的实践和探索。借助自适应学习技术，可以开发动态调整难度的评估工具，以适应不同学生的学习速度和能力水平。这样的工具能够提供个性化的学习路径，确保每个学生都能在适合自己的挑战水平上取得进步。游戏化学习提供了另一种可能性，通过将学习内容融入游戏情境中，学生在完成有趣的游戏任务时也在接受评估。这种方法不仅使评估过程更具吸引力，还能够在更加真实的环境中评估学生的实际应用能力。

2. 提升路径的多样性与个性化

数字化学习能力的提升应针对不同学习者的特点，设计多样化与个性化的路径。对于初学者，可以从基础的计算机操作和互联网应用入手，逐步提升至更复杂的技能。而对于已具备一定基础的学习者，引入编程、数据分析等高级课程将有助于他们的进一步深化和专业化发展。对于不同学习风格的个体，如视觉型学习者，采用图形化教学工具和视频内容会更有益；而对于动手实践型学习者，则应通过项目式学习和实验来增强其实际操作能力。此外，利用智能教育平台进行个性化学习路径推荐，结合实时反馈和评估机制，能够更好地适应每个学生的进度和需求，从而实现真正意义上的个性化学习。

3. 反馈机制与持续改进

构建有效的反馈机制对于实现数字化学习能力的持续改进至关重要。首先，应确保评估与反馈是及时的，让学生能够快速地从学习行为中获得指引。其次，反馈需要具体明确，针对学生的具体行为或作品提供建设性建议，而非笼统的评价。此外，采用互动式反馈平台，如同伴评价和教师在线问答，可以增加学习的交互性，促进深入理解。同时，利用数据分析工具监测学习进程，生成个性化报告，帮助学生了解自己的学习轨迹和掌握程度。最后，鼓励自我反思，通过日志、学习日记等方式让学生主动参与评估过程，对自己的学习负责。这样全方位的反馈机制能够为学生提供持续的动力和支持，驱动他们在数字化学习的道路上不断前进。

实践提升　数字化学习能力实践训练

（一）思考

1. 如何培养和提升个人数字化学习能力？
2. 讨论数字化学习在未来的发展趋势和可能带来的影响。

（二）实践

通过本章的学习，同学们自行学习思维导图工具的使用，完成数字化学习能力提升路径的思维导图绘制。

任务要求：
（1）了解数字学习能力提升的内容；
（2）思考作为一名学生怎么提升数字化学习能力；
（3）搜集提升学习能力的方法、工具、资源等；
（4）最终使用思维导图绘制提升路径图，要求清晰明了、层次逻辑分明。

实施提示

1. 下载并安装思维导图软件；
2. 打开思维导图进行内容编辑。

M1-2
思维导图软件安装及使用方法

学习评价

学习环节	内容	自评分	组评分	教师评分
知识学习	数字化学习能力的定义与特点、构成要素及应用			
案例分享	数字化学习能力应用——在线课程			
学习探索	数字化学习能力的内涵探索、培养策略及评估反馈			
实践提升	数字化学习能力实践训练			
学习收获				

学习反思

 拓展阅读　提升全民数字素养与技能行动纲要

2022年3月，中央网络安全和信息化委员会印发《提升全民数字素养与技能行动纲要》（以下简称《行动纲要》），对提升全民数字素养与技能作出安排部署。《行动纲要》指出，提升全民数字素养与技能，是顺应数字时代要求，提升国民素质、促进人的全面发展的战略任务，是实现从网络大国迈向网络强国的必由之路，也是弥合数字鸿沟、促进共同富裕的关键举措。要把提升全民数字素养与技能作为建设网络强国、数字中国的一项基础性、战略性、先导性工作，切实加强顶层设计、统筹协调和系统推进，促进全民共建共享数字化发展成果，推动经济高质量发展、社会高效能治理、人民高品质生活、对外高水平开放。

《行动纲要》提出，到2025年，全民数字化适应力、胜任力、创造力显著提升，数字素养与技能提升发展环境显著优化，基本形成渠道丰富、开放共享、优质普惠的数字资源供给能力。初步建成全民终身数字学习体系，老年人、残疾人等特殊群体数字技能稳步提升，数字鸿沟加快弥合。劳动者运用数字技能的能力显著提高，高端数字人才队伍明显扩大。全民运用数字技能实现智慧共享、和睦共治的数字生活，数字安全保障更加有力，数字道德伦理水平大幅提升。展望2035年，基本建成数字人才强国，全民数字素养与技能等能力达到更高水平，高端数字人才引领作用凸显，数字创新创业繁荣活跃，为建成网络强国、数字中国、智慧社会提供有力支撑。

《行动纲要》围绕七个方面部署了主要任务，一是丰富优质数字资源供给，二是提升高品质数字生活水平，三是提升高效率数字工作能力，四是构建终身数字学习体系，五是激发数字创新活力，六是提高数字安全保护能力，七是强化数字社会法治道德规范。

第五节　训练计算思维能力

案例导读

计算思维的由来

1982年诺贝尔物理学奖得主肯尼斯·威尔逊（Kenneth G. Wilson）在他的获奖演讲中提到计算在他的工作中扮演的重要角色，他认为计算是所有科学的研究范式之一，区别于理论和实验，所有的学科都面临算法化的巨大挑战。所有涉及自然和社会现象的研究都需要借助计算，使用计算模型做出新发现和推进学科发展。他的工作和对于计算方法的大力推荐，激发了人们对于计算科学的认识和重视。

2006年，美国卡内基梅隆大学的周以真（Jeannette M. Wing）教授，为了帮助人们更好地认识机器智能的不解之谜，发表了题为 Computational Thinking 的文章，提出了一种建立在计算机处理能力及其局限性基础之上的思维方式——计算思维。她认为，计算思维就是运用计算机科学的基础概念进行问题求解、系统设计，以及人类行为理解等涵盖计算机科学之广度的一系列思维活动，能为问题的有效解决提供一系列的观点和方法，它可以更好地加深人们对计算本质以及计算机求解问题的理解，而且还能克服知识鸿沟，便于计算机科学家与其他领域专家交流。

2007年，周以真教授在卡内基梅隆大学成立了计算思维研究中心，并修订了该大学一年级学生的课程，借此培养该校非计算机专业学生的计算思维能力。2008年，周以真进一步指出计算思维是一种分析思维，在问题解决的不同阶段会用到数学思维，在设计和评价复杂系统时会用到工程思维，在理解概念时会用到科学思维。可以看出，计算思维是多种思维的综合应用。计算思维不是要让人类像计算机那样思考，而是要培养有效使用计算解决复杂问题所必需的一组心智工具集。

知识学习

一、计算思维理论基础

1. 计算思维的定义与内涵

计算思维的概念最初是由计算机科学家周以真在2006年提出的。她在论文 Computational Thinking 中阐述了这一概念，并强调了其在教育领域的重要性。周以真指出，计算思维是一种解决问题的思维方式，它超越了单纯的编程技能，涵盖了问题分解、模式识别、抽象化、算法设计等一系列从计算机科学中提炼出的思考策略和技巧。此外，它还涉及并行处理、优化资源使用以及预防和检测错误等方面。计算思维不仅限于计算机科学家，它是所有人都可以用于在日常生活和各种学科中解决问题的一种基本技能。

计算思维的提出旨在应对日益数字化的世界中复杂问题的解决需求，以及为所有学科的学生提供一种重要的技能集，而不仅仅是针对未来的计算机科学家或工程师。此概念的推广也与STEM（科学、技术、工程和数学）教育运动的兴起密切相关，它强调跨学科整合和实践应用的重要性。计算思维已经成为现代教育中推崇的一项关键技能，其影响力逐渐扩展到从小学到大学的各个教育阶段，甚至进入了终身学习的理念中。

2. 计算思维与其他思维的比较

计算思维与其他思维方式相比具有一些独特的特点。与传统的批判性思维或分析性思维相比，计算思维更加侧重于问题的解决过程和系统的构建。例如，批判性思维强调评估和判断信息的真实性与有效性，而计算思维则更关注如何系统地处理和转换信息来解决问题。与创造性思维相比，虽然两者都涉及创新和解决方案的生成，但计算思维更注重使用计算机科学的方法和工具来达成目的，如通过算法设计和编程来实现创意。此外，计算思维在面对复杂问题时更倾向于将其分解为可管理的子部分（分而治之），然后逐一解决，这不同于某些直觉或直观式的思维模式，后者可能更侧重于整体性的认知和快速决策。

二、计算思维教育价值

计算思维在教育领域中占据了重要的地位，并发挥着多方面的作用。首先，它被广泛认为是21世纪技能的关键组成部分，对于学生准备进入数字化、高度自动化的未来社会至关重要。通过培养计算思维，学生可以学会如何有效地解决问题、设计系统以及理解人类和机器之间的互动。在教育中注重计算思维的培养有助于学生不仅仅是学习如何使用计算机和相关技术，而是深入理解这些技术的工作原理和应用场景。这种理解是帮助他们成为未来创新者和问题解决者的基础。计算思维教育鼓励学生掌握如何分解复杂问题、识别并利用模式、进行抽象化思考以及设计算法来解决各类问题的技能。

此外，计算思维的培育能够跨越学科界限，促进跨学科的整合与协作。学生可以在科学、数学、语言艺术甚至社会学等多个领域应用计算思维来加深理解和提高创新能力。例如，在数据分析项目中，学生可以运用计算思维技能来解读数据集、发现趋势并进行预测。同时，计算思维也为学生提供了一种新的表达方式。通过编程和软件开发，学生可以创造出具有个人特色的数字作品，从而发展他们的创造性和沟通能力。随着科技的快速发展，未来的工作场景将越来越多地要求员工具备处理复杂信息、分析数据和设计智能解决方案的能力。因此，在教育中加强计算思维的培养，不仅有助于学生适应未来的职业需求，也为他们终身学习和持续自我提升奠定了基础。

三、计算思维典型应用场景

计算思维是一种普遍适用的问题解决策略，它涉及将复杂问题分解成更小、更容易管理的部分，识别这些部分之间的模式，抽象出核心问题，并设计解决步骤或算法。这种思维方式在许多领域都有广泛的应用场景。

1. 教育领域

计算思维被用于指导学生如何系统地处理信息和解决问题。如通过编程课程和机器人竞赛，学生们可以实践如何分析问题、设计解决方案，并实现这些解决方案。此外，计算思维也有助于跨学科学习，如在数学建模、科学实验以及社会科学数据分析中应用。

2. 工程领域

在软件开发和工程领域，计算思维是核心技能之一。工程师和开发者利用它来设计、测试和优化软件程序和系统架构。这包括从高层设计到具体编码的所有环节，确保产品满足用户需求且性能高效。

3. 数据科学领域

数据科学领域也严重依赖计算思维。数据科学家运用这一思维方式来探索和分析巨量数据集，从中提取有价值的洞见并预测未来趋势。这涉及复杂的数据处理流程和算法设计，以支持基于数据的决策。

4. 科学研究领域

在科学研究中，计算思维帮助科学家们处理实验数据，构建和验证模型，进行模拟实验等，从而在生物学、物理学、化学等学科中发现新的知识和理论。

5. 商业领域

商业领域中，计算思维有助于决策者进行市场分析、风险评估和资源优化。它使管理者能够制定更有效的业务战略和运营模型，以适应不断变化的市场环境。

6. 日常生活

在日常生活中，个人也可以利用计算思维来进行决策和规划，例如家庭预算管理、假期行程规划或生活空间优化等。

计算思维作为一种独特的分析、解决问题的能力，在现代社会的各个层面都发挥着关键作用，它不仅对专业领域的专业人士至关重要，对于个人的日常生活决策也同样重要。通过培养这种能力，个人和组织都能更好地应对快速变化和技术驱动的世界。

案例分享

计算思维的典型应用案例

1. 谷歌地图和导航

谷歌地图使用计算思维来处理大量的地理数据，提供路径规划和导航服务。这包括最短路径算法、实时交通分析和位置服务。

2. 拼写检查和自动纠正

文字处理软件和智能手机中的拼写检查和自动纠正功能，这些都是计算思维的例子，它们使用算法来分析文本并提供建议。

3. 机器学习和人工智能

机器学习算法，如神经网络和深度学习模型，是计算思维的高级应用，它们可以处理大量数据并从中学习，用于图像识别、自然语言处理等领域。

4. 密码学和加密技术

密码学中的加密算法，如RSA加密，是计算思维的体现，它们使用复杂的数学算法来保护数据安全。

5. 气候模拟和天气预报

气候科学家使用计算思维来模拟大气和海洋动力学，预测天气模式和气候变化情况。

学习探索

一、训练计算思维能力的方法与策略

1. 现有训练方法及评价

（1）编程教育。通过编程教育，学生在编写和调试代码的过程中学习如何分解问题、识别模式并抽象化思考。这种方法直观且有效地让学生接触到计算思维的核心概念，但可能对于无编程背景的学习者来说有一定难度。

（2）专门的计算思维训练平台，如通过解决游戏化的问题来锻炼思维能力。这些平台通常提供逐步增加难度的挑战，帮助用户渐进式地掌握计算思维技能。这种方法易于上手，适合不同年龄和背景的用户，但可能缺乏深度，不足以应对复杂实际问题。

（3）项目式学习方法，鼓励学生参与到真实世界问题的解决中，应用计算思维来设计解决方案。这种方法强调学以致用，能够培养学生的综合应用能力，但需要更多的时间和资源投入。

2. 训练思维创新策略

训练计算思维的创新策略旨在通过新颖的方法提高问题解决能力。这些策略可能包括结合现实生活情境的项目，使学习者能够在实际环境中应用计算思维。例如，使用模拟真实世界经济、社交或环境问题的平台，让学生设计解决方案，同时锻炼他们的计算思维能力。

（1）利用数字游戏和虚拟现实技术，提供沉浸式学习体验，通过互动式挑战来提升

学生的抽象思维和算法设计技能。这种方法通常更具吸引力，能够激发学生的兴趣和参与度。

（2）协作学习和群体讨论也被用于计算思维的训练中，鼓励学生共同分析问题、共享不同视角并集体构思解决方案。这种方法有助于培养学生的沟通技巧和团队合作能力。

创新策略注重于提供多样化的学习途径，让学习者在趣味和互动中发展计算思维，同时也强调将这种思维方式应用于跨学科和实际问题的解决中。

二、训练计算思维能力面临的挑战与对策

1. 训练计算思维能力面临的挑战

首先是资源的局限性，特别是在教育环境中，合适的教学材料、工具和有经验的教师可能不足，这限制了计算思维培养的有效性和广泛性。其次，学习者的差异性也是一个挑战，不同的背景、学习风格和先验知识会影响他们对计算思维概念的理解和掌握。此外，计算思维的抽象本质可能导致一些学习者难以把握和运用，特别是在没有直观物理表示的纯计算问题解决情境中。同时，评估和测量学习者计算思维能力的进展也是一项挑战，因为传统的评价方法可能不适用于这种类型的技能。最后，随着技术的迅速发展，保持教学内容的时效性和相关性是持续的挑战。教育者需要不断更新课程设计，确保它们能够反映当前和未来社会对计算思维的需求。

2. 训练计算思维能力的对策建议

（1）提高资源可获取性　通过政府和教育机构的投资，增加高质量教学材料和工具的供应，同时提供专业发展机会，以培养更多有经验的教师。

（2）个性化学习路径　开发适应不同学习者需求的教育策略，如个性化学习计划和多样化教学方法，帮助学生根据自身背景和学习风格掌握计算思维。

（3）具体化抽象概念　使用物理设备（如机器人、构建套件）和仿真软件将抽象概念具体化，帮助学生更好地理解和应用计算思维。

（4）创新评估方法　研发新的评估工具和指标，专注于测量问题解决过程和创造性思维，而不仅仅是传统的知识测验成绩。

（5）持续更新课程内容　确保课程与最新技术发展保持同步，并强调跨学科技能的重要性，以帮助学生应对未来挑战。

三、训练计算思维能力的效果评估体系构建

构建训练计算思维能力的效果评估体系是确保教学成效和持续改进的重要环节。这样的评估体系应该综合运用多种评价方法，以全面捕捉学生在计算思维各方面的进步。

首先，评估体系需要包括形成性评价和总结性评价。形成性评价侧重于学习过程中的持续反馈，帮助学生及时了解自己的进步并调整学习策略。总结性评价则在学习活动结束时进行，以确定学生是否达到了预定的学习目标。其次，评估工具应该多样化，包

括但不限于传统的笔试、项目作品评估、同伴评价、自我反思以及基于能力的考核任务。特别是在评估计算思维这样的复杂技能时，应当更多地依赖于实际操作和解决问题的任务，而不仅仅是理论知识的测试。再次，评估体系还应该考虑到学生的个人发展和个体差异。通过个性化的评价，可以更准确地识别每个学生的优势和提升空间，从而为他们提供定制化的学习支持。最后，评估数据应该用于指导教学实践的改进。通过分析评价结果，教育者可以了解哪些教学方法有效，哪些需要调整，从而不断提升计算思维能力训练的质量。

为了全面理解学生的计算思维能力，一个有效的评估体系需要从多个角度进行考察。它应该包括对学生逻辑思维、问题解决、抽象化能力和编程技能等各个维度的评估。此外，评估体系还应该考虑不同认知层次的能力，从基础知识掌握到复杂问题的分析和解决。评估体系不仅可以为学生提供关于其计算思维能力的详尽反馈，还能为教育者提供宝贵的信息，帮助他们调整教学策略和课程内容，从而实现教学方法和课程内容的持续优化。

实践提升 提升个人计算思维能力训练

（一）思考

1. 在日常生活中，请结合自身情况，谈谈提升计算思维的方法。
2. 请举例说明训练计算思维能力的意义及应用场景。

（二）实践

1. 学习一门编程语言如Java或者python，利用编程语言实现冒泡排序算法。
2. 尝试制作一个简单的电脑游戏或模拟器，比如用python的pygame库制作一个小型的游戏。
3. 选择一个你感兴趣的数据集如体育统计数据、社交媒体信息或者电商评论数据等，使用python等工具进行数据清洗、分析和可视化。

学习评价

学习环节	内容	自评分	组评分	教师评分
知识学习	计算思维理论基础、教育价值、应用场景			
案例分享	计算思维的典型应用案例			
学习探索	训练计算思维能力的方法、应对策略、评估体系			
实践提升	提升个人计算思维能力训练			

学习收获

学习反思

 拓展阅读　人工智能时代计算思维的新发展

计算思维是人工智能领域的重要思维方式，它强调利用计算机科学的基本概念进行问题求解、系统设计与理解人类行为的过程。将计算思维应用于人工智能研究和应用，主要体现在以下几个方面：

（1）抽象与建模　将复杂的现实问题抽象为计算机可以处理的模型，通过提取关键特征、简化问题表示等方法，构建合适的数学模型或计算模型。

（2）数据表示　将现实世界的数据转化为计算机能够理解和处理的形式，如张量、图、树等数据结构，合理的数据表示有助于设计高效的算法。

（3）算法设计　利用计算思维设计高效的人工智能算法，考虑算法的时间复杂度、空间复杂度、可解释性、泛化能力等性质，善于利用分治、动态规划、贪心等经典算法思想。

（4）模块化设计　将复杂的人工智能系统分解为多个可复用的模块，优化模块接口设计，提高系统的可扩展性和可维护性。

（5）数据驱动　重视数据在人工智能中的核心作用，关注数据的收集、清洗、标注、增强等环节，利用大数据分析人类行为模式，优化算法和决策过程。

（6）评估与优化　建立科学的评估体系，全面评估人工智能模型的性能，利用验证集、交叉验证等方法避免过拟合，不断优化模型结构和超参数，追求更好的性能表现。

（7）人机交互　考虑如何设计友好高效的人机交互界面，让普通用户能够便捷地使用人工智能系统，关注人机协作过程中的认知负荷和用户体验问题。

（8）伦理考量　将人工智能系统的伦理问题纳入架构设计之初，权衡算法决策的公平性、透明性、可解释性，确保人工智能造福人类，不会带来意外的负面影响。

计算思维为人工智能的研究和应用提供了思路指引，研究者应努力提升计算思维能力，推动人工智能领域的理论创新和技术突破，造福人类社会。同时，计算思维也是普通用户应该掌握的人工智能素养，有助于更好地理解和应用人工智能技术。

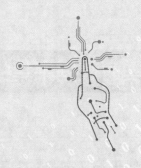

第二章

认识数字化关键技术

> **学习目标**
>
> **知识目标**
>
> （1）理解物联网概念及应用场景；
> （2）理解5G网络概念及应用场景；
> （3）理解区块链技术及应用场景；
> （4）理解云计算技术及应用场景。
>
> **能力目标**
>
> （1）能够进行信息检索与数字化技术学习；
> （2）能够使用数字技术解决问题。
>
> **素养目标**
>
> （1）具备一定的钻研和探索精神；
> （2）具备一定的自主学习能力。

第一节 物联网——实时数据采集的核心

案例导读

"物超人"时代来临，物联网终端持续增长

国家互联网信息办公室发布《数字中国发展报告（2022年）》中指出，2022年，移动物联网终端用户数达到18.45亿户，高于同期的移动电话用户数16.83亿户，成为全球主要经济体中首个实现"物超人"的国家，数据对比如图2-1所示。"物超人"的现象也意味着移动网络从过去服务人的交流，进而服务于物品机器及其数据的产生。随着物联网的连接数持续增加，无论是智能家电、工业设备，还是环境监测传感器，都能实时收集并发送各种类型的数据，如温度、湿度、压力、位置信息等。这些数据的产生和传输，极大地丰富了数字化领域的数据来源。并且物联网设备通常具备强大的感知和计算能力，能够自动识别和适应环境，根据需求进行智能决策。这些设备在处理数据的过程中，会产生大量的运行日志、状态信息、操作记录等，也都能作为数字化智能化的数据基础。由此可见，物联网已经成为实时数据采集的核心。

图2-1 2017～2022年我国物联网用户情况

[资料来源：数字中国发展报告（2022年），2022年]

> 知识学习

一、物联网基本概述

1. 物联网的内涵

物联网是互联网的自然延伸,其英文名称为"Internet of Things",简称IoT。由它的名称我们可以理解为,物联网是物物相连的互联网,是互联网由用户端延伸到了任何物品且这些物品可以被唯一标识和定位。物品的含义很广,不仅是电子设备,也包括诸如房屋、汽车、日用品、铁路、桥梁、大坝等,通过物联网的技术,物品就能"说话",具备信息交互功能。物联网可以被定义为:通过信息传感设备,按照约定的协议,把任何物品与互联网连接起来,进行信息交换和通信,以实现智能化识别、定位、跟踪、监控和管理的一种网络。它是在互联网的基础上延伸和扩展的网络。物联网使得物体能够相互感知、相互识别,并通过智能化的处理和应用,为我们的生活和工作带来便利和效益。它打破了传统互联网的局限性,将连接的范围扩展到了各种物理对象,为数字化转型提供了强大的数据支撑。

2. 物联网的体系架构

通常,我们认为物联网是一个3层的层次化网络,分别对应着感知层、网络层和应用层。与物相关的信息,如物品的标识、定位、温度、湿度、压力等信息在各层交互传递,在物联网的3个层次中包含了诸多关键技术,体现物联网的跨学科特点,物联网体系架构示意如图2-2。

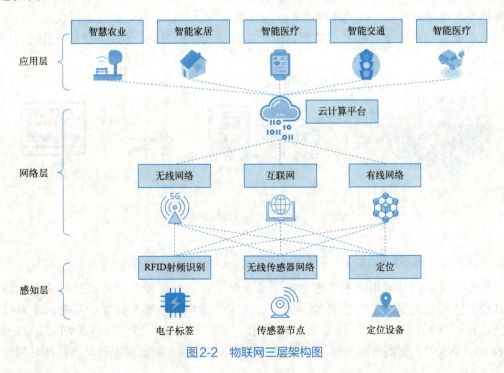

图2-2 物联网三层架构图

（1）感知层　如果把物联网系统比喻为人体，感知层的功能就类似人的感觉器官，如皮肤、眼睛、鼻子等，这些传感装置能够对物品信息进行识别和采集。感知层通常会用到传感器、定位、射频识别等技术方式对物品世界进行全面感知，感知层的物联网终端是多样化的，小型化、智能化、低功耗和低成本是物联网终端的发展方向。

（2）网络层　网络层像人体的神经系统和大脑，负责感知层所采集的物品信息的传递和处理。网络层通过移动网络、互联网和各种信息网络，将信息传入到云计算平台，以便存储、查询和处理数据。

（3）应用层　应用层体现着物联网的事件驱动体系结构。应用层的功能包括数据的存储、分析、挖掘，以及实现智能化的决策、管理和服务。应用层处理着来自感知层的信息，实现信息处理和人机交互，其应用场景众多，无论是在能源、医疗、金融、交通、环保、物流、工业、农业、城市管理还是家居生活等领域，应用层都能帮助物联网结合行业需求并与行业专业技术深度融合，助力行业智能化和数字化升级。

二、物联网关键技术

1. RFID

射频识别（RFID）技术是一种利用无线电波自动追踪和识别物品的无线通信技术。RFID技术广泛应用于零售、物流、制造、医疗保健等多个领域，具有快速、自动、无须直视的识别能力，比传统条形码能存储更多信息，可远距离读取，且可重复使用和更改信息。它由RFID标签、读写器和后端数据处理系统三部分组成。RFID标签是包含微型电子芯片和天线的小型电子设备，设备中存储了识别信息。RFID标签分为有电池的有源标签和无源标签。读写器负责发射无线电波并接收标签响应，可以是固定式或手持式。后端数据处理系统处理和存储来自标签的数据，可以是独立或集成系统。物联网RFID系统结构示例如图2-3。

图2-3　物联网RFID系统结构示例

2. 无线传感器网络

传感器是现代技术中使机器感知外部信息的关键元件，能将测量信息转换为电信号或其他形式输出，满足信息的传输、处理等需求，是自动检测和控制的基础。随着技术发展，传感器趋向小型化、智能化和网络化，催生了无线传感器网络（Wireless Sensor Network，WSN）。无线传感器网络由众多传感器节点组成，能自组织、动态监测环境信息并传输给用户。WSN特点包括大规模部署、自组织能力、拓扑动态变化、异构性以及资源受限。WSN作为物联网的重要组成部分，专注于数据采集和初步处理，与物联网结合，推动智能化和自动化生活的发展。无线传感器网络结构示例如图2-4。

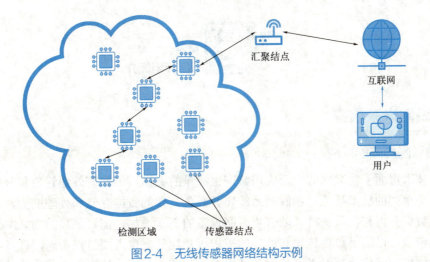

图2-4　无线传感器网络结构示例

3. 物联网通信

物联网通信是设备在物联网中互相或与服务器间传输数据的过程，可通过有线或无线方式实现，涉及多样的技术和协议。其核心在于保障数据传输的高效性、可靠性和安全性，支持智能设备和服务的运行。

（1）Wi-Fi　Wi-Fi（无线保真，Wireless Fidelity）是一种无线网络技术，允许设备通过WLAN无线接入互联网或进行通信，基于IEEE 802.11标准。其特点包括无线连接的便捷性、速度的持续提升、覆盖范围的适中性、通过WPA等协议保障的安全性以及设备兼容性。Wi-Fi广泛应用于家庭、办公室、公共场所等场景，连接各类智能设备。

（2）ZigBee　ZigBee是一种为物联网和机器对机器（M2M）通信设计的基于IEEE 802.15.4标准的无线通信协议，专注于低功耗、低数据速率和近距离通信。ZigBee广泛应用于智能家居、工业控制、医疗保健等多个领域。ZigBee又称紫蜂协议，来源于蜜蜂的八字舞，因为蜜蜂(bee)是靠飞翔和"嗡嗡"(zig)地抖动翅膀的"舞蹈"来与同伴传递花粉所在方位信息，也就是说蜜蜂依靠这样的方式构成了群体中的通信网络。其特点包括节能设计、适中的数据速率、短距离传输、灵活的网络拓扑结构和多层加密安全机制。

（3）蓝牙　蓝牙技术是一种无线通信技术，它允许设备在短距离内通过无线电波进行数据交换。最初由瑞典的爱立信公司在1994年开发，蓝牙技术现在已经广泛应用于各种设备之间的连接，包括手机、耳机、扬声器、键盘、鼠标以及各种智能家居设备等。

（4）UWB　UWB（超宽带）技术是一种以高时间分辨率和宽频带为特点的无线通信技术，与传统窄带技术不同，它通过发送纳秒级短脉冲信号来传输数据，提供高达GHz的带宽。UWB技术具有高精度定位、低功耗、高安全性、抗多径干扰和低成本部署的优势。

4. 无线模组

物联网无线模组是设备实现无线互联和数据交换的核心，包含通信和定位功能，使设备接入无线网络并定位。

M2-1
5G 模组简介

三、物联网未来展望

1. 物联网面临的挑战

（1）技术层面　物联网的广泛应用将产生海量的数据，如何有效地管理和分析这些数据成为一个重要的技术挑战。物联网系统需要具备高效的数据存储和处理能力，并能够提供实时的数据分析和决策支持。随着物联网设备的不断增加，需要更高的物联网系统的网络容量和带宽，以满足数据传输和处理的需求。功耗问题也需要重点考虑，许多物联网设备由电池供电，优化功耗对于延长设备使用寿命和减少对环境的影响至关重要，这里面涉及到了低功耗设计、能量收集以及高效通信协议等技术手段。

（2）安全层面　随着联网物品的增多和物联网与更多行业的深度融合，加之物联网节点的智能化程度不断提升，其感知、计算和执行能力广泛影响着社会生活的各个层面，这使得物联网系统容易受到各种形式的攻击。如何确保物联网设备的安全通信、防止数据泄露和滥用，以及应对各种网络安全威胁，是物联网安全方面需要重点解决的问题。

（3）隐私层面　随着贴近人们生活的物品被装入芯片并越来越智能，用户的个人信息、家庭环境、生活习惯等敏感信息便和物品结合在一起，物品能"说话"有利于人们更好地管理物品、获取信息和方便生活，但是也让人们的隐私变得透明，一旦被泄露，将给用户带来严重的隐私威胁。

2. 物联网的未来展望

随着数字化时代的到来，物联网技术正在迎来前所未有的发展机遇。更广泛连接性的实现得益于先进通信技术如 5G 的推广，使得海量设备能够实时互联，即时交换数据。边缘计算的兴起为数据处理带来革命性的变化，它通过在数据产生地点进行计算，降低了对云中心的依赖，提高了效率和响应速度。与此同时，人工智能与机器学习技术的融合，正使物联网设备不仅能够收集信息，还能提供智能分析和预测，极大地提升了物联网的应用价值。安全和隐私问题也随之被推到了前台，各方正在积极研究和实施更为严格的数据保护措施。此外，物联网开始针对特定行业开发解决方案，以满足不同领域的独特需求，从而推动了各行各业的数字化转型。不可忽视的是，物联网在环境监测和推动可持续性发展方面的作用日益凸显，有助于实现环境保护和资源节约的目标。总体来看，物联网的发展正助力构建一个更加智能、高效且环保的社会。

> **案例分享**

物联网+智慧医疗系统赋能医防融合实践

"医防融合"是当前我国深化医疗卫生体制改革的重要理念，旨在构建以健康为中心的"预防为主、防治结合"的基层诊疗体系，是实现健康中国2030战略目标的重要基础保障。近年来，佛山市南海区丹灶镇社区卫生服务中心（下称：卫生服务中心）紧跟形势，致力于医防融合实践探索，想方设法提高社区卫生服务水平和质量，提升公众的健康素养和健康意识，预防和控制疾病的发生与传播，提高人民群众的健康水平和幸福感，但同时也遇到了一些困难和问题：一是人力不足；二是信息系统不完善；三是工作模式落后。

以上问题在该地区基层医疗卫生机构普遍存在。为突破这一困境，减轻基层医务人员的工作压力，提高工作效率和数据的准确性，促进基本医疗和基本公共卫生服务深度融合开展，经过该卫生服务中心的前期调研和探索，一种"利用物（设备）联网+智慧医疗系统，助力重点人群健康管理，促进社区卫生服务高质量发展"的举措呼之欲出。

2023年4月，该卫生服务中心成功推出了物（设备）联网+智慧医疗系统，并在使用过程中得到不断的完善。物（设备）联网+智慧医疗系统，简单来说，就是以智慧全科管理系统为主导，将开展医疗、公共卫生服务所用的生化分析仪、彩超机、心电图机、健康管理一体机、健康随访服务包、移动体检箱、智慧看板、查询一体机等设备实现互联互通，自动采集人体基本信息，自下而上将所有公共卫生数据、医疗检验检查数据、随访数据、重点人群体检数据等汇总在智慧全科管理系统进行统一管理，并与市公共卫生服务信息平台对接，实现公共卫生服务、全科医疗服务、健康管理服务信息一体化，促进医疗和基本公共卫生服务高效融合开展。

佛山市南海区丹灶镇社区卫生服务中心通过推行物（设备）联网+智慧医疗系统，实现健康管理一站式服务、助力各类重点人群体检等，节省了人力成本提升了工作效率，促进了医疗与公共服务的开展。

> **学习探索**

一、物联网与数字化转型之间的联系

物联网是数字化转型的核心技术之一，它通过将物理世界中的设备、传感器和人员连接至互联网，实现数据的实时收集、传输和分析，从而推动企业和社会的数字化进程。

1. 物联网加速了数据驱动决策的过程

在物联网的辅助下，企业能够捕获前所未有的数据量，包括设备性能、生产效率、能源使用和消费者行为等。这些数据，经过大数据分析工具的处理与解析，可以为企业提供深入的洞察，帮助企业做出更加精准的战略决策，推动业务流程的优化和创新。

2. 物联网促进了智能操作和服务的发展

在生产和制造领域，物联网技术通过部署智能传感器和执行器，企业可以实现对生产线的远程监控和控制，提高自动化水平，减少人工干预，从而提升效率和质量。在服务行业，物联网使得企业能够提供更加个性化的服务，如智能家居、智能健康监测等，增强用户体验。

3. 物联网有助于构建互联的生态系统

物联网通过将各种设备和系统连接到互联网，为构建一个高度互联的生态系统提供了基础。这种互联不仅包括智能设备之间的数据共享，还涉及跨行业的协作和服务整合。企业可以通过物联网平台聚合来自不同来源的信息，创建综合性解决方案，提供增值服务。在工业领域，物联网可以使供应链管理、生产过程和产品维护相互连接，提高效率并减少成本。随着更多设备和服务的接入，物联网生态系统能够不断扩展，为企业创新和消费者需求提供动力，推动整个社会的数字化转型。

4. 物联网是实现可持续发展的关键因素

物联网技术能够实时监测各类资源的使用情况，使企业对能源和材料的消耗有精确了解。这种监控帮助企业发现无效或过度的消耗，从而采取措施优化资源利用，减少浪费。同时，通过跟踪环境指标，物联网使企业能够评估其操作对环境的影响，进而采用更环保的生产方法，降低污染和提高能效，推动企业走向可持续发展。

随着越来越多的设备接入网络，数据泄露和网络安全威胁的风险也随之增加。因此，企业在进行数字化转型的同时，也需要加强对物联网设备和数据的保护措施。物联网是数字化转型不可或缺的组成部分，它通过提供实时数据和洞察力、推动智能操作和服务、构建互联生态系统以及促进可持续发展，极大地推动了企业和社会的数字化转型进程。然而，随之而来的安全挑战也需要企业给予足够的重视和应对策略。

二、物联网在现实中的应用探索

1. 物联网在智能家居中的应用

物联网技术使家居设备能够互联互通，实现智能化控制。例如，通过智能手机或语音助手，用户可以远程控制家中的空调、电视等设备，同时智能家居系统还能根据用户的习惯和环境变化自动调节设备状态，提供更为舒适和便捷的生活环境。智能家居示意图如图2-5。

2. 物联网在智慧农业中的应用

物联网技术应用于农业领域，可以实现精准农业管理。通过监测土壤湿度、温度、养分等参数，以及气象数据，智能农业系统能够精确控制灌溉、施肥等作业，提高农作物产

图2-5 智能家居示意图

量和质量。同时,物联网技术还可以用于农产品追溯,确保食品安全。图2-6是智慧农业大棚示意图。

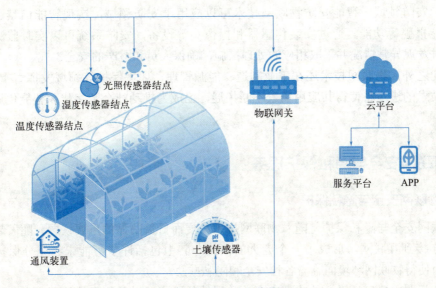

图2-6 智慧农业大棚示意图

3. 物联网在工业互联网中的应用

物联网在工业互联网中的应用已经成为推动制造业转型和升级的关键技术之一。通过将传感器、设备和机器连接起来,实现数据的实时收集、交换和分析,从而优化生产流

程、提高效率、降低成本并增强产品的质量和服务。

首先，物联网技术可以实现生产线的自动化和智能化。通过部署各种类型的传感器，实时监测设备的运行状态和生产过程，可以及时预测和排除潜在的故障，降低停机时间。同时，基于数据分析的结果，可以自动调整生产参数，确保生产过程的稳定性和产品质量的一致性。其次，物联网技术还可以促进供应链的协同和透明化。通过对物流环节的实时追踪和监控，企业可以更准确地掌握库存信息，优化库存管理，减少库存积压和滞销风险。同时，通过与供应商、客户等合作伙伴的数据共享，可以实现供应链的端到端协同，提高整体的响应速度和灵活性。同时，物联网技术还可以支持产品的创新和服务的拓展。通过对产品使用情况的实时监测和数据分析，企业可以更好地了解客户需求，提供个性化的产品和服务。同时，通过对产品全生命周期的管理，可以实现产品的远程维护和升级，延长产品的使用寿命，提高客户的满意度。

4. 物联网在其他领域中的应用

（1）智慧医疗　物联网技术在医疗领域的应用，包括远程医疗监护、智能医疗设备管理、医疗数据分析等。通过实时监测患者的生理参数，医生可以远程了解患者的健康状况，及时采取治疗措施。此外，物联网技术还可以提高医疗设备的使用效率和管理效率，降低医疗成本。

（2）智能交通　物联网技术可以实现交通系统的智能化管理，包括智能停车、智能交通信号控制、车辆调度等。通过实时监测交通流量和路况信息，智能交通系统可以优化交通路线，缓解交通拥堵，提高出行效率。

（3）安防领域　智能安防物联网技术可以应用于安防领域，实现智能门禁、智能监控、智能报警等功能。通过安装传感器和摄像头等设备，安防系统可以实时监测环境变化，及时发现异常情况并采取相应的处理措施，确保人员和财产的安全。

除此之外，物联网技术还在工业制造、能源管理、环境保护等领域发挥着重要作用，物联网技术的进步将使得其应用场景不断拓展，已成为推动社会数字化和智能化进程的力量之一。

三、物联网安全与隐私保护思考

1. 物联网安全与隐私保护

物联网安全与隐私保护是随着物联网技术发展而日益凸显的重要议题。随着越来越多的设备连接到互联网，形成了一个庞大的网络，其中包括许多可能未经充分保护的入口点，从而使得物联网环境面临着各种安全和隐私威胁。

安全问题主要包括设备的物理安全、数据的传输安全以及信息的处理安全。物联网设备常常部署在不受监控的环境中，这使得它们容易受到物理损害或被篡改。数据传输安全方面，如果数据在传输过程中未进行加密，就可能被截获或篡改。在数据处理方面，如果没有适当的访问控制和数据保护措施，敏感信息可能会泄露或被不当使用。

隐私保护问题主要涉及个人和企业数据的收集、存储及使用。由于物联网设备能够捕获大量关于个人习惯和行为的数据，这些信息若被不当处理，可能会侵犯用户隐私。此外，数据的聚合和分析可能会揭露个人身份信息，导致隐私泄露。

2. 物联网安全与隐私保护策略

为了应对这些挑战，需要采取一系列安全和隐私保护措施。首先，加强物理安全，确保设备不易被非法访问或损坏。其次，采用强大的加密技术和安全的通信协议来保护数据在传输过程中的安全。此外，实施严格的访问控制和认证机制，以确保只有授权用户可以访问敏感信息。同时，制定和执行严格的数据管理规定也是必不可少的。这包括限制对数据的访问、明确数据使用目的、保证数据存储的安全性以及在不再需要时删除数据。此外，用户应该有权控制自己的数据，包括了解数据如何被收集和使用，并在必要时可以拒绝分享。最后，鉴于物联网设备和服务往往由多个供应商提供，跨组织之间的合作对于确保整个生态系统的安全至关重要。这包括共享安全最佳实践、协调应对安全事件以及开发和采纳统一的安全标准。

≫ 实践提升　提升对物联网应用的理解

（一）思考

1. 请举例说明你身边物联网技术的应用场景。
2. 请描述物联网技术在数字化转型中的作用。

（二）实践

分析物联网技术在智慧校园系统中的应用。

◁ 学习评价

学习环节	内容	自评分	组评分	教师评分
知识学习	物联网内涵、关键技术、发展趋势			
案例分享	物联网+智慧医疗系统赋能医防融合实践			
学习探索	物联网与数字化转型关系、应用场景、物联网安全与隐私保护			
实践提升	提升对物联网应用的理解			
学习收获				

学习反思

 拓展阅读 数字孪生系统介绍

数字孪生系统（digital twin）是一种先进的模拟技术，它通过创建物理对象、系统或过程的虚拟副本来实现对现实世界的模拟和预测。随着技术的发展和应用范围的扩大，数字孪生已经扩展到城市规划、医疗保健、交通管理等多个行业。数字孪生系统的关键在于建立高精度的动态虚拟模型，这个模型能够实时反映其物理对应物的状态、性能和行为。为了实现这一点，数字孪生集成了传感器数据、历史操作记录、详细仿真模型以及机器学习算法。通过这些技术和数据的结合，数字孪生可以为决策者提供关于系统当前状态和未来行为的深入洞察。

在制造业中，数字孪生可以用于监控设备性能，预测维护需求，优化生产流程，提高产品质量，甚至在整个产品的生命周期内提供支持。例如在汽车制造中，数字孪生可以帮助工程师在设计阶段进行性能测试和故障模拟，而在汽车投入使用后，可以帮助车主进行实时监控和预测性维护。在建筑业中，建筑数字孪生可以模拟建筑物的能耗、气流动态等，帮助设计师和建筑师优化建筑设计，提高能源效率。在城市规模上，数字孪生可以用来模拟整个城市的交通流、人群分布、能源消耗等，为城市规划和管理提供决策支持。在医疗领域中，数字孪生应用同样令人瞩目。通过创建个人的医疗数字孪生，医生可以模拟疾病的发展，评估治疗方案的效果，制订个性化患者的治疗计划。这种方法可以提高治疗的成功率，减少不必要的医疗干预，从而改善患者的健康状况。

然而，实现一个有效的数字孪生系统挑战巨大。首先，确保数据的准确性和完整性是至关重要的。数字孪生依赖于从现实世界收集的大量高质量数据，任何数据的不准确都可能影响模型的可信度。其次，处理和分析大规模数据集需要强大的计算能力和高效的算法。再次，保护数据的安全和隐私也是一个重要的考虑因素，特别是在涉及个人健康信息的情况下。最后，将复杂的物理现象转化为精确的数学模型是一项挑战，需要跨学科的专业知识和技术。随着物联网、大数据分析和人工智能等技术的不断进步，预计数字孪生将在未来的数字化世界中扮演更加重要的角色，推动社会各个领域的创新和发展。

第二节 5G技术——数字化转型的加速器

> **案例导读**
>
> ### 鄂州花湖机场：5G+AR创新应用，争当智慧机场建设先行者
>
> 2022年7月17日，一架顺丰航空全货机从鄂州花湖机场起飞，标志着亚洲第一个、世界第四个、中国唯一的专业货运枢纽机场正式投运。"全球首个5G数字孪生的顺丰货运机场——鄂州花湖机场"项目是湖北电信为顺丰转运中心及鄂州花湖机场打造的5G定制网。该项目搭载在统一的5G云网信息基础底座之上，这个底座不仅仅具备5G定制网的基本能力，还提供了更多的共性增强能力，如5G+集群通信、5G+北斗导航、5G+V2X等。通过5G全覆盖，实现各类数据在设备之间、设备和控制管理平台之间无线高速传输及快速响应，为数字孪生机场的智慧建造、智慧运营、智慧管理及顺丰转运中心的按期投运提供了强有力的网络保障，昼夜不停确保客货两用机场的安全高效运行。
>
> 据了解，湖北电信不断深入客户需求洞察，践行"深化5G应用场景，解决企业痛点及行业拓展、复制和推广效益"理念，不断帮助企业云改数转，提能增效。5G+AR智能运维系统应用于机场建设过程中的质量验评环节，助力质量验评高效推进，该系统以AR智能可穿戴设备为载体，UPF切片下沉及智能化云边协同，一改传统人工纸笔模式的弊端，提升移动终端模式的单兵业务能力，精准跟踪施工进度及管控质量。5G+AGV助力顺丰转运中心货物自动搬运，利用5G网络低时延、高带宽、广接入的优势，保证AGV稳定可靠运行，大大减少人工搬运工作量。
>
> 未来鄂州花湖机场将成为最具国际影响力的航空货运枢纽，湖北电信持续筑牢网信安全底座，计划融合5G、物联网、北斗定位、数字孪生、视频监控、AI分析等技术，用数智赋能机场车辆人员定位及轨迹管理、远程维护协作、智能巡检、智慧场馆等多个场景，联合生态促进5G应用场景的积极探索及广泛落地，致力于将其打造成为中部地区对外开放的新高地，加快服务湖北由九省通衢向五洲通衢发展。
>
> （资料来源：中国5G+工业互联网大会，2023年11月）

> **知识学习**

一、5G基本概念

5G全称是"第五代移动通信技术"，是具有高速率、低时延和大连接特点的新一代宽带移动通信技术。相比之前的几代通信技术，5G最重要的一个进步就是能实现"人机物互

联"。5G网络（5G Network）是第五代移动通信网络，其峰值理论传输速度高达10Gbit/s，比4G网络的传输速度快100倍以上。从2G、3G、4G到5G网络，带来的不仅是网络速率的大幅提升，更使人与人之间的通信扩展到万物互联。

互联网（information technology，IT）、通信网（communication technology，CT）和物联网（internet of things，IoT）起源于不同的技术，遵循不同的互通标准，成长于不同的应用场景。随着业务需求的不断发展，移动网和互联网逐渐走到了一起，成为移动互联网；与此同时，将物联网融入现有移动网的呼声也与日俱增。移动互联网和物联网成为5G产生和发展的最主要的动力。5G需要完成承接移动网（CT）、增强互联网（IT）、使能物联网（IoT）的使命，实现CT、IT、IoT这"三T"的深度融合，从网络组成的角度上说，5G=CT+IT+IoT，如图2-7所示。

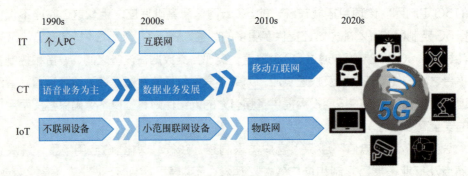

图2-7　5G网络组合

5G的应用不仅局限于通信行业，5G将渗透至社会各个领域。5G以用户为中心整合各行各业，突破时空限制，拉近万物距离，实现零时延交互体验，构建全方位的立体信息生态系统。移动网、互联网、物联网的融合发展，带来了规模庞大的终端接入需求、数据流量需求，以及日新月异的应用体验提升需求，进而推动5G技术的不断迭代更新。因此，5G已不再是一个单一的无线接入技术，而是多种新型无线接入技术和现有无线接入技术（4G、5G）集成后的一种综合接入技术。

2019年6月6日，工业和信息化部正式向中国移动、中国联通、中国电信、中国广电发放了5G的商用牌照，标志着我国正式进入5G商用元年。至此，我国成为继韩国、日本、美国、瑞士、英国等国家后，全球首批提供5G商用服务的国家之一。5G网络的商用部署，必然会促进各行各业信息交流体系的重构，也会释放出更多的应用和行业需求，从而为6G、7G的研究提供更高级别的要求和挑战。

二、5G基本特点

1. 高速度

5G的速度高达1Gbps，最快可达10Gbps。5G速度大幅度提升，也必然会对相关业务产生巨大影响，不仅会让传统的视频业务有更好的体验，同时也会催生出大量新的市场机会与运营机制。借助5G的高速度，可大大改善虚拟现实（VR）的体验，VR产业的大发展完全可期。高速度还会支持远程医疗、远程教育等从概念转向实际应用。远程医疗可行的基础就是低成本，同时又需要高清晰的图像传输，需要低时延的操作，这些都要以高速度的网络作为基础。高速度是5G不同于4G最显著的一个特点。人类会一直追求用各种新技术来支持更大的带宽、更高的速度，并在此基础上支持更多的服务，让传统的业务和服务有更好的体验。

2. 泛在网

只有无处不在的网络，才能支撑日趋丰富的业务和复杂的场景。在5G时代，人类足迹延伸到的地方，都需要被覆盖到，比如高山、峡谷，因为无论是智能交通还是其他业务，都需要通过稳定可靠的网络进行管理。同时，通过覆盖5G网络，大量部署传感器，进行自然环境、空气质量、山川河流的地貌变化甚至地震的监测，5G可以为更多这类应用提供网络。5G时代，以前网络品质不好的卫生间、地下车库等特殊场所，都能被高质量的网络覆盖。因为在未来，家里的抽水马桶可能是需要联网的，它能自动帮你做尿常规检查并传到云端，通过大数据对比，确定你的健康情况，进而改善你的身体状况，这可能会成为智能健康管理体系的一个重要组成，对人的身体改善起到非常重要的作用。

3. 低功耗

可穿戴产品近年来取得一定的发展，但也遇到很多瓶颈，其中体验较差，是难以进入普通民众生活的主要原因。未来，物联网产品都需要通信与能源，虽然今天可以通过多种手段实现通信，但能源的供应大多只能靠电池，为了确保产品的使用时间长，必须把功耗降下来，让大部分物联网产品一周充一次电，或者一个月充一次电，以改善用户体验，越来越丰富的物联网产品才会得到普通大众的广泛接受。5G要支持大规模物联网应用，就必须考虑功耗方面的要求。低功耗主要采用两种技术手段来实现，分别是美国高通等主导的eMTC和华为主导的NB-IoT。

4. 低时延

5G的一个新场景是无人驾驶、工业自动化的高可靠连接。正常情况下，人与人之间进行信息交流，140ms的时延是可以接受的，不会影响交流的效果。但对于无人驾驶、工业自动化等场景来说，这种时延是无法接受的。5G对于时延的终极要求是1ms，甚至更低，这种要求是十分严苛的，但却是必需的。3G网络时延约100ms，4G网络时延为20～80ms，到了5G时代，时延将会逐步下降至1～10ms。5G低时延的特点，必将使自动驾驶和车联网等领域迎来大爆发。通常来说，无人驾驶汽车需要中央控制中心和车进行互联，车与车之间也应该进行互联，在高速前进中，一旦需要制动，需要瞬间把信息传送到车上，车的制动系统会迅速做出反应。

5. 大连接

5G时代，终端不再按人来定义，而是每个人可能拥有数个终端，每个家庭拥有数个终端。届时，智能产品将更加层出不穷，并且通过网络相互关联，形成真正的智能物联网世界。从发展趋势来看，5G时代接入网络中的终端，不再以手机为主，还会扩展到日常生活中的更多产品，如眼镜、笔、皮包、腰带、鞋子等都有可能接入网络，成为智能产品。家中的门窗、门锁、空气净化器、加湿器、空调、冰箱、洗衣机都可以接入5G网络，相互之间进行信息传递，使普通家庭真正成为完全智能化的智慧家庭。社会生活中以前不可能联网的设备也会联网工作，变得更加智能。比如汽车、井盖、电线杆、垃圾桶这些公共设施，5G将赋予这些设备新的功能，成为智能设备。所谓4G改变生活，5G改变社会，其要义就在于此。未来的所有设施，甚至穿戴产品，都有可能连接到移动网络，形成无比强大的数据库，虚拟与现实无缝对接，带来全新的智能时代。

三、5G核心技术

5G的核心技术包括密集网络技术、新型无线接入技术、自组织网络技术、内容分发网络技术等，这些技术共同作用以实现5G网络的高速度、泛在覆盖、低功耗和低时延等特点，从而为用户提供高质量的服务体验。

1. 密集网络技术

为了应对设备数量激增带来的挑战，5G引入了密集网络的概念，即在未来的5G通信中，无线通信网络将朝着网络多元化发展。通过部署更多的小区基站和微基站，增加网络密度，这样可以有效提升网络容量，减少单个基站的负担，从而支持更多设备的连接，并保证服务质量。

2. 新型无线接入技术

5G NR（new radio）是5G的核心无线接入技术。它基于OFDM（正交频分复用技术），这是4G LTE和Wi-Fi系统中广泛采用的技术。OFDM因其高频谱效率和能够扩展至大带宽应用的特性而被选用。这种技术可以有效提高数据传输速率，降低延迟，同时支持更宽的频率范围，这对于5G网络来说至关重要。

3. 自组织网络技术

自组织网络技术就是网络在定义的过程中要根据不同的业务进行组织，即对于各种不同要求的网络可以通过一个自组织的体系进行构建，在大的网络体系下为某些用户提供特殊的服务。因此，自组织网络的智能化将成为5G网络必不可少的一项关键技术。

4. 内容分发网络技术

5G时代，随着音频、视频、图像等业务急剧增长，加上用户规模继续扩大，强大的市场需求自然会带来网络流量的爆炸式增长，而这种情况会影响用户访问互联网的服务质量。通过增加带宽并不能彻底解决高效的内容分发，因为它还受到传输中路由阻塞和延迟、网站服务器的处理能力等多重因素的影响和制约。所谓内容分发网络技术，就是指在传统网络中添加新的层次，即智能虚拟网络。采用大数据分析的方式，内容分发网络技术综合考虑各节点连接状态、负载情况以及用户距离等信息，通过将相关内容分发至靠近用户的代理服务器上，使用户就近获取所需的信息。

5. D2D通信

D2D通信即设备到设备通信（device-to-device communication，D2D），是一种基于蜂窝系统的近距离数据直接传输技术。目前，标准化组织3GPP已经把D2D技术列入新一代移动通信系统的发展框架中，成为第五代移动通信的关键技术之一。D2D会话的数据直接在终端之间进行传输，不需要通过基站转发，而相关的控制信令，如会话的建立、维持、无线资源分配以及计费、鉴权、识别、移动性管理等仍由蜂窝网络负责。在5G时代，引入D2D通信会给我们带来巨大的好处，可建立大批量的"本地"连接，实现高效通信。

6. M2M通信

M2M通信即机器与机器之间的通信（machine-to-machine，M2M），它允许机器设备通过通信网络自动传输数据，实现远程控制和管理。到了5G时代，机器与机器之间的通信可能将扮演重要的角色，如智能家庭管理系统中的环境监测网络，监测家庭的环境数据并将数据发送到云端，然后经过数据对比发现家庭中的环境质量有问题，则通过控制系统给空气净化器、新风系统等发送一个指令，让它们进行工作，净化空气。届时，很少需要或者不再需要人和机器之间进行沟通。

7. 移动云计算

5G时代，全球将会出现高达500亿个连接的万物互联服务，因为需求越来越多样化，人们对智能终端的计算能力及服务质量的要求越来越高，尤其是计算方面的需求，将达到常人难以想象的地步。移动云计算是指在移动互联网中引入云计算。过去，移动设备需要处理很多复杂的计算，也需要做很多的数据储存，移动云计算则将这些内容转移到云端，可以很大程度上降低设备的能耗，也可以弥补移动设备上储存资源不足的问题。此外，将数据储存在云端也就是一系列的分布式计算机中，也降低了数据和应用丢失的概率。未来，移动云将会作为一个服务平台，支持智能交通、移动医疗等各种各样的应用场景。

8. 边缘计算

边缘计算就是将带有缓存、计算处理能力的节点部署在网络边缘，与移动设备、传感器和用户紧密相连，减少核心网络负载，降低数据传输时延。以无人驾驶为例，过去如果有一辆无人驾驶的汽车在路面上行驶，突然发现车前出现了一只猫，这时需要把这个信号通过网络发送到基站，然后再通过交换机送到中央控制中心，经过中心的计算得出刹车的结论，再返还回基站，基站最后再将这个信号给到汽车，这么长的传输链条就很难达到5G时代时延只有1毫秒的愿景。采用边缘计算的方式以后，基站就可以将刹车信号直接给到汽车，从而减少时延。

9. 网络切片

在5G时代，不同的应用场景对网络功能、系统性能、安全、用户体验等都有着差异化的需求。如果只使用同一个网络提供服务，这个网络一定会非常复杂，并且很难达到某些极限场景的功能要求，同时网络的运维也会变得相当复杂。针对不同业务场景对网络功能需求的不同，为这些特定的场景部署专有网络，该网络仅包含该场景所需要的功能，则服务效率将大大提高，不仅应用场景所需要的网络性能也能够得到保障，而且网络的运维将变得简单。网络架构的多元化是5G网络的重要组成部分，5G网络切片技术是实现这一多元化架构不可或缺的方法。网络切片技术将是未来运营商与OTT公司双向合作的重要手段，是运营商为了实现新的盈利模式不可或缺的关键技术。

案例分享

5G+数字星云使能田蓬口岸高水平过程监管

位于我国云南文山壮族苗族自治州富宁县的田蓬口岸，内接我国文山、广西，外接越南。2018年2月，田蓬口岸正式被批准升级为国家一类口岸。田蓬口岸主要业务流程包括进出口企业管理、交易磋商、落实信用证等，口岸运行管理面临缺乏统一信息共享平台、基础网络无法承载急速增长的业务需求等问题。

5G网络、口岸MEC边缘计算中心、数据上云备份等有力支撑了田蓬公路口岸相关业务需求。中国移动云南公司联合中兴通讯采用1+1+N模式，即一张精准网、一个口岸大数据效能分析平台、N个创新应用，实现了人、车、货、警全要素一体化管理。基于5G+车路协同系统构建的"可视、可测、可控、可服务"口岸道路运输运营体系，能够保障口岸内无人运输卡车、日常车辆高效运行。

基于大数据能耗展示平台和交通视频云平台等，搭载AI智能监控、AR/VR智慧安防、智能理货、移动执法等应用场景，能够实现"低成本监管投入、高水平过程监管"。通关包括卫生检疫、边检、行李检查，传统方式下每个人的通关时间需要大约20分钟。而有了5G网络、数字星云平台以后，卫生检疫十几秒即可完成，与此同时，通关人员的个人信息可迅速同步至边检和行李检查，整个通关时间可缩减至5分钟左右，通关效率大大提升。云南省口岸数量众多，以田蓬智慧口岸为标杆，基于5G技术打造的新型智慧口岸将大幅缩短进出口贸易企业通关报备时间，促进我国口岸高质量发展。

学习探索

一、5G主要应用场景

国际标准化组织3GPP定义了5G三大应用场景：eMBB（enhanced mobile broadband）——3D/超高清视频等大流量增强移动宽带业务；mMTC（massive machine type communication）——大规模物联网业务；uRLLC（ultra-reliable low-latency communications）——无人驾驶、工业自动化等需要低时延、高可靠连接的业务，如图2-8所示。

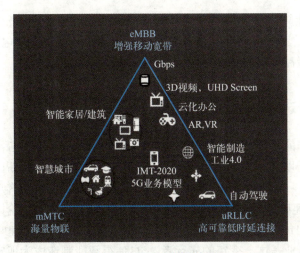

图2-8　5G三大场景应用

1. 增强移动宽带业务（eMBB）

增强移动宽带是指在现有移动宽带业务场景的基础上，用户体验速度大幅提升。4G网络，一般的用户实际体验速度为上传6Mbps、下载50Mbps，这个速度远不能满足用户的需求，体验也不够好，尤其是对一些大流量要求较高的业务，如视频直播等来讲。增强移动宽带的价值，就是把原来的移动宽带速度大大提升，达到理论1Gbps左右，用户的体验会发生巨变。增强移动宽带对于大量需要带宽的业务重要性不言而喻，eMBB场景主要面向语音、超高清视频、云办公和游戏、增强现实等移动互联网业务，为用户提供更流畅、更清晰的用户体验。

2. 大规模物联网业务（mMTC）

大规模物联网，实现海量机器类通信。5G的最主要价值之一，就是突破了人与人之间的通信，使得人与机器、机器与机器的通信成为可能。大量的物联网应用比如电线杆、车位、井盖、家庭门锁、空气净化器、暖气、冰箱、洗衣机等接入网络中，通信部分需要较大的功耗，部署非常困难，这将大大限制物联网的发展。mMTC提供的能力就是要让功耗降至极低的水平，让大量的物联网设备可以一个月甚至更长时间不需要充电，从而方便地进行部署。mMTC将提供低功耗、海量接入的能力，支持大量物联网设备的接入，主要满足物联网业务如智慧城市、智能家居、环境监测等以传感和数据采集为目标的应用需求。

3. 高可靠、低时延业务（uRLLC）

超高可靠超低时延通信。传统的通信中，对于可靠性的要求是相对较低的，但是无人驾驶、工业机器人、柔性智能生产线，却对通信提出了更高的要求，这样的通信必须是高可靠和低时延的。所谓高可靠就是网络必须保持稳定性，保证在运行的过程中不会拥堵、不会被干扰，不会经常受到外界的各种影响。4G网络时延最好只能做到20ms，但是uRLLC却要求时延做到1～10ms，这样的时延才能提供高稳定、高安全性的通信能力，从而让无人驾驶、工业机器人在接受命令时第一时间做出反应，迅速、及时地执行命令。

这就需要采用边缘计算、网络切片等多种技术来提供技术支持，保证更多高可靠的通信场景。uRLLC主要满足工业自动化、高可靠应用（如移动医疗、智能电网）、自动驾驶等对时延和可靠性具有极高要求的垂直行业应用需求。

二、5G在企业数字化转型中的应用

在这个信息爆炸的时代，数字化转型已经成为企业发展的必由之路。随着5G技术的兴起，这一转型过程正以前所未有的速度加速进行。5G不仅仅是一种新的通信技术，它还是一种全新的商业生态，一种能够深刻影响企业运营模式、产品服务和客户体验的革新力量。

首先，5G的高速度、低延迟和广连接性为企业提供了一个无与伦比的通信平台。这意味着数据可以更快地传输，实时分析和决策成为可能，对于需要快速响应市场变化的企业来说至关重要。制造业是这一变革的先行者，5G使得智能制造成为现实，机器人和自动化设备能够实时交换信息，生产线的效率和灵活性得到了极大的提升。

其次，5G推动了物联网的发展，使得万物互联成为可能。对于零售业来说，这意味着可以更精准地追踪库存、优化供应链管理，甚至通过增强客户体验来提升销售。例如，智能货架可以通过5G网络实时更新库存信息，而智能试衣镜则可以提供个性化的购物体验，这些都极大地提升了顾客的满意度和忠诚度。

再次，5G为远程工作和协作提供了强有力的支持。在新型冠状病毒感染期间，这一点尤为重要，许多企业不得不迅速适应远程办公的模式。5G的高带宽和低延迟特性使得视频会议和在线协作变得更加流畅，大大减少了沟通障碍，保证了业务的连续性。

此外，5G还能够帮助企业更好地利用大数据和人工智能。随着数据量的激增，企业需要更强大的处理能力和更快的数据传输速度来分析和利用这些数据。5G网络的高速度和大容量使得即时的大数据分析成为可能，而人工智能算法则可以在此基础上提供更加精准的预测和决策支持。

最后，5G还能够帮助企业实现可持续发展目标。通过智能传感器和实时监控，企业可以更有效地管理能源消耗，减少浪费，降低对环境的影响。这不仅有助于保护地球，也符合越来越多消费者对于绿色产品和服务的需求。

案例分享

联通5G"智"淬成钢——唐钢5G全连接工厂

为推动河北钢铁制造业数字化转型升级，助推钢铁行业高质量发展，唐山联通锚定国家"双碳"目标，聚焦钢铁智能制造，推动数字产业与钢铁产业深度融合，与唐钢联合打造5G+MEC创新应用，将5G网络与钢铁行业的信息化、智能化建设融合，实现生产、技术、装备、管理的有机结合，提升生产效率、降低运营成本。

针对唐钢库区Wi-Fi网络存在时延长、信号存在死区的问题，天车的作业节奏不流畅，间接影响产线的平稳运行；无法实时掌握现场的动态画面；生产运维技术合力不足等问题，唐山联通与唐钢强强联合打造5G+MEC无人天车等创新应用。5G专网与唐钢高质量工业内网深度融合，打造了5G+超高清视频现场监控、5G+远程控制、5G+AGV智能理货、5G+作业区人员检测系统、5G+钢卷异常状态检测、5G+库区安全管理、5G+能耗、环保管理等八大功能，构建起"网络故障主动调整的自愈结构，5G和GRE隧道技术、共路传输，双保障网络"等三大项目特色，为钢铁行业无人化生产装上"智慧大脑"。

（资料来源：中国5G+工业互联网大会，2023年）

综上所述，5G技术是企业数字化转型的强大推动力。它不仅提升了企业的运营效率，还为客户创造了新的价值，为企业打开了通往未来的新门户。在5G的赋能下，企业将能够更加灵活地应对市场变化，更好地满足客户需求，最终在数字化时代的竞争中占据有利地位。

▶ 实践提升　提升5G技术认识和应用理解能力训练

思考

1. 请阐述相对4G而言，5G具有哪些优势。
2. 请举例说明5G主要三大应用场景及如何赋能企业发展。

◀ 学习评价

学习环节	内容	自评分	组评分	教师评分
知识学习	5G网络的概念、特征及关键技术			
案例分享	5G+数字星云使能田湾口岸高水平过程监管			
学习探索	5G主要应用场景及在企业数字化转型中的应用			
实践提升	提升5G技术认识和应用理解能力训练			
学习收获				

学习反思

 拓展阅读　**5G发展历程**

引用《纽约时报》的话：美国政府已将中美对5G"控制权"的竞争定义为新的"军备竞赛"。5G是一场革命，它所产生的影响力将会超过电力给人类社会带来的改变。现在全世界通信业中最强大的是华为，全世界最早提出5G标准立项的是中国。今天当我们说起华为，说起5G，都是满满的自豪感。但是30多年前，中国的通信业却是一无所有。

G是指Generation，1G、2G、3G、4G、5G网络分别指：第一、二、三、四、五代移动通信系统。

1. 第一代移动通信系统（1G）

第一代移动通信技术，即模拟通信技术，是指最初的模拟、仅限语音的蜂窝电话标准，表示和传递信息所使用的电信号或电磁波信号往往是对信息本身的直接模拟。第一代移动通信技术只有"国家标准"，没有"国际标准"。1G时代是美国通信系统的天下，其代表是美国的高级移动电话系统（AMPS）。此外还有其他的通信系统，如北欧的NMT450/900、英国的总访问通信系统（TACS）以及日本的JTAGS，西德的C-Netz等，以模拟调频（FM）、频分多址(FDMA)为主要特征。第一代移动通信系统仅限于语音传输，它以模拟电路单元为基本模块实现话音通信，并采用了蜂窝结构，频带可重复利用，实现了大区域覆盖和移动环境的不间断通信。

中国的第一代模拟移动通信系统于1987年11月18日在广东第六届全运会上开通并正式商用，采用的是英国TACS制式。广为人知的美国公司摩托罗拉的"大哥大"所搭载的就是1G技术，也叫第一代无线蜂窝技术，仅支持语音呼叫。因为是模拟技术，最高速度仅仅只有2.4kbps。

2. 第二代移动通信系统（2G）

第二代移动通信系统，以数字语音传输技术为核心。用户体验速率为10kbps，峰值速率为100kbps。1G到2G就是模拟调制到数字调制的过程，相比较第一代通信，2G在技术上更成熟，系统容量以及通话质量都有了极大的提升，不仅能打电话还能发短信、上网。2G技术基本分为两种，一种是基于时分多址（TDMA），一种是基于码分多址（CDMA）。当时第二代手机通信技术规格标准基于TDMA体制的主要有三种：欧洲的GSM、美国的D-AMPS和日本的PDC。

1982年，欧洲成立了一个叫GSM的工作小组，开始着手起草下一代移动通信网络的规范。1991年2G网络正式于芬兰商用，就是GSM系统。以摩托罗拉为代表的美国高通公司所开发的民用通信系统和GSM系统分庭抗礼。但是最后GSM推出了短信功能，获得了更多的市场，2G网络变成诺基亚的天下。中国从1996年引进GSM商用，中国主要使用GSM-800、GSM-900、GSM-1800频段，139号段，号码10位，后升为11位，一直沿用到今天。

3. 第三代移动通信系统（3G）

第三代移动通信技术，是指支持高速数据传输的蜂窝移动通信技术。3G服务能够同时传送声音及数据信息。3G是将无线通信与国际互联网等多媒体通信结合的一代移动通信系统。在3G之下，有了高频宽和稳定的传输，影像电话和大量数据的传送更为普遍，行动通信有更多样化的应用，因此3G被视为是开启行动通信新纪元的关键技术。主流技术标准有基于高通CDMA的WCDMA（欧、日）、CDMA2000（美）和TD-SCDMA（中）。2007年1月9日，乔布斯发布了第一代iPhone智能手机，成功拉动3G用户暴增。

4. 第四代移动通信系统（4G）

4G通信技术是第四代的移动信息系统，是在3G技术上的一次更好的改良，其相较于3G通信技术来说一个更大的优势，是将WLAN技术和3G通信技术进行了很好的结合，使图像的传输速度更快、更清晰。在智能通信设备中应用4G通信技术让用户的上网速度更加迅速，下载速度可以高达100Mbps，上传速度可达20Mbps，比拨号上网快2000倍。4G有两大技术根基：LTE和IEEE802.16m（WiMax2）。中国提交的候选技术LTE-TDD作为LTE-Advanced的一个组成部分。4G确定下来的国际标准有两项：LTE-Advance和IEEE。2013年12月4日，工信部正式向三大运营商发放4G牌照，我国进入4G时代。

5. 第五代移动通信系统（5G）

第五代移动通信技术是最新一代蜂窝移动通信技术，也是继4G（LTE-A、WiMax）、3G（UMTS、LTE）和2G（GSM）系统之后的延伸。5G的性能目标是高数据速率、减少延迟、节省能源、降低成本、提高系统容量和大规模设备连接。

5G网络数据传输速率最高可达10Gbps，比有线互联网要快，比先前的4G LTE蜂窝网络快100倍。而且具有较低的网络延迟，低于1ms，而4G的延迟为30～70ms。2018年2月27日，华为在MWC2018大展上发布了首款3GPP标准5G商用芯片巴龙5G01和5G商用终端，支持全球主流5G频段，包括Sub6GHz(低频)、mmWave(高频)，理论上可实现最高2.3Gbps的数据下载速率；2018年6月28日，中国联通公布了5G部署，5G网络计划2020年正式商用。2018年11月21日，重庆首个5G连续覆盖试验区建设完成，5G远程驾驶、5G无人机、虚拟现实等多项5G应用同时亮相；2019年6月6日，工信部正式向中国电信、中国移动、中国联通、中国广电发放5G商用牌照，中国正式进入5G商用元年。

从5G的研发历程可以看出，30多年来中国通信业从一无所有到世界最强，也深刻地体会了1G到4G，给我们的生活方式带来的翻天覆地的变化。相信5G时代的到来，不仅在网络通信领域，在其他技术领域也将有更大帮助，未来的生活也将更加美好。

第三节　区块链——为数字化转型提供新安全

> **案例导读**
>
> ### 玉石村的账本革命：区块链技术的启示
>
> 在一个被群山环抱的偏远村庄，村民们的生活与玉石紧密相连。他们每天辛勤地在山中挖掘，希望能找到价值连城的宝石。村里的财富以玉石来计量，而所有的玉石记录都由村长负责管理。张三、李四、王五，每个村民的财富都记录在村长的账本上，这个账本是他们交易和生活的基础。
>
> 然而，这种中心化的记账方式存在许多问题。村长有时会因为个人偏好或其他原因而做出不公正的记录。账本也容易受到自然和人为的破坏，导致记录的丢失或错误。村民们对这种中心化的记账方式逐渐失去了信任。
>
> 一天，李四在挖掘玉石时，突然灵光一闪，他想到了一个更公平、更透明的记账方法。他提议每个村民都拥有自己的账本，每当有人挖到玉石，他不仅在自己的账本上记录，还必须通知所有人。这样，每个人都在自己的账本上记录相同的信息，形成了一个去中心化的分布式账本。
>
> 这个系统的优势在于，即使有人试图篡改账本，其他人也可以通过比对各自的记录来发现不一致，并迅速纠正错误。这种共识机制确保了账本的一致性和不可篡改性，因为要改变大多数人的账本几乎是不可能的。
>
> 为了进一步防止欺诈，村民们决定给每块玉石都做一个独特的标记，记录下它的挖掘时间、地点、人物，以及前一块玉石的信息。这样，每个账本都记录了每块玉石的完整信息，形成了一个信息链条，任何人都无法凭空捏造或更改记录。

> 这个故事反映了区块链技术的基本原理。区块链是一种分布式账本技术，它通过加密算法确保信息的安全性和不可篡改性。每个"区块"包含交易信息和一个指向前一个区块的哈希值，形成一个连续的"链"。这种结构使得一旦数据被添加到区块链上，就无法被更改或删除，从而确保了数据的完整性和透明性。
>
> 在现实世界中，区块链技术已经被应用于金融、供应链、版权保护等多个领域，提供了一种去中心化的数据管理和交易验证方法。通过智能合约和共识机制，区块链技术正在逐步改变人们处理交易和存储数据的方式，为各行各业带来了新的机遇和挑战。

知识学习

一、区块链的产生与发展

区块链是一种去中心化的技术，其产生与发展可以追溯到2008年，以下是区块链的产生与发展简要历程。

1. 2008年：比特币白皮书

2008年，一位以中本聪（Satoshi Nakamoto）为笔名的人发表了《比特币：一种点对点电子现金系统》的白皮书，提出了一种去中心化的数字货币系统——比特币。这标志着区块链技术的首次提出。

2. 2009年：比特币网络启动

在比特币白皮书的启发下，比特币网络于2009年正式启动并开始运行，成为第一个基于区块链技术的加密货币。

M2-2
比特币的概念

3. 2014年：以太坊的提出

以太坊是第一个支持智能合约的区块链平台，提出了更加灵活的区块链应用开发方式，为区块链技术的发展带来了新的思路。

4. 2017年：ICO热潮

2017年，以太坊的智能合约和ERC-20标准推动了众多创业项目的发展，并带动了首次代币发行（也称区块链众筹）(Initial Coin Offering，ICO）热潮，吸引了大量投资和关注。

5. 2019年至今：区块链应用拓展

近年来，区块链技术逐渐走出数字货币的领域，被应用于供应链管理、身份验证、票据结算、版权保护等各个领域，涌现出诸如超级账本（Hyperledger）、Ripple和Corda等不同类型的区块链平台。

二、区块链的概念与特征

1. 区块链的概念

区块链技术是一种创新的分布式账本技术，它通过加密和共识机制，允许在没有中央权威机构的情况下进行安全、透明的数据交换。如图2-9所示，区块链的核心概念是将数据分散存储在一系列的"区块"中，这些区块通过加密算法相互链接，形成一条不断增长的链条。

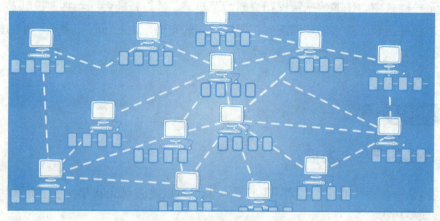

图2-9　区块链的概念示意

2. 区块链的特点

区块链技术以其独特的去中心化结构、高度透明性、普遍可追溯、独立性、数据的不可篡改性以及参与者的匿名性而著称，其特点如图2-10所示。这些特性共同奠定了区块链的坚实基础，赋予了其在众多行业中巨大的应用前景和变革潜力。

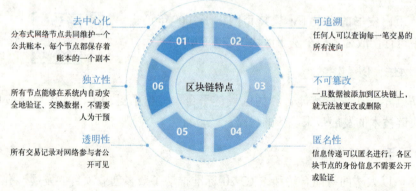

图2-10　区块链的特点

3. 区块链的分类

根据开放程度的不同，区块链可以分为公有链、联盟链和私有链，如图2-11所示。每种区块链类型都有其特定的优势和应用场景。在选择区块链解决方案时，需要根据具体需求和目标来决定最合适的类型。

图2-11　区块链的分类

（1）公有链　公有链是开放给任何人参与的区块链网络。它是真正的去中心化平台，任何人都可以参与和验证交易，并共同维护整个区块链的安全性和一致性。公有链适用于需要在不可信的环境中建立信任和实现去中心化的应用场景，如比特币网络和以太坊平台。

（2）联盟链　联盟链是仅限于特定的联盟成员使用的区块链网络。联盟链上的读写权限和记账规则由联盟成员自行约定和控制。联盟链适用于机构之间的合作，如跨境支付、供应链管理等应用场景。在联盟链中，参与者之间有一定的信任关系，联盟成员共同管理网络的安全和操作。

（3）私有链　私有链是针对特定单个个人或实体开放的区块链网络。私有链通常被用于组织内部，只有授权的参与者才能访问和参与其中的交易。私有链适用于企业或组织内部数据管理、业务流程优化等场景。在私有链中，参与者通常有较高的信任和控制权，可以更灵活地调整网络参数和权限设置。

三、区块链的工作原理

区块链技术，作为一种分布式账本，实现了数据的去中心化管理。如图2-12所示，该

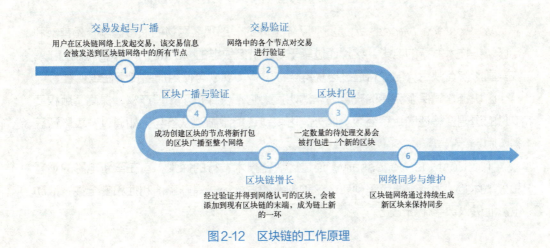

图2-12　区块链的工作原理

技术通过六个核心步骤——交易发起与广播、交易验证、区块打包、区块广播与验证、区块链的增长以及网络的同步与维护，构建了一个安全、透明且不可篡改的分布式账本系统。这不仅保障了交易数据的安全性，也提高了整个系统的透明度。

M2-3
区块链的共识机制

案例分享

案例1 "云智溯"：云南省食品安全的区块链守护网

云南省市场监督管理局与云南移动合作，成功开发了"云智溯"平台，这是一个基于区块链技术的食品安全信息追溯系统，荣获2023年中国区块链创新应用社会共治典型案例。该平台以其创新的追溯能力，为云南省食品安全构建了一张坚固的守护网。

"云智溯"平台整合了公众、企业和监管机构的需求，实现了食品来源的可追溯、流向的可追踪、责任的可追究，以及社会共治的参与。目前，平台已覆盖云南省16个州市，注册食品生产经营主体近2万户，商品备案超过8.9万种，累计赋码销售批次达19.7万余次。

技术方面，"云智溯"采用了云计算、大数据、AI人工智能、5G、物联网等先进技术，构建了一个规范、开放的在线追溯系统。AI智能分析能够及时识别异常并预警风险，而区块链技术确保了数据的真实性和不可篡改性，为食品安全提供了坚实的技术支撑。

"云智溯"平台还实现了与国家食品监管体系的无缝对接，打通了数据壁垒，促进了信息共享和协同监管。消费者可以通过简单的扫码操作，查询食品的详细溯源信息，实现了真正的"码上追溯、码上放心"。

"云智溯"平台的推出，不仅提升了云南省食品安全监管的效率和透明度，还为公众提供了食品安全的有力保障，成为云南省食品安全监管数字化转型的标杆。

案例2 区块链助力好莱坞打击电影盗版

*No Postage Necessary*是2017年上映的一部黑客题材的浪漫喜剧，是首部利用区块链技术发行的电影。该片通过基于Qtum区块链的Vevue P2P网络应用上映。在美国影院首映后，电影将通过区块链全球发行，观众可使用加密货币在线观看。

区块链，确保了交易的安全性与透明度。它不仅保护了知识产权，提高了版权费支付的透明度，还防止了盗版。此外，区块链还能激励观众参与，如通过发表影评获得奖励。

《No Postage Necessary》通过区块链技术发行的探索，旨在革新电影的观看和分享体验，为电影业带来创新。这种创新的发行模式提升了便利性和安全性，推动电影业进入数字化新纪元。

> 学习探索

一、区块链在教育数字化转型中的应用

区块链技术在教育数字化转型中的应用,不仅能够提升教育数据的安全性和可信度,还能够促进教育资源的公平分配、知识产权的有效保护以及教育治理的透明度提升,如图2-13所示。区块链在教育领域的应用主要有数字身份认证、学分证明与证书管理、知识产权保护、教育资源共享与合作、教育政策的制定与监管等。

图2-13　区块链在教育领域的应用

二、区块链推动食品安全管理

区块链技术在食品安全领域的应用前景广阔,它不仅能够提高食品供应链的透明度和效率,还能够增强消费者信心,提高监管能力,打击食品欺诈,促进整个食品产业的可持续发展。如图2-14所示,区块链在食品安全管理方面的应用主要包括食品溯源、异常数据预警、打击食品欺诈、增强监管能力、简化国际贸易流程等方面。

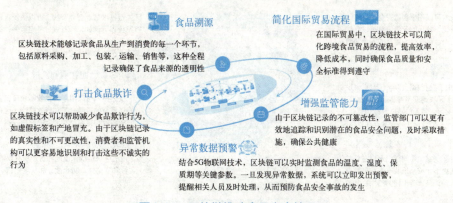

图2-14　区块链推动食品安全管理

三、区块链在环保领域的应用

区块链技术在环保领域的应用正逐渐展现出其潜力和价值,通过提供一种安全、透明、不可篡改的数据记录和共享机制,区块链技术正在成为环保领域的"小卫士"。如图2-15所示,区块链在环保领域的数字化应用包含促进垃圾回收、供应链管理、气候行动监测、可再生能源发展等。

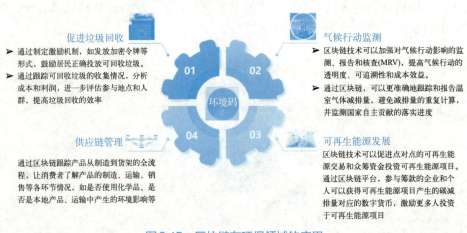

图2-15　区块链在环保领域的应用

四、区块链在数字政务领域的应用

区块链技术在数字政务领域的应用正逐渐深入,其独特的特性如数据不可篡改性、透明性、去中心化等,为提升政务服务的效率、安全性和可信度提供了新的可能性。如图2-16所示,区块链技术在数字政务领域的数字化应用包括数字身份管理、电子票据和证书管理、政务数据共享、优化行政审批流程、公益救助和福利发放、土地和房产登记等方面。

图2-16　区块链在数字政务领域的应用

》实践提升 提升区块链技术认识和应用理解能力训练

（一）思考

1. 某电商平台希望提高跨境交易的信任度和透明度，减少交易欺诈和假冒商品的问题。该平台正在考虑引入一种新技术来确保商品从生产到销售的每个环节都能被追踪和验证。请问，这种技术可能是什么？该技术在这一过程中可以发挥哪些作用？

2. 一个城市正在探索智能交通管理系统，该系统需要实时处理大量的交通数据，包括车辆位置、交通流量和信号灯控制等。城市希望确保数据的安全性和不被篡改，同时提高交通管理的效率。你认为区块链技术如何帮助实现这一目标？

3. 一所大学正在寻求一种更安全、更高效的方式来发放和验证学生的学历证书。目前，学历证书的验证过程繁琐且容易出错。请分析区块链技术如何优化这一过程，并说明其潜在的优势。

4. 一家制造企业面临着供应链融资的挑战，它希望提供给供应商更快捷的支付方式，同时确保资金流向的透明性和可追溯性。该企业正在考虑采用新技术来改进供应链金融服务。区块链技术在这一场景中可以扮演什么角色？

5. 一位独立音乐家创作了一首歌曲，并希望确保其作品在线上被合法使用和分享。然而，互联网上的版权侵犯问题让她感到担忧。请讨论区块链技术如何帮助艺术家保护和管理他们的作品版权。

（二）实践

1. 探索区块链在日常健康管理中的应用

在数字化时代，个人健康管理变得越来越重要。区块链技术以其安全性和透明度，为个人健康数据的管理和共享提供了新的解决方案。你的任务是探索区块链技术如何帮助提高个人健康管理的安全性和效率。

2. 任务要求

（1）了解区块链基础：研究区块链技术的基本原理，包括它的去中心化特性、数据不可篡改性以及如何通过加密保护用户隐私。

（2）分析健康管理需求：思考在健康管理中哪些数据是敏感的，需要保护，例如医疗记录、健康监测数据等。

（3）探索区块链应用：调查并了解目前市场上的区块链解决方案，探索它们如何确保健康数据的安全存储和共享。

（4）交流与分享：与小组交流你的研究成果，分享你的看法和设计思路，探讨区块链技术如何提升健康管理的安全性和便捷性。

◁ 实施提示

（1）了解区块链：快速浏览区块链基础资料，掌握其核心概念和数据保护作用。

（2）数据隐私思考：考虑你愿意在何种情况下共享个人健康数据，并思考区块链如何加强数据控制。

（3）设想应用场景：设想区块链在健康管理中的应用，如何简化数据管理和提高信息共享的安全性。

常见问题

（1）理解挑战：区块链的概念可能较难掌握，可能会有疑惑。
（2）隐私顾虑：担心个人健康数据上链后的隐私安全问题。
（3）应用限制：现实中的系统可能还未准备好完全融入区块链技术，尤其是在数据共享和授权访问方面。

学习评价

学习环节	内容	自评分	组评分	教师评分
知识学习	区块链的概念、特征与发展；区块链的工作原理			
案例分享	（1）"云智溯"：云南省食品安全的区块链守护网 （2）区块链助力好莱坞打击电影盗版			
学习探索	区块链技术在各领域中的应用探索			
实践提升	提升区块链技术认识和应用理解能力训练			
学习收获				
学习反思				

 拓展阅读　　**虚实交织：元宇宙与区块链的交融与差异**

在数字化浪潮的推动下，元宇宙和区块链成为了技术领域的两颗耀眼明星，它们在公众讨论中频频出现，虽然经常被相提并论，但它们在本质上是两种截然不同的技术，各自拥有独特的特性和应用场景。下面将通过一些生动的案例，来探讨元宇宙与区块链的基本区别和联系，帮助大家更清楚地理解这两种技术如何相辅相成。

1. 元宇宙：虚拟世界的集大成者

元宇宙是一个包罗万象的概念，它指的是一个广阔的、实时的、持续存在的虚拟空间。通过虚拟现实（VR）、增强现实（AR）等技术，元宇宙允许用户在虚拟环境中进行社交、经济活动和娱乐等。例如，《堡垒之夜》通过其游戏平台，不仅提供了互动游戏，还举办了虚拟音乐会，如特拉维斯·斯科特的音乐会吸引了千万玩家参与，展示了元宇宙社交和娱乐的潜力。

2. 区块链：信任与安全的基石

区块链技术以其去中心化、透明性和不可篡改性著称，最初作为比特币的底层技术而被设计。它允许数据在全球范围内安全地存储和传输，为金融交易和其他商业活动提供了新的可能性。在艺术领域，区块链通过NFT（非同质化代币）为数字艺术品提供了所有权证明，如数字艺术家Beeple的作品《Everydays: The First 5000 Days》在佳士得网络拍卖行以660万美元成交，这标志着数字艺术进入新时代。

3. 元宇宙和区块链的区别

（1）技术焦点不同：元宇宙侧重于创造沉浸式用户体验，如在《Roblox》中，玩家可以购买、建造和销售虚拟空间和物品。区块链则侧重于数据的安全性和透明性，如以太坊平台上的智能合约可自动执行合同条款。

（2）应用范围不同：元宇宙作为一个综合平台，涉及游戏、社交、教育、商业等多个领域。区块链则被应用于金融、供应链管理、医疗信息、版权保护等多个行业，如元宇宙平台Decentraland中的虚拟土地交易，用户可以真正拥有和控制自己的虚拟地产。

4. 元宇宙和区块链的联系

虽然元宇宙和区块链在目标和功能上有所不同，但它们在实际应用中互补：

（1）共同构建经济系统：在元宇宙中，区块链技术可以用来创建和管理虚拟资产，如虚拟土地、装备及其他物品的购买、销售和交易。通过确保这些交易的安全性和透明性，区块链为元宇宙经济的运作提供了基础。

（2）增强信任和安全性：使用区块链技术，元宇宙平台可以为用户提供一个更加安全和可信的环境。用户的身份和交易记录在区块链上无法被篡改，从而增加了用户对平台的信任。

（3）推动创新和扩展应用：区块链的引入促进了元宇宙内创新应用的发展，例如，通过智能合约，开发者可以在元宇宙中创建复杂的经济和社交程序，增强用户体验。

元宇宙和区块链在技术和应用上有着本质的不同，但两者在实际操作中表现出强大的互补性。元宇宙提供了广阔的应用场景，而区块链则提供了必要的技术支持。区块链技术的去中心化特性为元宇宙提供了更加公平、透明的价值传输与协作机制，保障了用户虚拟资产和虚拟身份的安全,实现了元宇宙中价值交换的顺畅进行。这使得元宇宙成为一个真正意义上属于每个人的虚拟世界,让人们在其中能够自由探索、交流和创造。

第四节 云计算——数字化转型的引擎

案例导读

"中粮E云"赋能数智中粮

为全面落实国家《"十四五"国家信息化规划》及国资委中央企业云计算发展要求,迎战数字化转型面临着的管控、治理、基础、技术、数据、业务等方面挑战,中粮集团制定527"数智中粮"总体规划,结合自身"数智中粮"建设目标,明确提出构建"一云承载、一网通达、一端接入、一体安全"的集约化基础设施平台。中粮信科落实集团527"数智中粮"总体规划,积极应对多云纳管、计量计费、用户云技能不足等挑战,落地"一云承载"的建设目标,基于华为云Stack平台所提供的云计算、数据库、云原生等数字技术,打造了集约化、高效灵活、安全稳定的"中粮E云"平台,支撑数智中粮加速发展。

中粮E云是构建中粮集团统一的云平台,以集约化、高效灵活、安全稳定为重点,以云计算、云原生、数据库等技术为基础,建设基于信创技术的私有云平台,包括私有云软件、信创服务器、信创存储设备等,实现统一管理现有的Vmware虚拟化、信创私有云和公有云平台,实现资源自助管理、统一容量管理、自动计费,实现资源管理从虚拟化到云化的提升,为中粮集团数字化转型提供安全稳定的数字化底座,通过持续同步公有云能力,从资源融合到能力融合,兼顾公有云快速创新能力和私有云的可管可控,匹配企业组织架构和业务流程,实现中粮一朵云架构。

2023年2月20日,"中粮E云"平台正式上线投入使用。在经济价值上,"中粮E云"支撑数智中粮发展,降低企业经营成本,同时更好发挥中粮集团在农粮行业的引领作用,助推农粮行业数据共治共享。在社会价值上,一方面"中粮E云"可将数字化理念、数字化技术渗透进入农业领域,直接为农村、农民提供基础的种植、金融、交易等SaaS服务,支撑国内农粮发展,助力乡村振兴战略落地;另一方面,平台让数字化与农粮产业集合并持续创新,建立新的农粮行业生态,能更好地保障国家粮食安全、实现粮食产业高质量发展。

(资料来源:云计算与大数据研究所)

知识学习

一、云计算基本概念

1. 云计算的定义

Gartner 公司认为：云计算是一种计算方式，能够通过互联网（Internet）技术，将可扩展的和弹性的 IT 能力作为服务，交付给外部用户；Forester Research 公司则认为，云计算是一种标准化的 IT 性能(服务、软件或者基础设施)，以按使用付费和自助服务方式，通过 Internet 技术进行交付；美国国家标准和技术研究院则定义云计算是一种模型，可以随时、随地、便捷地、按需地从可配置计算资源共享池中获取所需的资源，资源可以快速供给和释放，使管理的工作量降低至最少。通俗点说即云计算就是一种特殊的网络服务。通过计算、存储等一系列先进技术能够给人们提供更加安全、便宜、高效、快捷的资源及应用的使用方式。

中国信息通信研究院发布的《云计算白皮书（2012年）》中将云计算定义为：一种通过网络统一组织和灵活调用各种 ICT 信息资源，实现大规模计算的信息处理方式，利用分布式计算和虚拟资源管理等技术，通过网络将分散的 ICT 资源（包括计算与存储、应用运行平台、软件等）集中起来形成共享的资源池，并以动态按需和可度量的方式向用户提供服务。云计算既是一种商品，为用户提供多种形式的算力产品；同时也是一种技术，实现算力资源整合，支撑不同规模的使用需求；更是一种理念，通过资源汇聚和虚拟整合形式，提供泛在服务。

2. 云计算的本质

云计算的本质是通过"云"的方式，提供"算力"。算力是对信息、数据进行处理和运算的能力，是一种新型的生产力。算力依赖于算力资源。算力资源既包括 CPU、内存、硬盘、显卡这样的硬件资源，也包括操作系统数据库、运行库、中间件、应用程序这样的软件资源。云计算，就是获取这些算力资源的一种新型方式。

3. 云计算的特点及优势

云计算的特点包括弹性伸缩、高可用性、安全性、可靠性、可扩展性、按需付费、大规模数据处理、快速部署、跨地域访问和资源池化等。这些特点使得云计算成为企业信息化建设的重要选择之一，为提高生产效率和管理水平提供了强有力的支持。

（1）弹性伸缩　云计算可以按需自动分配和释放计算资源，使得用户可以根据实际业务需求灵活地调整计算资源，实现资源的动态伸缩。

（2）高可用性　云计算采用多个副本技术，确保数据和服务的可用性。用户可以通过多实例容灾技术实现数据的备份和恢复，保障业务的连续性。

（3）安全性　云计算提供了更高的安全性和数据保护能力。通过安全隔离、访问控制、加密通信等技术，保障用户数据的安全性和隐私性。

（4）可靠性　云计算采用多种容错技术，如虚拟化、分布式存储等，保证用户的数据和应用程序在硬件或软件故障时仍能正常运行。

（5）可扩展性　云计算提供了丰富的扩展和定制功能，用户可以根据自己的需求灵活地选择和组合不同的服务。

（6）按需付费　云计算按需计费，用户只需支付实际使用的资源和服务，无需承担固定成本。

（7）大规模数据处理　云计算可以处理大规模的数据，支持高性能计算、大数据分析、机器学习等应用场景。

（8）快速部署　通过云平台，用户可以快速创建和部署应用程序，减少了传统IT环境中需要进行的大量配置和安装工作。

（9）跨地域访问　云计算通过互联网提供服务，用户可以在任何地点、任何时间访问云上的资源和服务。

（10）资源池化　云计算将计算资源（如服务器、存储设备、数据库等）进行集中管理和调度，形成一个统一的资源池。用户可以根据需要动态分配和释放这些资源。

二、云计算服务模式和部署方式

1. 云计算服务模式

（1）基础设施即服务（IaaS）　云服务商搭建和运营IT系统基础设施（包括机房、网络、磁盘柜、服务器等），以服务的形式向客户提供计算、存储、网络等基础计算资源，用户可以在这些基础IT资源上运行操作系统、应用程序等软件。这种模式最为突出的特点是用户无需自行搭建耗资巨大的IT基础设施；此外，这种模式亦增加了用户使用IT资源的机动性进而降低浪费。

（2）平台即服务（PaaS）　云服务商在底层IT资源的基础上搭建和运维软件开发平台，向客户提供丰富的应用开发工具、应用运行环境，以及应用托管、运维等服务。这种模式的优点体现在：开发者可以便捷地获取各类成熟的软件开发、测试、运维的工具，进而简化开发流程并减少重复性工作。

（3）软件即服务（SaaS）　云服务商在云端开发应用或将现有软件迁移上云，以订阅模式向客户提供应用程序。用户在订阅云服务商的软件服务之后，通过云终端设备接入网络，然后通过网页浏览器或编程接口直接使用这些软件。

2. 云计算的部署方式

（1）公有云（public cloud）　云服务提供商部署IT基础设施并进行运营维护，将基础设施所承载的标准化、无差别的IT资源提供给公众客户的服务模式。公有云的核心特征是基础设施所有权属于云服务商，云端资源向社会大众开放，符合条件的任何个人或组织都可以租赁并使用云端资源，且无需进行底层设施的运维。公有云的优势是成本较低、无需维护、使用便捷且易于扩展，适应个人用户、互联网企业等大部分客户的需求。

（2）私有云（private cloud）　云服务商为单一客户构建IT基础设施，相应的IT资源仅供该客户内部员工使用的产品交付模式。私有云的核心特征是云端资源仅供某一客户使用，其他客户无权访问。由于私有云模式下的基础设施与外部分离，因此数据的安全性、隐私性相比公有云更强，满足了政府机关、金融机构以及其他对数据安全要求较高的客户的需求。

（3）混合云（hybrid cloud） 用户同时使用公有云和私有云的模式。一方面，用户在本地数据中心搭建私有云，处理大部分业务并存储核心数据；另一方面，用户通过网络获取公有云服务，满足峰值时期的IT资源需求。混合云能够在部署互联网化应用并提供最佳性能的同时，兼顾私有云本地数据中心所具备的安全性和可靠性，并更加灵活地根据各部门工作负载选择云部署模式，因此受到规模庞大、需求复杂的大型企业的广泛欢迎。

从部署方式、定义、特点、主要用户四个方面对公有云、私有云、混合云进行比较，具体如表2-1所示。

表2-1　公有云、私有云、混合云部署比较

部署方式	定义	特点	主要用户
公有云	完全由供应商提供基础设施、平台、应用服务	灵活配置、成本低廉，但安全性低于私有云	中小企业、个人
私有云	自建或者托管私有的数据中心	安全性高 拓展性差、成本劣势	大中型企业、政府
混合云	公有与私有云结合	公有与私有云结合 相互独立又可连接	政府、医院、学校等事业单位

三、云计算在典型行业中的应用

M2-4
云计算关键技术介绍

1. 云计算在金融行业中的应用

云计算在金融行业的应用已经变得日益重要和普遍。金融机构通过采用云计算技术，能够实现数据的高效存储、处理和分析，从而提供更加灵活、安全和成本效益高的服务。

首先，云计算使得金融机构能够迅速扩展其IT基础设施，以应对不断变化的业务需求和市场波动。这种按需资源分配的能力帮助金融机构节省了大量的硬件和维护成本，同时提高了运营效率。

其次，云计算提供了高度的灵活性和可扩展性，使金融机构能够快速推出新服务和产品，响应市场需求。云服务的弹性也意味着金融机构可以根据实际使用情况调整资源，避免资源的浪费。

再次，云计算还为金融机构提供了强大的数据分析能力。通过利用云平台上的高级分析工具，金融机构能够从大量数据中提取有价值的洞察，支持决策制定，优化风险管理，并为客户提供个性化的服务。

最后，安全性也是云计算在金融行业中得到广泛应用的一个重要原因。云服务提供商通常投入大量资源来确保其平台的安全性，包括数据加密、访问控制和持续监控等措施，帮助金融机构保护敏感信息免受威胁。

2. 云计算在制造业中的应用

云计算在制造业中的应用已经成为推动行业发展的关键因素。随着技术的进步和市场

需求的变化，云计算不仅为制造业提供了新的业务模式，还优化了生产流程和资源配置，从而显著提高了企业的竞争力和效率。

（1）供应链管理　云计算技术能够实现供应链的信息流和物流的高效整合，提高供应链的运作效率。例如，某汽车制造公司利用云计算平台实现了对供应链的全面监控和实时调度，通过实时获取原材料库存情况、零件配送情况以及生产进度等信息，及时调整供货计划，从而提高生产线的利用率和生产效率。

（2）远程设备监控　云计算技术还可以实现对远程设备的监控和管理。例如，某化工企业利用云计算技术对分布在全国各地的生产设备进行远程监控，通过云计算平台实时获取设备的运行状态、运行数据以及故障情况等信息，及时发出报警并派出维修人员进行处理，提高了设备的稳定性和可靠性，减少了企业的运维成本。

（3）工业大数据分析　云计算平台提供了强大的计算和存储能力，可以有效处理和分析工业大数据。例如，某钢铁厂利用云计算平台对生产线上的传感器数据进行实时采集和分析，通过分析数据实时监控生产线的状态，提前预测设备故障，从而提高设备的利用率和生产效率。同时，通过对大数据的分析和挖掘，找出生产过程中的潜在问题和改进空间，实现精益生产。

（4）智能物流管理　使用云计算技术可以实现物流的全面智能化管理。以某电子产品制造公司为例，该公司利用云计算技术安装了一套智能化物流管理系统，通过该系统实时获取物流信息，包括货物进出库情况、货物位置等，并根据物流信息进行智能调度，提前预警异常情况，最大限度地避免物流环节的延误和损耗。

3. 云计算在医疗健康行业中的应用

云计算技术正逐渐成为医疗健康行业的一大助力，通过其提供灵活、高效和成本效益高的解决方案，极大地推动了医疗服务的智能化和数字化进程。首先，云计算使得医疗数据的存储与传输更加便捷和安全，医生能够通过互联网远程访问患者资料，进行诊断和治疗，这不仅加快了信息流通速度，也降低了存储成本。其次，云计算为远程医疗服务提供了强有力的技术支持，患者可以通过手机或电脑，在线咨询、预约医生，享受到更加方便的医疗服务。此外，云计算还促进了移动医疗应用的广泛使用，智能健康管理APP的出现，使市民能随时监测自己的健康状况，及时发现和预防疾病。同时，云计算支持的协作方式可有效处理和交付数据，并将数据分析成有意义的信息，这可以缓解医疗机构面临的挑战。总体而言，云计算在医疗健康行业的应用不仅提高了运营效率和服务质量，还推动了整个行业的数字化转型。

> **案例分享**
>
> **金山云为新网银行重塑金融服务提供云计算动力**
>
> 　　四川新网银行股份有限公司（以下简称"新网银行"）是全国成立较早的互联网银行之一。在成立之初，新网银行就响应国家实施金融普惠、助力中小微企业发展的号召，将自己定位成智慧数字银行，是普惠金融的补位者和探索者，制定了"移动互

联、普惠补位"的差异化市场策略，致力于通过金融科技创新来降低业务成本，满足用户的碎片化金融需求。新兴的金融业态将衍生各种互联网应用场景，金融产品的创新，对新网银行IT资源的弹性供给和业务快速上线提出了很高的要求，只有与云服务结合，才能融合大数据、移动互联网，更好地支持业务发展和创新。

金山云为新网银行提供了相应的解决方案，帮助构建适合快速开发和迭代的IaaS层和PaaS层服务。首先，针对客户业务的增长消耗大量IT资源，金山云提供的云服务资源，能够提供高弹性、持续的使用方法，满足客户的需求。金山云的BGP带宽、大数据资源，可让客户的新业务得到快速呈现。其次，很多机构采用的传统网络架构，缺乏灵活性、可靠性和运维的便捷性，当底层资源达到一定规模时，业务与数据层面均会产生较大的风险敞口。金山云为新网银行提供的VPC虚拟私有网络可在云端构建逻辑隔离、可自主掌控的专有区域，在自定义的虚拟网络中部署各种服务，实现整体安全。再次，传统架构到一定规模之后，在运维和管理上难度大，采用云架构之后，包括故障自检功能、用户管理界面等，为新网银行带来了极大的便利。而且，金山云以云计算技术解决了客户内部资源的使用率，降低了运维成本，极大丰富了客户内网资源的弹性。

学习探索

一、云计算与数字化转型关系

1. 云计算带来的重大变化

云计算的到来，一方面带来了理论上无限的计算能力和扩展存储能力的可能性，另一方面也让大家意识到过去由于各种制约因素，大部分数据被当成无用之物而被忽略。近年来，一些创新型企业不断通过数据挖掘业务价值，更精准地匹配用户的需求，寻找新的商业模式，数字化转型终于揭开了神秘的面纱，开始真正走入千家万户。不仅是企业或机构能享受数字化转型带来的红利，每一个个体也实实在在地享受到了数字化转型的好处。例如，我们可以享受智能家居带来的更加便捷的生活，可以更精准地获取自己喜欢的货品或喜欢看的影片等。

数字化转型已经成为企业的核心战略，这是企业应对经济增长放缓、市场竞争激烈、用户需求越来越个性化的必然结果。数字化转型是业务的转型，应用是数字化转型直接落地的体现，未来80%的应用开发部署都将基于云端，云计算是数字化转型的基石和助推器，云计算的到来使数字化时代提前到来，进一步推动数智化时代的快速来临。

2. 云计算为数字化转型提供便利

（1）敏捷性　过去很多企业进行信息化建设时，第一件事就是做一个长期规划，其中最重要的环节就是为漫长的数据中心建设、硬件设备采购、软件安装部署预留时间，当需要扩容的时候又要把这个流程经历一遍。这个流程往往要花费数月到一两年的时间，而云计算很好地给出了新的解决方案，按需租用、快速扩缩容、理论上的无限扩展能力、DevOps等敏捷开发运维一体化的管理方式大幅缩短了建设时间，将建设周期从数月到一两年直接降低到几分钟、几小时。

（2）成本与劳动收益　对于任何企业来说，成本与劳动收益是重要的经营指标之一。在行业竞争日趋激烈、市场环境快速变化的情况下，如果能比竞争对手拥有更低的成本、更高的投资回报率（ROI），无疑会提升企业自身的市场竞争力。云计算采用的是按需租用方式，目前很多云计算服务都可以按天、按调用次数等方式计量费用，可以在需要的时候增加资源，不需要的时候释放资源。这是一种巨大的成本优势，比如某个客户把数据中心进行整体云化后，成本降低了50%左右。

（3）安全性　谈到云计算就离不开安全，这几乎是每一个开始考虑使用云计算的客户的第一反应。在云上，安全防护体系是在数百万级别客户的大量安全攻击和防护过程中不断优化、迭代而得到的安全样本，样本丰富。所以，云上安全防护体系的防护能力和企业自建数据中心完全不在一个量级。总的来说，云上的安全性是优于自建数据中心的。早期有很多人担心自己的数据在云上不安全，有可能被偷走。其实，这件事可以从不同维度来看。首先，云都是多副本、多可用区架构，天然带有容灾能力。其次，每家云计算厂商从维护企业信誉的角度，都不会拿客户的数据安全开玩笑，否则会给企业生存带来不利影响。

（4）快速执行　快速执行是云计算的突出优势。例如如果客户需要建立一台虚拟机，过去可能需要2～3个月才能完成（购买硬件设备需要2个月，安装软件和配置虚拟机需要几天），但是现在只需点几下按钮，通过镜像等功能数分钟就可以完成。有些客户采用更为自动化的管理方式：在结合容器技术和云虚拟主机、存储等做扩缩容的同时，为了解决业务波峰/波谷问题，又开发了一个智能业务监控系统，用于预测业务量走势，同时通过自动化调度容器平台进行资源的扩缩容。

二、云计算在数字化转型中的作用

随着信息技术的飞速发展，中国正迅速崛起为数字经济的领袖之一。云计算，作为数字化转型的关键驱动力，已成为推动产业数字化的引擎和中国数字经济的坚实底座。云计算，简单来说，就是通过互联网将计算资源（如服务器、存储、数据库、网络、软件等）以服务的方式提供给用户，实现按需获取和使用的目的。它不仅改变了企业的IT基础设施，还为数字经济提供了创新性的解决方案。

1. 提升资源利用率

云计算可以实现资源的共享和利用，通过虚拟化技术将多个物理资源整合成一个资源池，实现资源的弹性分配和共享，提高了资源利用效率。这对于各类企业来说，尤其是中小型企业，降低了IT基础设施建设和维护的成本，提升了竞争力。

2. 加速创新与应用部署

云计算为企业提供了灵活、高效的开发和测试环境，使得创新成果能够更快地实现商业化落地。同时，基于云端的应用部署模式，也使得企业可以更加便捷地向全球用户提供服务，极大地拓展了市场。

3. 提升数据安全性与可靠性

云计算服务提供商通常具备更强大的安全防护措施和灾备能力，能够为用户的数据和业务提供更可靠的保障。此外，云端的数据存储和处理也避免了单点故障的风险，保证了业务的连续性和稳定性。

4. 支持智能化发展

云计算与人工智能的结合，为企业提供了强大的计算和数据处理能力，为智能化发展提供了有力支持。通过云端的大数据分析和机器学习等技术，企业可以挖掘出更多的商业价值，提升了产品和服务的智能化水平。

> **案例分享**
>
> #### 云计算在不同行业中的应用案例
>
> （1）海尔集团是中国家电行业的龙头企业，他们通过建设了一个名为"智慧工厂"的云平台，实现了对全球各地工厂的实时监控和数据分析。该平台可以实时获取生产数据，提高了生产效率，同时也支持了全球范围内的协同生产。
>
> （2）比亚迪是中国新能源汽车制造商，他们利用云计算技术实现了对整个生产链的数字化管理。通过将传感器和设备连接到云端，比亚迪可以实时监控车辆的生产过程，优化生产流程，提高了生产效率和产品质量。
>
> （3）中国中车集团是全球最大的铁路装备制造商之一，他们利用云计算技术实现了对铁路运营数据的实时监控和分析。通过将各类传感器和设备连接到云端，中车集团可以实时获取列车的运行数据，优化运营计划，提高了铁路运输效率。
>
> （4）顺丰控股股份有限公司在深圳建立了智能制造中心，通过云计算、物联网等先进技术实现了智能化的生产过程。该中心实现了订单智能分拣、生产过程实时监控等功能，提升了物流行业的效率和服务质量。
>
> （5）好利来是中国著名的糕点连锁品牌，他们利用云计算和大数据分析技术来优化生产和库存管理。通过实时监控销售数据和库存情况，好利来可以精确地调整生产计划，减少了库存积压和损失。

三、云计算面临的挑战与未来发展

1. 云计算面临的技术挑战

云计算在提供灵活性和降低成本效益的同时，也遇到了不少挑战。

① 安全问题是其最主要的挑战之一，因为数据存储在远程服务器上，可能面临黑客攻击和未经授权的访问风险。隐私保护也是用户担忧的问题，特别是涉及敏感信息时。

② 合规性问题同样复杂，不同地区有不同的法律法规，云服务提供商必须遵守这些规定来处理和存储数据。

③ 服务质量保障也是一大挑战，服务中断会严重影响企业运营。

④ 技术整合难题、性能问题以及供应商锁定现象也是企业需要考虑的问题。

⑤ 成本管理不容忽视，不当的资源使用可能会导致成本飙升。

⑥ 灾难恢复能力对于确保业务连续性至关重要，而多租户环境下的数据隔离和资源争用问题也需要得到妥善处理。

⑦ 随着云计算技术的不断演进，技能和知识差距亦是一个日益突出的挑战。面对这些挑战，云服务提供商和企业需要采取有效措施，如加强安全防护、优化合规策略、提高服务质量等，以确保云计算的健康稳定发展。

2. 云计算未来的发展趋势

云计算未来的发展趋势将聚焦于技术创新、服务多样化及安全性增强等方面。随着企业数字化转型的深入，对云服务的依赖将持续增加，推动云技术向更高级别的服务化和智能化发展。

（1）混合云和多云策略　企业越来越倾向于采用混合云和多云策略，以结合不同云服务提供商的优势，提高运营灵活性和降低成本。

（2）人工智能和机器学习集成　云平台将进一步整合AI和ML服务，使企业能够利用这些先进技术来优化运营、提升用户体验和创新产品和服务。

（3）边缘计算　为了处理生成于网络边缘的数据，云计算将与边缘计算更紧密结合，减少数据传输延迟，支持实时应用和分析。

（4）更强的安全措施　随着云服务的增加，安全威胁也随之增加。因此，提供更先进的安全功能和合规性工具将成为云服务提供商的重点。

（5）可持续性与绿色　企业越来越注重环境责任，云服务提供商将寻求采用更环保的方法来操作和管理数据中心。

（6）无服务器架构　无服务器计算将继续发展，允许开发者更专注于代码和业务逻辑，而不是底层基础设施的管理。

（7）行业特定云　面向特定行业的云解决方案将逐渐增多，提供针对行业需求定制的服务和功能。

›› 实践提升　提升云计算技术认识和应用理解能力训练

（一）思考

1. 请解释术语：IaaS、PaaS、SaaS。
2. 请阐述云计算在产业数字化推进中的作用。

（二）实践

使用办公云体验在线办公

"云办公"有效弥补了"社交阻隔"的漏洞，让企业快速回归正轨。字节跳动的飞书、金山办公的 WPS、阿里的钉钉、腾讯的企业微信……总有一款"云办公"应用会出现在手机上。

任务要求：请你使用上述一款办公云软件体验在线办公。

 学习评价

学习环节	内容	自评分	组评分	教师评分
知识学习	云计算的基本概念、产业链及典型应用			
案例分享	金山云为新网银行重塑金融服务提供云计算动力			
学习探索	云计算与数字化转型的关系、在转型中的作用及面临的挑战			
实践提升	提升云计算技术认识和应用理解能力训练			
学习收获				
学习反思				

拓展阅读　**中国云计算发展历程**

云计算的历史最远可以追溯到1965年，Christopher Strachey 发表了一篇论文，论文中正式提出了"虚拟化"的概念。虚拟化正是云计算基础架构的核心，是云计算发展的基础。云计算的术语是谷歌于2006年最早提出，但云计算服务真正受到整个IT产业的重视是始于2006年亚马逊正式推出的AWS服务，业界认识到亚马逊建立了一种新的IT服务模式。在此之后，谷歌、IBM、微软等互联网和IT企业分别从不同的角度开始提供不同层面的云计算服务，云服务进入了快速发展的阶段。

1. 起步阶段

2008年，云计算整个行业正式起步，也拉开了我国云计算起步与发展的帷幕。2009年5月，中国电子学会主办了第一届中国云计算大会。同年，阿里软件在江苏建立首个"电子商务云计算中心"，阿里云正式成立，十年之后，阿里云成为国内云计算的第一，进入了全球云计算的前三名，与国外云厂商一较高下。2009年也被业界称为中国的云计算元年。

2010年3月，在中国IT领袖峰会上，马云、马化腾、李彦宏同框，三位大佬分别谈了自己对云计算的看法。百度的李彦宏认为"云计算只是新瓶装旧酒,更多是概念炒作";腾讯的马化腾则认为"云计算还太过遥远,得到阿凡达那个时候才能实现";而阿里的马云坚定地看好云计算。同年,华为正式公布云计算战略,2017年成立云业务部门。2013年9月,腾讯云宣布正式面向全社会开放。2014年,雷军在金山集团提出了"All in cloud"战略,宣布将在云计算领域投入10亿美元。2015年,百度智能云正式对外开放服务。

除了以上几个巨头外,其他初创云厂商也纷纷应运而生。2012年3月,网络安全专家季昕华创办UCloud。同年,三位拥有IBM工作经历的黄允松、林源和甘泉,取"平步青云"之意,共同创办了青云QingCloud。此后,一朵朵云竞相登场,移动云、天翼云、沃云、京东云、七牛云、鹏云……各个极具特色的产品服务、强大的自主研发能力,为中国云计算发展书写了浓墨重彩的篇章,使得国内云计算市场更加精彩纷呈。至此,中国云计算也正式从荒芜步入萌芽发展阶段,云计算格局初步形成。

2. 崛起阶段

在国内云计算开始萌芽发展时,大洋彼岸的科技巨头们早已完成行业变革。2013年12月,亚马逊宣布AWS进入中国市场。此后,微软、甲骨文等海外巨头相继进入中国的云计算市场。然而,此时国内云计算市场现状和国产云计算实力仍与国际存在很大差距。阿里云才刚刚突破"一个集群部署5000台服务器"的5K难题,相关技术基本达到亚马逊、微软等巨鲨的水平;腾讯的云业务也才刚刚对全社会开放,还处于试水阶段;第二梯队的天翼云、青云、金山云等还只是一个发展雏形。

"价格战"成为当时国产云唯一有效的竞争手段。国内各大技术公司一方面利用"价格战"占领国内云计算市场,另一方面倒逼各家公司不断加大研发力度,加快技术升级,巩固市场份额。由于"水土不服"等原因,海外公司沿用在国外市场的定价方式、服务模式等运营理念对国内客户来说不易接受,导致其并未"吞并国内云市场"。此外还涉及数据安全问题,中国云计算监管要求公有云服务商将中国所获的数据留在本国,技术服务由中国企业提供。外资企业如果需要建设基础设施,还需要申请IDC业务,取得工业和信息化部通信发展司批准的《外商投资经营性电信业务审定意见书》和商务部批准的《外商投资企业批准证书》。政策的严格把控拖延了外资进入中国云计算市场的时间,为本土云服务商赢得了先机。

目前,亚马逊AWS虽然稳居全球云计算市场的头把交椅,但在国内市场,其市场份额已大幅度下跌,远远落后于阿里云、腾讯云、华为云等国产云厂商。2019年,甲骨文更是直接"缴械投降",宣布彻底退出中国云市场。2018年9月,腾讯宣布正式成立腾讯云与智慧事业部门。阿里云、腾讯云为第一梯队的"双雄",领跑国内云市场;第二梯队的华为云、天翼云、百度云等群雄奋起,激烈竞争。自此,国内云计算格局初定,正式进入蓬勃发展时期。

第三章

认知数字化智能技术

学习目标

知识目标

（1）正确区分常用的数字化智能技术；
（2）概述各数字化智能技术的概念和特征；
（3）列举各数字化智能技术的应用场景。

能力目标

（1）识别工作和生活中的数字化智能技术应用场景；
（2）会使用数字化智能技术提升工作和生活效率。

素养目标

（1）学会分析问题、辨别信息的真假，避免盲目接受信息；
（2）具备一定的沟通表达能力和创新思维意识。

第一节　大数据——为数字化提供洞察力

案例导读

走进大数据时代

走进大数据时代，我们仿佛进入了一个充满无限可能的新世界。在这里，数据不再是冰冷的数字，而是变成了一种能够揭示深层次信息、驱动决策和创新的宝贵资源。大数据已经成为时代的一个标志性特征，它的影响渗透到了我们生活的方方面面。

根据IDC发布的《数据时代2025》报告，全球每年产生的数据量预计将从2018年的33ZB飙升至175ZB。为了更直观地理解这个数字，假设我们每人每天产生1GB的数据，那么175ZB相当于全球每个人每天产生的数据量累积起来可以绕地球赤道超过200圈。这个惊人的数字不仅让我们感受到了数据的"大"，更让我们意识到大数据的无处不在和其巨大的潜力。

大数据的洞察力在我们的日常生活中也发挥着重要作用。例如，通过分析学生的在线学习行为和成绩，教育平台能够为每个学生提供更加定制化的学习资源和辅导。这种个性化的学习体验帮助学生更有效地掌握知识，提高学习效率。

在决策支持方面，大数据同样发挥着重要作用。例如，学校食堂通过分析学生的就餐数据，可以更好地了解学生的饮食习惯和偏好，从而调整菜单，提供更受欢迎的餐饮服务。此外，学校图书馆可以通过分析借阅记录来优化书籍的采购和布局，满足学生和教师的学术需求。

大数据还在校园安全中扮演着关键角色。通过分析校园内外的监控数据，学校能够及时发现潜在的安全隐患，提高应急响应效率，确保校园的安全和谐。

在商业领域，大数据的应用同样广泛。例如，校园附近的商店可以通过分析学生的购物数据来调整库存和促销策略，更好地满足学生的需求。同时，学生社团在策划活动时，也可以通过分析过往活动的参与数据来预测活动的受欢迎程度，从而做出更合理的策划和预算安排。

大数据不仅仅是一个技术概念，它已经成为推动社会进步的重要力量。对于我们每一个人来说，了解和掌握大数据的知识和技能，将帮助我们更好地适应快速变化的世界。让我们一起拥抱大数据时代，共同探索它的无限可能。

一、大数据的产生与发展

大数据并非一个孤立的现象,而是信息技术革命的一个自然延伸。随着全球信息化水平的不断提升,数据的产生、收集、处理和分析已经成为现代社会的基石。如图3-1所示,从大数据起源与早期发展、技术突破与成熟期、大规模应用与普及、当前状态与未来趋势四个阶段来追踪大数据演变的脉络,并展望其未来的发展趋势。

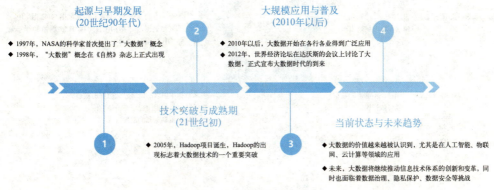

图3-1 大数据的产生与发展

大数据的发展历程显示了它如何从概念走向实践,从技术突破到广泛应用,以及它如何塑造了我们对信息处理和决策的方式。随着数据量的不断增长,大数据将继续在各个领域发挥重要作用。

二、大数据的特征与处理流程

1. 大数据的概念与特征

大数据(big data)是指那些规模庞大、类型复杂、更新速度快、数据种类多且包含巨大价值的真实数据集合,它们超出了传统数据处理软件的处理能力。这些数据集不仅需要高效的收集和存储技术,还需要先进的管理、分析方法来挖掘和提取其中的有价值信息。如图3-2所示,大数据以其海量(volume)、高速(velocity)、多样(variety)、价值(value)和真实性(veracity)五大特征著称。

M3-1 Hadoop 简介

2. 大数据处理流程

大数据处理流程是一个全面且结构化的解决方案,它涉及数据生命周期的每个关键阶段,包括数据采集、存储、清洗、融合、分析,直至数据的可视化和决策辅助,如图3-3所示。这一流程的实施不仅需要强大的技术支撑,还要求对数据有深入的洞察力

M3-2 数据的收集及其应用

和高效的数据管理策略。通过精心设计和执行这一流程，我们能够深入挖掘数据的潜在价值，为企业提供有力的决策支持，激发创新思维，优化业务运作，并最终实现企业价值的最大化。

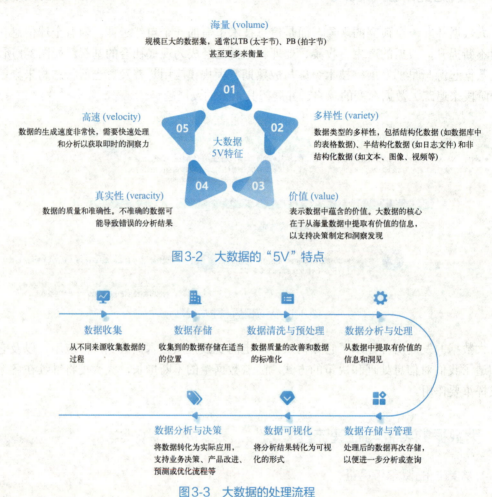

图3-2　大数据的"5V"特点

图3-3　大数据的处理流程

三、大数据与数字化的关系

　　大数据是数字化时代的产物，它指的是传统数据处理应用软件难以处理的大规模和复杂性数据集合。这些数据集合可以从社交媒体、在线交易、传感器网络、公共记录等多种渠道获得。大数据分析依赖于先进的计算技术，如云计算和机器学习，以从庞大的数据中提取有价值的信息。

　　数字化产生了大量可供分析的数据，而大数据分析则提供了对这些数据的深入理解，使得企业能够做出更明智的决策、优化运营流程、预测市场趋势和客户行为。例如，零售商通过分析顾客购物数据可以更好地管理库存和制定个性化营销策略。在医疗领域，通过分析患者数据，可以实现疾病的早期诊断和治疗方案的个性化定制。

同时，大数据分析的结果反过来又推动了数字化的深入发展。企业和组织为了更有效地利用大数据，必须进一步推进数字化转型，如升级IT基础设施、改进数据管理和分析能力，以及培养相关人才。这种转型不仅提高了效率，还创造了新的商业模式和服务模式，比如基于数据的订阅服务和共享经济平台。

然而，大数据和数字化的融合也带来了挑战，尤其是在数据安全和隐私保护方面。随着数据量的增加，如何确保数据的安全存储、传输和处理，以及如何平衡个人隐私和数据的商业利用，成为亟待解决的问题。

案例分享

亚马逊的"信息公司"

在全球范围内，亚马逊无疑是从大数据中挖掘出巨大价值的佼佼者。这家"信息公司"不仅处理着庞大的交易数据，还细致记录着用户在其网站上的每一个行为：从页面停留时间到评论查看，从搜索关键词到商品浏览。亚马逊对数据价值的敏锐洞察和深度挖掘能力，使其业务模式远超传统电商。

亚马逊首席技术官Werner Vogels在CeBIT大会上的演讲，揭示了亚马逊在大数据时代的商业愿景。亚马逊通过大数据分析，不断优化客户定位和反馈获取，Vogels强调："数据越多，结果越好。"他指出，企业在商业上的失误往往源于缺乏足够的数据支持。而在大数据的助力下，企业将拥有无限的可能性。亚马逊的业务已经扩展到支持新兴技术企业的基础设施，以及消费内容的移动设备等多个领域。

亚马逊的推荐系统是其数据驱动策略的典型例子。用户可能对"买过X商品的人也买过Y商品"的推荐功能耳熟能详，这些看似简单的推荐背后，是复杂的数据分析过程。亚马逊通过用户历史数据预测未来需求，对于标准化产品如书籍、手机、家电等，预测相对准确。然而，对于服装这类受多种因素影响的"软需求"产品，亚马逊仍在不断优化其预测模型。

亚马逊还通过持续的A/B测试，优化网站设计。从页面布局到字体大小、颜色、按钮等，所有设计元素都经过精心测试，以确保最高转化率。同时，亚马逊的移动应用和Kindle Fire设备通过收集用户数据，深入了解用户偏好，提供个性化体验。

亚马逊的企业文化深植于数据导向。大数据不仅指导销售，还确保了亚马逊能够以更低的价格提供更优质的服务。亚马逊的成功证明了数据驱动策略在现代商业中的重要性。

案例思考：

1. 你从上述案例中收获了什么？
2. 请你在小组内分享熟知的大数据应用案例。

学习探索

一、大数据在数字化中的应用领域

1. 医疗健康领域

医疗大数据是指在医疗健康领域中,通过各种渠道和方式收集、生成的大规模、多样化、快速增长的数据集合。这些数据涵盖了从个人健康体征、体检结果、病例记录、处方信息、用药情况到公共卫生监测、疾病流行趋势等多个方面的信息。这些数据的实时分析和处理对于提高医疗服务效率、促进个性化治疗和疾病预防具有重要意义。如图3-4所示,大数据在医疗领域的数字化应用方向主要包括疾病预测与预防、个性化医疗、临床决策支持、药物研发、公共卫生管理等方面。

图3-4 大数据在医疗健康领域的数字化应用

2. 城市交通领域

交通大数据是指在交通运输系统中产生的大量、多样、动态的数据集合,包括车辆位置、速度、行驶路线、交通流量、事故信息等。这些数据通过各种传感器、监控摄像头、移动应用等技术手段收集而来,具有实时性、多样性、体量巨大和价值性等特点。如图3-5所示,大数据在交通领域的数字化应用主要集中在交通管理与规划、智能导航、公共交通优化、事故预防与应急响应、环境监测、自动驾驶等方面。交通大数据的有效利用能够显著提升交通系统的整体性能,为城市管理者、交通运营商和公众提供更加智能、高效和安全的出行体验。

3. 教育领域

教育大数据是指在教育过程中产生的大量数据,这些数据来源于学生的学习行为、成绩记录、教学活动、教育资源使用情况等。它包括学生的在线学习行为数据、教师的教学策略和反馈、课程内容和结构,以及教育管理系统中的各类信息。如图3-6所示,大数据

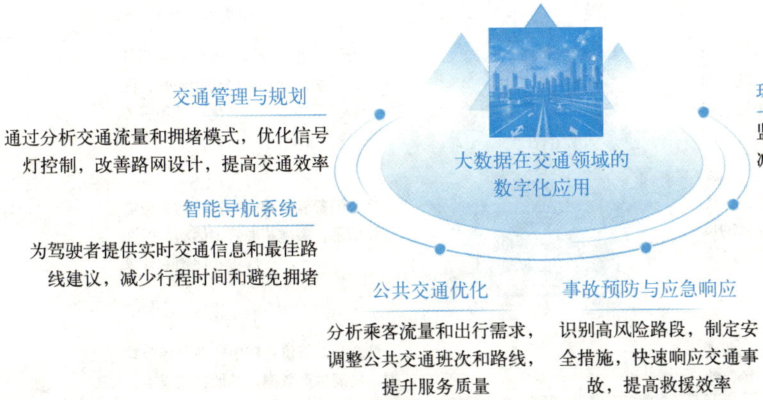

图3-5 大数据在交通领域的数字化应用

在教育领域的数字化应用主要集中在个性化学习、教学改进、课程设计、学习分析、资源优化、政策制定等方面。教育大数据的应用有助于提升教育质量，实现教育资源的高效利用，并促进教育公平。通过深入分析和应用教育数据，可以更好地满足学生的个性化学习需求，提高教育系统的透明度。

图3-6 大数据在教育领域的数字化应用

4. 电子商务领域

电商大数据是指在电子商务活动中产生的大量、多样、快速变化的数据集合，这些数据涵盖了消费者行为、交易记录、产品信息、市场趋势、用户反馈等多个方面。电商大数据的特点通常包括数据量大、多样性、实时性和价值密度低。随着移动互联网、物联网、云计算等新兴信息技术的发展，电商大数据已成为电子商务发展的重要驱动力和战略资源。如图3-7所示，大数据在电商领域的数字化应用主要集中在个性化推荐、库存管理、市场趋势分析、消费者行为分析、精准营销、风险管理、供应链优化等方面。

个性化推荐
利用大数据分析消费者的购买行为和偏好，提供个性化的产品推荐和营销策略，提升用户体验和转化率

库存管理
通过分析销售数据和市场趋势，优化库存水平，减少过剩或缺货的风险，提高供应链效率

市场趋势分析
利用大数据洞察市场趋势和消费者需求变化，为产品开发和市场策略提供决策支持

消费者行为分析
分析消费者的浏览、搜索和购买行为，了解消费者的需求和偏好，优化产品和服务

精准营销
整合消费者的地理位置、购买历史等信息，实施精准营销活动，提高广告和促销的效果

供应链优化
整合和分析供应链中的各个环节数据，提高生产效率，降低物流成本，实现供应链的透明化和智能化

图3-7　大数据在电商领域的数字化应用

二、大数据为数字化提供洞察力

1. 数据驱动的决策优化

大数据的核心价值在于它能够支持数据驱动的决策制定和优化过程，从而提高组织的运营效率和竞争力。这一过程始于从各种渠道收集海量的数据，包括社交媒体、传感器、在线交易等，到形成全面的数据视图。利用高级分析技术，如机器学习和人工智能，深入挖掘数据，帮助决策者理解复杂的业务环境和消费者行为。这些分析结果以直观的方式展现出来，比如图表和仪表板，决策者可以更容易地理解数据背后的含义，并据此做出更为明智的选择。此外，大数据还支持对决策的持续监控和评估，使组织能够快速响应市场变化和业务需求。通过数据的不断迭代和优化，决策制定过程变得更加精准和高效。总之，大数据为组织提供了一个强大的工具，使其能够在复杂多变的环境中做出更加科学和合理的决策。

2. 客户行为的深入理解

大数据通过收集和分析客户在各种接触点上的行为数据，能够揭示客户的购买习惯、偏好、兴趣和行为模式。这些数据可以来自网站点击流、社交媒体互动、交易记录、客户服务日志等多个渠道。随着数据量的增长和分析技术的进步，企业能够更深入地理解客户需求，预测未来行为，并据此提供个性化服务。例如，电商平台可以通过分析购物车放弃率、页面浏览时间和产品评价等数据，推断出潜在的购物障碍或产品问题。同时，通过跟踪用户的浏览历史和购买记录，可以发现个人喜好的商品类别或品牌，从而推荐相关商品，提升用户体验和销售转化率。在服务行业，大数据可以帮助企业识别客户对服务的反馈和满意度，从而调整服务流程，提高服务质量。在金融领域，大数据分析可以帮助银行识别信用卡欺诈行为，提前预警风险，同时根据客户的消费模式和信用历史，提供个性化的金融产品和服务。

3. 运营效率的显著提升

大数据在提升企业内部运营效率方面具有巨大潜力。通过收集和分析来自不同部门和流程的大量数据，企业能够获得对运营效率瓶颈和改进机会的深刻洞察。例如，生产领域的时间序列数据分析可以揭示设备故障模式和预测维护需求，从而减少停机时间并提高生产效率。在供应链管理中，大数据可以帮助企业实时跟踪库存水平、供应商表现和物流动态，优化库存控制和配送策略，减少库存积压和缺货情况。此外，通过分析销售数据和市场趋势，企业可以更准确地预测需求，实现更加精细化的生产和库存规划。对于营销和销售部门，大数据分析可以揭示客户行为模式，帮助企业设计更有效的营销策略，提高转化率和客户留存率。同时，通过对客户服务数据的分析，企业可以发现服务流程中的痛点，优化客户体验和服务响应时间。在人力资源管理方面，大数据可以用于分析员工绩效数据，识别培训和发展需求，以及预测员工流失风险，从而帮助企业制定更有效的人才管理策略。

三、大数据在数字化中的挑战与应对策略

1. 数据安全与隐私保护

大数据应用在带来巨大商业价值和社会效益的同时，也引发了数据安全与隐私保护的严峻挑战。随着数据量的激增和数据来源的多样化，如何确保数据不被未经授权地访问、篡改或泄露成为一个重要问题。此外，个人信息的收集和分析可能侵犯用户隐私，引发公众对信任和透明度的担忧。

为了解决这些问题，需要采取多层面的措施。首先，加强数据加密技术的应用，确保数据在存储和传输过程中的安全。其次，实施严格的访问控制和身份验证机制，确保只有授权人员才能访问敏感数据。此外，制定和遵守数据使用政策，明确数据收集、处理和分享的规则和限制。同时，加强对大数据分析的监管，确保企业和个人遵守相关的法律法规。这包括实施数据保护影响评估，以及对违规行为进行处罚。此外，提高公众对数据隐私权益的意识，让用户更加知情并能够控制自己的个人信息。

2. 数据质量与处理效率

首先，数据清洗是提升数据质量的重要步骤。通过自动化工具检测和纠正错误数据、去除重复记录、填补缺失值，确保数据的准确性和一致性。此外，实施数据治理策略，包括建立数据标准、监控数据质量，并持续维护数据的准确性和可靠性。其次，采用高效的数据存储和计算框架，如Hadoop和Spark，可以加快数据处理速度。这些框架支持分布式存储和计算，能够处理大规模数据集，同时提供容错能力，确保数据处理的稳定性。再者，利用数据湖的概念，集中存储来自不同来源的原始数据，允许各种分析工具直接在源数据上运行，这样可以减少数据移动和转换，提高处理效率。此外，使用高级分析技术和机器学习算法，如深度学习和自然语言处理，可以从复杂数据中提取更深层次的洞察，提高分析的效率和准确性。最后，优化数据分析流程，通过并行处理和增量更新等技术，减少分析时间，同时确保分析结果的时效性。

3. 技术与人才瓶颈

当前大数据发展面临的技术挑战主要包括数据量的急剧增长、数据类型的多样性、处

理速度的要求，面临的人才挑战主要是专业人才的短缺。应对这些挑战，需要采取一系列策略。

在技术层面，持续推进数据处理和存储技术的创新是关键。例如，开发更高效的分布式计算框架、采用云计算服务以提供弹性的资源分配、利用人工智能优化数据分析过程等。同时，为了处理多样化的数据类型，需要不断改进数据整合工具和算法，以便能够处理结构化数据和非结构化数据。

在人才培养方面，教育和培训机构应设计符合行业需求的课程，培养具备数据科学、机器学习和统计分析等技能的专业人才。同时，企业应该提供在职培训和职业发展机会，帮助员工提升大数据相关技能，并吸引更多人才加入大数据领域。

此外，企业和学术界应加强合作，共同开展大数据研究项目，推动技术创新和应用实践的交流。通过开放数据集和举办数据科学竞赛等方式，激发社会各界对大数据分析的兴趣。

》实践提升　提升大数据运用能力

（一）思考

1. 你今年打算更换一台新的电脑，请根据已有的大数据，分析在什么时候购买最划算？

2. 假设你即将开设一家新的餐饮店，你希望通过数据分析来确定哪些菜品将成为你的主销产品，请说明目前可用的数据集，并阐述你将根据数据从哪几个维度来得出结论。

3. 假如你上午要去机场接人，飞机11:00到达，请问你应该如何使用现有的大数据工具合理规划路径和时间。

4. 你最近正打算学习大数据分析与预测技术，请利用现有大数据工具选取可用的学习资源，并根据这些资源制定适合于自己的学习计划。

（二）实践

1. 识别和分析大数据背景下的消费陷阱

在大数据时代，企业和商家通过收集和分析消费者数据来制定营销策略。然而，这种做法有时会导致不公平的商业行为，如"大数据杀熟"、误导性广告等。你的任务是识别这些消费陷阱，并分析它们如何影响消费者的决策。

2. 任务要求

（1）研究和识别：通过网络搜索、阅读新闻报道和消费者论坛，收集关于大数据杀熟、个性化广告误导、价格波动、隐藏费用、虚假折扣和促销等消费陷阱的案例。

（2）案例分析：选择一个或几个具体的案例进行深入分析。探讨商家是如何利用大数据来实施这些策略的，以及它们对消费者选择和购买行为的影响。

（3）策略制定：基于你的分析，提出一些策略或建议，帮助消费者识别和避免这些消费陷阱。讨论作为消费者，如何通过提高数据素养和使用工具来保护自己的隐私和权益。

（4）分享与讨论：准备一个简短的口头报告，分享你的发现和分析结果。在班级或小组讨论中，与同学交流你的观点和建议，共同探讨如何建立更加公平和透明的消费环境。

实施提示

（1）信息筛选：搜集案例时可能会面对海量信息，须辨别其相关性和可靠性。

（2）分析影响：思考这个案例是如何利用大数据误导消费者的，以及对消费者选择产生的影响。

（3）提出对策：给出几点建议，帮助消费者识别并避免类似的消费陷阱，保护自己的权益。

常见问题

（1）信息过载：在搜集案例时，可能会遇到大量信息，难以筛选出最相关和可靠的案例。

（2）分析难度：对于大数据的概念和技术细节不熟悉，可能导致分析案例时难以深入理解商家的策略和消费者的影响。

（3）策略实施：提出的对策可能在实际操作中难以执行，或者效果不如预期，需要进一步调整和完善。

学习评价

学习环节	内容	自评分	组评分	教师评分
知识学习	大数据的产生与发展、特征与处理流程、与数字化的关系			
案例分享	亚马逊的"信息公司"			
学习探索	大数据在数字化转型中的应用与挑战			
实践提升	提升大数据运用能力			
学习收获				
学习反思				

拓展阅读　Netflix大数据的成功秘诀

在数字化的浪潮中，大数据已经崛起为推动社会进步和商业创新的重要驱动力。纵观美国在线影片租赁提供商Netflix（中文称奈飞、网飞）的发展历程，便是应用大数据变革力量的一个精彩案例。Netflix从一个简单的DVD租赁服务商，蜕变成为全球流媒体服务的领军者，其背后，大数据技术扮演了至关重要的角色。

个性化推荐系统是Netflix成功的关键。Netflix通过深入分析用户的观看历史、评分和搜索行为，为用户精准推荐他们可能感兴趣的内容。想象一下，当一位用户在周末寻找浪漫喜剧来放松心情时，Netflix已经准备好了一系列精心挑选的影片，这样的个性化体验极大提升了用户的满意度和平台的黏性。

Netflix原创内容的成功，同样离不开大数据的支持。通过大数据对观众偏好的洞察，Netflix制作出了符合市场需求的高质量剧集和电影。例如，《纸牌屋》的轰动效应，正是Netflix运用大数据分析进行内容创作的成功例证，它不仅赢得了观众的心，还在艾美奖上获得了多项提名。

随着全球化战略的不断推进，Netflix正将其服务扩展至全球每一个角落。Netflix不仅提供本地化内容，更通过大数据跨越文化差异，洞察不同文化背景下用户的观影习惯，如《名校风暴》和《王国》的国际成功，展示了Netflix如何利用大数据为全球用户提供定制化的内容服务。

展望未来，Netflix将持续利用大数据进行技术创新和内容创新，不断优化推荐算法，开发互动式内容，致力于为用户提供更丰富多元的娱乐体验。

第二节　机器学习——数字化的智能大脑

案例导读

OpenAI发布更大的GPT-2

2019年8月21日，OpenAI公开发布了大规模的含有774M参数的预训练模型，发布了一份针对这个大小的模型的技术报告，也公布了一些合作进展。

由于OpenAI认为这个模型的文本生成能力太强，所以他们做了一件与学术惯例不同的事情：当今的NLP研究人员们公开新模型的时候，除了开源模型的代码（可以制作一个空白模型），还会同步公开一个预训练模型，可以直接用在任务中或者为别的任务做进一步的微调；OpenAI训练了多个不同大小的模型，最大的模型含有1558M个参数，但OpenAI只公布了最小的、含有124M个参数的预训练模型，因为他们声称更大、文本生成能力更强的模型"有遭到恶意滥用的风险"。

OpenAI的语言模型GPT-2一经面世就引发了社会各界的强烈讨论，讨论的内容包括：这项研究的正面价值大吗、人类水准的虚假文本会带来怎样的社会影响、AI热潮以及OpenAI未来的科研目标到底如何，甚至还有人质疑OpenAI此举是夸张炒作。

（资料来源：雷锋网，2019年8月26日）

知识学习

一、机器学习理论基础

1. 机器学习的定义

机器学习是人工智能的一个关键分支，它通过算法使计算机系统能够从数据中学习，并自动提高性能。不同于传统编程，机器学习不依靠明确的指令，而是让机器自己识别数据中的模式和规律。这些学到的模式被用来做出决策或预测未来的事件。机器学习的方法包括监督学习、无监督学习和强化学习等。它在数据分析、自然语言处理和图像识别等领域都有广泛的应用，是现代科技创新的强大推动力。随着技术的进步和数据量的增加，机器学习的能力将继续增强，对各行各业的影响也将持续扩大。

2. 机器学习分类

（1）监督学习（supervised learning） 在监督学习中，算法通过训练数据集进行学习，每个训练样本都有一个明确的标签或结果。算法的目标是学习输入与输出之间的关系，以便在给定新的输入时能够预测正确的输出。监督学习的常见应用包括分类（如垃圾邮件过滤）和回归（如房价预测）。

（2）无监督学习（unsupervised learning） 与监督学习不同，无监督学习的训练数据集没有标签或结果。算法的目标是发现数据中的隐藏结构或模式。常见的无监督学习技术包括聚类（如客户细分）和降维（如主成分分析）。

（3）强化学习（reinforcement learning） 强化学习是一种通过与环境互动来学习的方法。在这种情况下，算法（或智能体）采取行动并根据观察到的奖励或惩罚来调整其行为。强化学习的目标是找到一种策略，使得智能体在长期内获得的累积奖励最大化。强化学习的典型应用包括游戏（如Alpha Go）和机器人控制。

二、机器学习基本原理

1. 数据预处理

数据预处理是机器学习和数据分析中的关键步骤，它包括数据清洗、特征提取等过程，目的是提高数据质量，构建有效的分析或预测模型。数据清洗涉及删除重复记录、处理缺失值、纠正错误和异常值。这一步骤确保了数据的一致性和准确性，对后续分析至关重要。特征提取则是选择、修改或创造能够更好代表数据特性的变量。这可能包括对原始数据进行变换、编码或降维，以减少噪声影响，增强模型识别模式的能力。这些预处理步骤为模型训练提供了干净、准确的输入数据，从而提高了模型的性能和结果的可靠性。

2. 模型训练与优化

模型训练是指使用训练数据来调整机器学习模型的参数，使其能够学习到数据中的规律和模式。在监督学习中，这通常涉及到最小化损失函数，即预测值与实际值之间的差距。优化方法如梯度下降，通过计算损失函数关于模型参数的导数（梯度），并按照负梯度方向更新参数，逐步降低损失函数的值。除了传统的批量梯度下降，还有随机梯度下降（SGD）和小批量梯度下降（mini-batch GD），它们在处理大规模数据集时更为高效。此外，还有高级优化算法如Adam、RMSprop等，它们通过自适应学习率和动量概念，加速收敛过程，提高模型训练的效率和效果。

3. 模型评估与选择

模型评估指标用于衡量机器学习模型的性能，常见指标有准确率、精确率、召回率、F1分数和混淆矩阵等，选择哪个指标取决于具体任务和业务目标。交叉验证是一种统计学方法，常用于模型策略选择和性能评估，它将数据集分成多个子集，其中每个子集都有机会作为测试集，而其余的子集则合并用作训练集。这个过程一直重复进行，直至每个子集都作为测试集使用过一次，以此来估计模型的泛化能力。在模型选择过程中，还需要考虑过拟合和欠拟合问题，可通过正则化、早停、数据增强等技术来平衡模型的复杂性和泛化能力，最终选择一个在验证集上表现良好且泛化能力强的模型。

三、机器学习发展趋势

M3-3
机器学习的关键算法

机器学习作为人工智能领域的核心技术，正在经历快速的发展。机器学习的未来将是自动化、智能化、隐私保护、可解释性和多模态集成的方向，这些都将推动技术向更广泛的应用领域拓展。

1. 深度学习

深度学习模型，特别是卷积神经网络（CNNs）和循环神经网络（RNNs），在图像识别、语音处理等领域取得了显著成就。随着计算能力的提升和算法的优化，这些模型将变得更加强大和高效。

2. 自动化机器学习（AutoML）

AutoML的出现极大地简化了机器学习的流程，它通过自动化选择最佳的数据处理方法、特征、模型架构和参数设置，让机器学习变得更加易于访问和使用。这种自动化技术不仅加快了模型开发的速度，还使得没有深厚数据科学背景的人也能够构建有效的机器学习模型。随着AutoML工具的不断改进，我们预计未来将有更多行业和领域的用户能够利用先进的机器学习技术来提升他们的工作效率和决策质量。

3. 强化学习

强化学习模拟了生物体通过与环境互动来学习的行为，这种机器学习方法已在棋类游戏、视频游戏和机器人控制中取得显著成就。其潜力远不止于此，随着核心理论的深入和算法技术的突破，强化学习正逐步扩展到更多实际领域。例如，在资源优化问题上，强化学习能够高效调配计算资源或能源使用。未来，我们可以期待强化学习在自动驾驶、智能制造、供应链管理等领域发挥更大作用，实现更智能、自适应的决策系统。

4. 边缘计算与机器学习的融合

边缘计算与机器学习的融合正成为智能系统发展的新趋势。通过在设备本地执行模型推理，边缘计算减少了数据传输需求，提高了响应速度，并增强了数据隐私保护。这种分布式处理方式非常适合需要即时分析和决策的应用，如自动化监控和物联网设备。随着轻量级机器学习模型和低功耗硬件的进步，边缘计算将使机器学习应用更加广泛和高效。

5. 可解释性和透明度

随着机器学习模型越来越多地参与到关键决策过程中，其可解释性和透明度变得至关重要。这促进了可解释AI领域的发展，该领域的研究旨在使复杂的算法和模型判断过程更加透明和易于理解。通过提高模型的可解释性，决策者能够更好地信任和审阅模型的决策依据，这对于遵守监管要求、提升用户信任以及发现潜在的偏差和错误至关重要。因此，可解释AI成为了机器学习研究和应用的重要方向之一。

6. 联邦学习和隐私保护

联邦学习作为一种创新的分布式学习方法，允许多个参与者共同训练一个模型，而无需共享各自的数据。这种技术在数据隐私法规日益严格的背景下显得尤为重要，因为它可以在保护用户隐私的同时，利用来自不同来源的数据增强模型的多样性和泛化能力。医疗、金融和移动设备等领域的应用场景尤为受益，因为在这些领域，数据往往敏感且分散，而联邦学习提供了一种安全协作的机器学习范式。

7. 多模态学习

多模态学习是一种综合多种数据类型，如文本、图像和声音，来提升分析和决策能力的机器学习方法。这种学习方式模仿人类处理信息的方式，能够更全面地理解复杂环境。通过结合不同模态的信息，多模态学习可以增强模型对情境的把握，提高预测的准确性和系统的交互能力。在自动化监控、情感分析和健康诊断等领域，多模态学习已经开始展现其强大的应用潜力。

> **案例分享**
>
> **智能驾驶　加速驶来**
>
> 2024（第十八届）北京国际汽车展览会（下称"北京国际车展"）吸引了众多汽车制造商和科技企业参展。智能驾驶成为车展上备受瞩目的元素。从没有驾驶舱的无人巴士到一体式飞行汽车，再到自动泊车、AI代驾等智能应用，越来越"聪明"的车正重新定义着人们的出行方式。
>
> 2024年北京国际车展上，除了新车型的发布，多家厂商都带来了自己的智能驾驶产品以及解决方案，被定义为汽车业下半场的智能化已经成为汽车企业竞相追逐的领域。
>
> 按照我国《汽车驾驶自动化分级》（GB/T 40429—2021）标准，汽车智能驾驶共有L0至L5六个级别，L3级是分界线，以下为辅助驾驶，以上为自动驾驶，L4意味着在绝大部分场景下，车辆可实现自动驾驶，只是在极端情况下需要人类干预；L5是在任何场景下，都可以实现自动驾驶，也就是真正意义上的无人驾驶。受制于技术和法律限制，无人驾驶或许还为时尚早，但智能驾驶时代无疑已经到来。
>
> 需要特别提醒的是，目前市面上销售的一些乘用车，有L2级智能辅助驾驶功能，但是这并不是自动驾驶，而只是辅助驾驶员驾驶、降低驾驶负担，并不能代替车主的双手，驾驶员依然是车辆的第一责任人。强调安全，正是为了让这一新兴行业健康稳步发展。我国的智能网联新能源汽车发展势头强劲，特别是依托完备的产业体系、持续的创新投入，已在市场竞争、开放合作中形成了领先优势。

> **学习探索**

一、机器学习在数字化中的应用

1. 机器学习与数字化的联系

机器学习与数字化发展之间存在紧密联系和相互促进的关系。机器学习作为人工智能的一个重要分支，在数字化转型的过程中扮演着关键角色。它不仅提高了业务效率，还为企业提供了新的增长点和竞争优势。随着技术的不断进步和应用的深入，机器学习将继续推动数字化发展成为未来经济增长的重要驱动力。

（1）机器学习使流程自动化　机器学习与流程自动化技术（如RPA）相结合，能够提高业务流程的效率和准确性。机器学习通过分析大量数据来预测和优化流程，而RPA则负责执行这些流程。

（2）机器学习能进行数据分析和预测　机器学习的核心能力之一是数据分析和预测。通过对历史数据的学习和模式识别，机器学习模型能够预测未来趋势和行为，这对于企业决策支持系统至关重要。

（3）机器学习能推动传统行业转型　随着云计算、大数据等技术的发展，机器学习正在帮助传统行业进行数字化转型。许多企业投入大量资金和资源，利用机器学习来提升服务质量、优化运营效率和创新产品。

（4）机器学习可推动数字经济增长　人工智能和机器学习被视为推动国家数字化经济发展的核心力量。它们不仅提升了核心产业的增加值，还促进了产业间的数字化转型，推动了数字技术与实体经济的深度融合。

2. 机器学习在数字化中的应用

随着机器学习技术的不断进步，其在数字化中的应用将更加广泛和深入，推动企业和社会的数字化转型向更高层次发展。机器学习在数字化转型中扮演着核心角色，它通过提供智能分析和自动化决策支持，帮助企业提高效率、创新服务并增强用户体验。

（1）客户关系管理（CRM）　机器学习能够分析客户数据，预测客户行为，帮助企业提供个性化服务和产品推荐，提高客户满意度和忠诚度。

（2）供应链优化　通过预测分析市场需求和供应链风险，机器学习可以优化库存管理和物流规划，降低成本并提高响应速度。

（3）智能制造　机器学习在生产线上的应用包括质量控制、故障预测和维护计划，这些都有助于提高生产效率和产品质量。

（4）营销自动化　机器学习可以帮助企业分析大量的营销数据，识别最有效的广告渠道和内容，从而提高营销活动的投资回报率（ROI）。

（5）风险管理　在金融服务领域，机器学习用于信用评分、欺诈检测和市场风险分析，帮助企业降低风险并遵守法规要求。

（6）决策支持　机器学习技术可以处理和分析大规模的数据集，为企业提供深入的洞察，支持数据驱动的决策制定。

（7）安全监控　在网络安全领域，机器学习可以识别异常行为和潜在威胁，实时保护企业免受攻击。

（8）健康医疗　在健康医疗领域，机器学习可以帮助分析患者数据，提供个性化治疗方案，并预测疾病风险。

二、机器学习面临的挑战及解决方案

机器学习作为人工智能的核心技术，在推动各行各业数字化进程中发挥了巨大作用。然而，在实际应用中，机器学习也面临着多种挑战，面对机器学习的挑战，我们需要从技术创新、数据管理、伦理法规，以及人才培养等多个方面入手，采取综合性的解决策略，以确保机器学习技术的可持续发展和良性应用。

1. 数据隐私和安全

数据隐私保护在机器学习领域日益受到重视。应对数据泄露和隐私侵犯的风险，业界正在采取多种措施：应用差分隐私技术可防止从聚合数据中追溯到个体信息；加强数据加密可确保数据在传输和存储过程中的安全；此外，制定严格的数据管理政策和合规性要求，如 GDPR 和 CCPA，也有助于提升用户信任并避免法律风险。综合这些策略可以有效提高整个数据处理流程的隐私保护水平。

2. 数据质量和标注问题

高质量的训练数据是机器学习模型性能优良的关键决定因素。为了解决数据标注的挑战，可以采取多种策略：一是加大人力和资源投入，通过专家进行精确的数据标注；二是利用半监督学习和弱监督学习技术，这些方法可以利用未标注或部分标注的数据，通过模型的预测来辅助标签的生成，从而降低对大量手工标注数据的依赖。此外，还可以采用数据增强、迁移学习等技术提高数据的利用率，进一步提升模型的泛化能力和准确率。

3. 模型泛化能力

模型过拟合是一个常见问题，它会影响模型在新数据集上的泛化能力。为了解决过拟合，常用的方法包括应用正则化技术如 L1 和 L2 正则化，它们通过添加偏差项来防止模型复杂度过高；交叉验证则用于合理划分训练集和验证集，确保模型评估的可靠性；集成学习方法如随机森林和 boosting 可以结合多个模型的预测结果，减少对单一模型的依赖，提高泛化能力。

4. 算法偏见

机器学习模型可能会从数据中学习并放大现有的偏见，影响其公平性和可靠性。解决这一问题需要从数据入手，确保训练数据的多样性和代表性，避免某一类群体的样本不足或过重。同时，应用公平性算法框架来监控模型对不同群体的影响，并采用可解释 AI 工具来理解模型的决策过程，从而识别和纠正潜在的偏差。这样不仅促进了模型的公正性，也增强了用户对机器学习系统的信任。

5. 计算资源消耗

深度学习模型通常对计算资源的需求很高，这可能限制了它们的部署与扩展。为了降低这种需求，研究者和工程师们转向使用轻量级模型，这些模型旨在减少参数数量和计算复杂度，同时保持性能。此外，模型压缩技术如模型剪枝、量化和知识蒸馏能够进一步优化模型的效能；剪枝通过移除不必要的参数来精简模型结构；量化降低数值表示的精度以减少存储和计算负荷；知识蒸馏则将复杂模型的知识迁移至更简单的模型中，以减少整体的资源消耗。这些方法共同使得机器学习模型更加节能且易于部署。

6. 模型的可解释性

注意力机制是一种深度学习技术，旨在模仿人类视觉系统在观察场景时的行为。提高深度学习模型的可解释性是当前研究的热点，可视化工具、注意力机制和可解释AI框架等方法可提升模型的透明度。使用可视化工具，如特征映射图，可直观地看到数据在各层网络中的表现形式和激活情况。注意力机制能让模型集中关注对决策重要的输入部分，向我们提供一种直观的解释方式。可解释AI框架，比如LIME或SHAP，可以提供模型预测的具体解释，通过这些工具我们可以了解模型对于特定输入做出特定输出的原因，提升模型透明度，有助于用户理解和信任机器学习模型的决策过程。

7. 法律和伦理问题

AI的广泛应用带来了诸多法律和伦理挑战，如隐私泄露、算法偏见和责任归属等问题。应对这些问题的核心在于构建一个全面的AI治理框架，制定明确的伦理指导原则，并确保这些原则在AI系统的开发、部署和使用过程中得到遵守。这包括确立数据使用标准、透明度要求、公平性评估和持续监督机制。同时，需要跨学科合作，让技术开发者、法律专家、伦理学家和政策制定者共同参与到AI伦理规范的建立与实施中来。通过这种方式，我们可以确保AI技术在促进社会进步的同时，也能够维护公众利益，遵循道德准则。

8. 人才缺口

机器学习专家的短缺是制约该领域发展的一大挑战。为了解决这一问题，需要加大对STEM（科学、技术、工程和数学）教育的投入，鼓励更多学生参与AI和数据科学的学习。同时，通过提供在线课程、专业认证和继续教育项目，可以为在职人员提供转型和升级技能的机会。此外，企业和高等教育机构的合作对于培养满足行业需求的机器学习专家至关重要。通过这些途径，可以逐步扩大专业人才库，缓解当前的人才缺口问题。

》实践提升　识别机器学习场景

（一）思考

1. 如何理解机器学习为数字化提供内驱力？
2. 结合自身经历谈谈机器学习的常用技术工具有哪些？

（二）实践

扫描二维码学习"机器学习在实际生活中的应用"，深入认识机器学习对生活的影响。

M3-4
机器学习在实际生活中的应用

〈 学习评价

学习环节	内容	自评分	组评分	教师评分
知识学习	机器学习的理论基础、基本原理及发展趋势			
案例分享	智能驾驶　加速驶来			

学习探索	机器学习在数字化转型中的应用、挑战及解决方案			
实践提升	识别机器学习场景			

学习收获

学习反思

 拓展阅读　

机器学习发展进程

机器学习作为一门科学学科，其发展历史可以追溯到20世纪中叶，随着计算机科学的兴起，人们开始探索如何让机器模拟人类的学习过程。以下是机器学习发展的大致历程：

1. 早期探索（1940—1950年）

在这段时期，关于机器学习的研究主要集中在神经网络和人工智能的早期尝试上。1943年，沃伦·麦卡洛克和沃尔特·皮茨提出了一种基于数学和算法的神经网络模型，这可以看作是机器学习早期的原型。

2. 学习理论的创立（20世纪60年代）

在这一时期，机器学习开始作为一种独立的研究领域出现。20世纪60年代，弗兰克·罗森布拉特发明了感知器模型，这是一种能够进行简单模式识别的线性分类器。同时，弗兰克·罗森布拉特还提出了误差梯度下降等基本概念。

3. 知识表示与专家系统（1970—1980年）

在这个时期，研究的重点转向了如何用逻辑和规则来表示知识，以及如何构建基于这些知识的专家系统。这些系统虽然在医学诊断、化学分析等领域取得了一定的成功，但它们难以处理不确定性和广泛的知识，且"知识获取瓶颈"问题限制了它们的广泛应用。

4. 从符号主义到连接主义（20世纪80年代）

随着计算能力的提升和数据获取能力的增强，机器学习开始从基于符号的推理转向基于数据的学习方法。这一时期，决策树、最近邻算法、支持向量机等算法相继被提出。

5. 机器学习的黄金时代（1990—2000年）

进入20世纪90年代，以深度学习为代表的连接主义方法开始盛行。反向传播算法成为训练深层神经网络的标准方法，而各种机器学习算法如随机森林、集成学习也开始广泛应用于实际问题。

6. 大数据与深度学习（2000年至今）

随着互联网和移动设备的普及，大量的数据被生成和存储，为机器学习提供了前所未有的训练资源。深度学习特别是卷积神经网络和循环神经网络在图像识别、语音识别等领域取得了突破性进展。

7. 未来展望

目前，机器学习正处在一个快速发展的阶段，它不仅在计算机视觉、自然语言处理等传统领域取得进步，也在医疗诊断、自动驾驶、金融分析等新领域展现出巨大潜力。同时，随着可解释性、隐私保护等议题的兴起，机器学习的发展也面临着新的挑战。

机器学习的发展经历了从早期探索到专家系统的兴起，再到连接主义的复兴，最终达到今天深度学习的繁荣。在这个过程中，技术的进步、数据的积累和跨学科的合作推动了机器学习不断前进，同时也为我们带来了许多社会、伦理和法律方面的挑战。

第三节 机器人——数字化流程自动化作业者

案例导读

小米集团的RPA应用场景

在数字化转型的浪潮中，小米集团作为一家全球知名的科技公司，积极拥抱新技术，将RPA作为提升业务效率和数据处理能力的重要工具。小米集团在多个业务部门面临着大量的数据处理和系统间的数据迁移工作，这些工作不仅耗时，而且容易出错，影响了工作效率和准确性。为了解决这一问题，小米决定引入RPA技术。

在财务部门，小米利用RPA技术自动处理发票和收据，提高了财务报销的效率。以前，员工需要手动填写报销单，并提交各种票据，财务部门也需要人工审核这些单据。现在，通过RPA机器人，员工只需上传发票和收据的扫描件，RPA机器人就可

> 以自动识别、分类并录入系统，大大减少了人工操作的时间和错误率。
>
> 在销售部门，小米利用RPA技术自动管理库存和订单。以前，销售团队需要定期手动检查库存数量，并根据销售情况手动调整订单。现在，通过RPA机器人，系统可以自动监测库存水平，并根据预设的规则自动调整订单数量，确保了库存的准确性和订单的及时性。
>
> 此外，小米还利用RPA技术优化了售后服务流程。以前，客户反馈的问题需要经过多个部门的手工处理和转交，导致处理周期较长。现在，通过RPA机器人，系统可以自动接收客户的反馈，并根据问题类型自动转发到相应的部门，加快了问题处理的速度，提升了客户满意度。
>
> 通过这些RPA应用案例，小米集团不仅提高了工作效率，还降低了成本，并提高了服务质量。未来，小米还计划继续扩大RPA技术的应用范围，进一步优化业务流程，提升整体竞争力。

知识学习

一、机器人技术基础

1. 机器人的定义与分类

机器人一般被定义为可以执行复杂任务的自动化机械装置，它能够根据预设程序或通过人工智能技术自主地进行操作。机器人的类型多种多样，按照应用领域和功能来分，主要包括工业机器人、服务机器人、医疗机器人、军事机器人等；按照结构形式来分，有固定式、移动式、飞行式等类型；按照控制方式来分，有点位控制、轨迹控制等多种类型。根据分类不同，各类机器人都有其自身的特点。例如，工业机器人通常具有高精度、高速度、高负载等特点，主要用于完成重复性、危险性或精密性的工业生产任务；服务机器人则更注重人机交互能力和服务能力，如清洁机器人、送餐机器人等。

2. 机器人关键技术

机器人关键技术主要包括运动控制、感知与决策等方面。

（1）运动控制技术　这是机器人技术的基础，涉及机器人的运动规划和执行。它包括基于关节空间的轨迹规划、基于笛卡尔空间的轨迹规划、基于传感器的自适应控制等。精确的运动控制能使机器人准确执行任务，如精密装配、微创手术等。

（2）感知技术　机器人通过传感器获取环境信息，并进行数据处理和理解，这是机器人进行智能决策的基础。常见的感知技术包括视觉传感技术、力觉传感技术、触觉传感技术等。

（3）决策技术　机器人需要根据环境和任务进行自主决策，这需要依赖于人工智能技术，如机器学习、深度学习等。决策技术使机器人能够自主规划和执行任务，提高其自主性和灵活性。

二、机器人流程自动化（RPA）

1. RPA的定义与特点

机器人流程自动化（robotic process automation，RPA）是一种技术，通过配置软件机器人来模拟人类在计算机上执行重复性任务的行为。RPA可以自动执行跨多个应用程序的业务流程，如数据输入、表格填写、文件处理等。以下是RPA的一些主要特点：

（1）高效性　RPA能够快速、准确地完成大量重复性任务，提高工作效率，减少人为错误。

（2）灵活性　RPA可以适应各种业务流程和应用程序，支持多种操作系统和平台，易于集成和扩展。

（3）可编程性　RPA提供了可视化的编程界面，用户可以通过拖拽、点击等操作轻松创建自动化流程，无需专业的编程技能。

（4）成本效益　RPA可以帮助企业节省人力成本，提高投资回报率。同时，RPA的实施周期较短，可以快速实现业务价值。

（5）可靠性　RPA可以在无人值守的情况下长时间运行，确保业务流程的连续性和稳定性。

（6）安全性　RPA具有良好的安全性能，可以确保数据的安全性和隐私性。

2. RPA平台组成及工作原理

RPA平台的组成主要包括三个核心组件：设计器、执行器和控制器。设计器用于创建自动化流程，执行器用于执行这些流程，而控制器则用于监控和管理所有机器人的工作。其工作原理方面：首先设计人员会在设计器中通过图形化界面定义和编写自动化任务流程，无需编写代码；然后执行器会运行这些自动化任务，模拟人类用户的操作行为，如点击、输入、读取等。最后，控制器会对所有的执行器进行监控和管理，包括分配任务、调度执行器、生成日志等。在实际应用中，RPA平台可以根据业务需求灵活调整这三个组件的数量和配置。例如，对于需要大量并发处理的任务，可以增加执行器的数量以提高处理能力；对于复杂的业务流程，可以增加设计器的数量以加快流程设计和优化的速度。

三、机器人应用场景

1. 工业领域

工业机器人是现代制造业的核心，它们在汽车制造、电子组装、包装和分拣等环节发挥着关键作用。例如，在汽车制造中，焊接、涂装、装配等工序普遍采用自动化机器人来完成，这些机器人能够连续工作且精度高，提高了生产效率并保证了产品质量。此外，在半导体生产领域，由于要求极高的精密度和无尘环境，机器人成为了不可或缺的设备，用于芯片的拾取、放置和检测等操作。

2. 医疗领域

在医疗领域，机器人技术的应用正在革新传统的医疗实践，尤其在手术室内，手术机器人成为了医生的得力助手。达·芬奇手术系统是这一领域的佼佼者，它由控制台、视觉系统和机械臂组成，能够将医生的手动操作转化为机器臂的精准动作。这种高科技设备不仅放大了医生的操作能力，还通过3D高清视野提供了前所未有的清晰视图，使外科手术更加精确和安全。

此外，放射治疗机器人为癌症患者提供定制化的治疗计划，精确投放辐射剂量，最大限度地破坏肿瘤细胞同时保护周围健康组织。药物配送机器人则确保患者在正确的时间接受正确的药物，优化药物管理流程。而在康复领域，康复机器人可以根据患者的具体需求提供个性化的训练方案，助力患者恢复运动功能。

3. 服务领域

服务机器人正逐渐成为日常生活的一部分。在餐饮业，送餐机器人能够在餐厅内自动运送食物到顾客手中，或在医院提供药品和物资配送服务，降低了人力成本并提升了服务效率。物流仓储领域，机器人也用于货物的搬运、分拣和打包作业，极大提高了处理速度和准确性。

4. 家庭日常

随着科技的进步，家庭服务机器人逐渐走入我们的日常生活，成为家庭不可或缺的一部分。清洁机器人如吸尘机器人可以自主完成地板清洁工作，窗户清洁机器人则能够轻松擦洗窗户，这些机器人大大减轻了家庭成员的家务负担。烹饪机器人的出现也正在改变我们的厨房生活，它们可以根据预设的菜谱自动完成食物的准备和烹饪过程，简化烹饪流程，让美食制作变得更加便捷。

在公共场所，机器人同样扮演着重要角色。安防巡逻机器人能够在商场、车站等人流密集的区域进行自主巡逻，及时发现并上报安全隐患。引导机器人则在博物馆、医院等场所为访客提供信息咨询和路径指引服务，提升公共服务的效率和体验。

M3-5
机器人的控制算法与物理结构

案例分享

ABB新一轮AI战略发布

2024年初，阿西布朗勃法瑞（ABB）公司收购了瑞士初创公司Sevensense，以扩大在新一代人工智能自主移动机器人领域的领导地位；收购研发工程公司Meshmind的大部分股份，以扩大在人工智能、工业物联网和机器视觉领域的研发能力。

> ABB机器人与离散自动化事业部总裁安世铭表示，"ABB在人工智能领域积累了深厚经验。2014年以来，我们通过AI赋能的自动化和电气化解决方案持续为客户创造价值。生成式AI的快速发展，引发了新一轮的行业变革与产业跃升。机器变得更智能、更强大、更易用，降低了各种规模企业应用自动化的门槛，同时也满足了用户在劳动力短缺和不确定环境下对更高柔性与智能化的需求。ABB将与客户、合作伙伴和教育界密切合作，推动人工智能创新发展，共建美好繁荣未来。"
>
> ABB机器人业务中国区总裁韩晨表示，"中国是全球最大的机器人市场，也是全球人工智能领域的领军者之一。我们积极拥抱人工智能的新时代，加快创新速度，将人工智能与机器人技术深度结合，用更高自主化水平的新一代智能机器人解决方案，为国内汽车、3C行业、教育等重点领域以及医疗、零售、新能源等新兴领域的客户创造更大价值。"
>
> （资料来源：《中国机器人网》，2024年2月29日）

学习探索

一、RPA在数字化转型中的角色

在数字化转型的浪潮中，RPA技术发挥着至关重要的作用。数字化转型旨在通过引入新技术和流程来改善业务运作，提高效率，并创造新的价值提供方式。

1. 提高效率和生产力

RPA通过自动化那些重复、基于规则的任务，比如数据录入、报表生成等，极大地提高了工作效率。这使得员工可以将精力转移到更需要人类直觉和创造力的工作上，如客户服务优化、战略规划等，从而推动整体生产力的提升。

2. 降低成本和错误率

自动化工具通过精确执行预设任务，显著降低了人为错误，确保了数据处理的高精度。这种机器对细节的严格把控，不仅提高了工作品质，还减轻了对大量手动工作人员的依赖，进而有效减少了企业的人力成本。简而言之，自动化提升了操作效率，同时为企业经济效益带来正面影响。

3. 增强业务敏捷性

RPA赋予企业敏捷性，使之能迅速反映市场动态和客户需求。利用软件机器人的快速重配置能力，企业可灵活调整业务流程，以适应新的商业挑战。这种弹性增强了企业在不断变化的商业环境中维持竞争力的能力。

4. 促进客户体验

RPA通过无缝执行业务流程，确保了服务的持续和一致性，加快了服务响应时间。其结果是服务质量的显著提升，满足客户对快速和准确服务的期待，从而增强客户满意度和忠诚度。

5. 支持数据分析与决策制定

RPA通过自动化数据收集和分析，为企业提供准确、实时的信息，支撑基于数据的决策制定。这增强了数据驱动的业务洞察能力，是数字化转型至关重要的一环。

6. 促进现有系统的整合

RPA作为一种灵活的自动化解决方案，能够和谐地桥接老旧系统与现代数字环境。它无需大规模改变现有IT结构，就能实现技术升级和系统整合，为企业提供一个渐进式、风险较低的数字化转型路径。

7. 加强合规性和安全性

自动化流程确保了业务活动的一致性和合规性，有助于企业达到法规要求。此外，RPA工具的审计跟踪功能强化了操作的透明度，增强了数据安全性，为企业提供了额外的保护层。

RPA不仅是数字化转型的技术支撑，更是推动企业向更高效、现代化运营模式转变的动力。通过将重复性高、价值低的工作自动化，企业可以专注于更具战略意义的任务，从而在激烈的市场竞争中保持领先。

二、机器人面临的挑战及解决方案

1. 技术与性能挑战

① 挑战：机器人在感知、决策和行动方面面临局限性，尤其在未知或复杂环境中表现明显。

② 解决方案：通过集成更先进的传感器、采用深度学习和强化学习等机器学习方法来提升其智能化水平。同时，边缘计算和云计算的结合能够为机器人提供更强的数据处理能力。

2. 经济成本挑战

① 挑战：高级机器人系统的成本依然高昂，限制了它们的广泛采用。

② 解决方案：进行设计优化以降低材料和生产成本，同时量产化生产可以降低单个单位的成本。开源硬件和软件平台也有助于降低研发成本。

3. 安全与可靠性挑战

① 挑战：必须确保机器人在各种条件下都能可靠地工作，且不会对人类造成伤害。

② 解决方案：开发先进的安全算法和冗余系统，比如自适应安全围栏、碰撞预防系统等。此外，严格的测试和认证流程也是确保安全性的重要环节。

4. 社会接受度与就业挑战

① 挑战：机器人替代人力可能导致失业和社会动荡。

② 解决方案：政府和社会应制定包容性增长政策，如再教育和培训计划，协助劳动力转型。同时，发掘机器人创造的新就业机会，缓解对传统岗位的冲击。

5. 伦理与法律挑战

① 挑战：随着机器人的普及，如何确保它们的道德使用并处理涉及机器人的法律责任问题成为挑战。

② 解决方案：制定明确的法律框架和指导原则，规定机器人的设计、测试、部署和监督标准。同时，开展多学科伦理研究，确保技术进步与社会道德规范相一致。

6. 人机交互挑战

① 挑战：机器人需要更加自然和高效的方式与人类交流和协作。

② 解决方案：改进人机界面，如使用自然语言处理（NLP）提高机器人理解和沟通的能力。开发先进的协作机器人（cobots），它们能安全地与人类在同一个工作环境中并肩作业。

7. 数据隐私与安全挑战

① 挑战：随着机器人收集和处理的数据量增加，数据隐私和安全问题变得更加突出。

② 解决方案：实施严格的数据保护措施，如加密通信、安全存储和访问控制。同时，制定相关法规，保障个人和企业数据的安全。

虽然机器人技术面临诸多挑战，但通过不断的技术创新、政策支持、教育培训以及社会伦理的深入讨论，我们可以逐步解决这些问题，使机器人技术更好地服务于社会和经济的发展。

》实践提升　识别机器人常用技术工具

（一）思考

1. 结合自身经历谈谈机器人的常用技术工具有哪些？
2. 简要谈谈机器未来的发展及挑战，我们应如何应对？

（二）实践

扫码学习"机器人的特征"，深入认识机器人对生活的影响和帮助。

M3-6
机器人的特征

学习评价

学习环节	内容	自评分	组评分	教师评分
知识学习	机器人技术基础、机器人自动化流程等			
案例分享	ABB新一轮AI战略发布			
学习探索	机器人在数字化转型中的角色、面临的挑战及解决方案			
实践提升	识别机器人常用技术工具			
学习收获				
学习反思				

拓展阅读：机器人的产生与发展

机器人的产生与发展可以追溯到20世纪初。最早的机器人是一些简单的自动化装置，用于执行重复性、危险或繁琐的任务。1928年，英国第一个机器人Eric问世。Eric是由工程师和一位一战老兵共同创造的，它由两个人操作，可以移动头部和手臂，并通过无线电信号进行通话。它的动作由一系列齿轮、绳索和滑轮控制，据报道，机器人能从嘴里喷出火花。

20世纪20年代，"robot"一词被引入，但直到美国科幻小说家艾萨克·阿西莫夫（Isaac Asimov）在1942年的短篇小说 *Runaround* 问世后，才出现了"robotics"这个词。20世纪中叶，计算机技术的兴起为机器人的智能化提供了基础。计算机的运算能力和存储容量不断提升，使得机器人能够处理更加复杂的任务和数据。20世纪50年代还出现了第一个工业机器人——Unimate。Unimate的专利是由George Devol在1954年提出的，它的特点是一个机械手臂能够运送压铸件并将其焊接到位。

20世纪90年代初，机器人进入手术室，使用Cyberknife：一种可以手术治疗肿瘤的放射手术系统。Cyberknife由斯坦福大学神经学教授John R. Adler开发，是一种非侵入性的手术工具，可以跟踪和瞄准肿瘤，聚焦辐射束较窄。1996年，Sojourner成为第一个被送往火星的火星车。这个小型的轻型机器人由探路者号带到火星，并于1997年7月成功着陆火星表面。

随着感知技术、理解技术、推理技术和学习技术的不断进步，机器人的功能和应用领域也在不断扩展。现在的机器人不仅能够感知和理解周围环境,还能够进行推理和学习,具备更加复杂的任务执行能力。

2017年,索菲娅成为第一个获得国家公民身份的机器人——这个由Hanson Robotics公司开发的Android机器人于2017年10月获得沙特阿拉伯公民身份。在接下来的一个月里,她成为了第一位非人类女性担任的联合国开发计划署创新大使。索菲娅的人工智能是基于云的,她能够深度学习,可以识别和复制各种各样的人类面部表情。

未来,随着技术的不断发展,机器人将在工业制造领域、医疗保健领域、农业领域、教育领域等各个领域发挥越来越重要的作用,机器人将继续成为人类社会的重要一员,为人类带来更多的便利和效益。

第四节 大模型——助力数字化向智能化发展

> **案例导读**
>
> ### AlphaGo对战世界围棋冠军
>
> 2016年3月9日至15日,在韩国首尔四季酒店,AlphaGo与围棋世界冠军、职业九段棋手李世石进行围棋人机大战,比赛一共进了五局,AlphaGo以4比1的总比分获胜。AlphaGO以其强大的计算能力获得了4局胜利,输掉的一局是因其自身算法上的失误,导致AlphaGo对李世石第78手"空挖"的判断出现了严重的失误,在无法找到更优解的情况下选择现场进行自我学习,从而让AlphaGo在比赛中从一名高手变成新手,输掉一局。
>
> "我不想让AlphaGo预测出我的棋步,它也没有料到我会挖这一步,我终于赢一局了"李世石在赛后回忆道,"AlphaGo认输时,我听到许多人在欢呼,人类感到无助与害怕,因为我们人类在人工智能面前不堪一击,但这场胜利代表着人类的尊严,人类还是能战胜机器,我们仍然保有优势。虽然在未来打败人工智能可能会愈发困难,不过赢下这一局,就够了,一次就足够了。我从没想到过这个结果,我居然赢了,难以置信。"
>
> AlphaGo利用深度学习技术,通过大规模的数据和强化学习算法来训练自己不断提高围棋水平。这种结合了深度学习和强化学习的方法使得AlphaGo能够在围棋领域取得非常出色的表现。AlphaGo通过其大模型原理不断学习,且不会感觉疲惫,学习能力惊人,从而在围棋领域创下如此战绩。
>
> 此战宣示着人类棋手的失败,同时却也是人类智慧的胜利。

知识学习

一、大模型技术概述

1. 大模型的定义

大模型，通常指的是在机器学习和深度学习领域中，具有大量参数和复杂网络结构的模型。这些模型通过在庞大的数据集上进行训练，能够学习到复杂的数据模式和关系，从而在各种任务中实现高级的预测、分类或生成能力。大模型往往需要大量的计算资源来训练，并且它们通常优于较小、较简单的模型，尤其是在处理高维数据、识别细微模式和关系时。随着技术的发展，大模型在自然语言处理、图像识别、语音识别等领域取得了显著的成就，推动了人工智能的快速进步。

2. 大模型技术架构与原理

大模型通常基于深度学习框架构建，其技术架构涉及多个层面。首先，它们以神经网络为基础，其中深度指的是网络层数较多，可以捕捉数据中复杂的抽象特征。这些网络大多采用多层次的非线性变换，包括卷积层、循环层、全连接层等，以及各种正则化和优化技术以提高性能。在训练过程中，大模型通过反向传播算法来调整网络参数，即权重和偏置项。这涉及损失函数的计算，它衡量模型输出与真实标签之间的差异，并通过链式法则将误差逐层向前传递更新参数。

随着Transformer架构的兴起，注意力机制成为关键技术之一。它允许模型在处理序列数据时动态地关注输入的不同部分，有效捕捉长距离依赖关系。Transformer及其变体（如BERT、GPT-3）已在自然语言处理领域取得显著成就。此外，为了处理巨大的模型和数据集，分布式训练和并行处理变得至关重要。数据并行、模型并行和流水线并行等策略允许跨多个GPU或TPU进行计算，加快训练速度。

大模型还可能包含特定的架构设计，如残差连接、深度可分离卷积和层次归一化等，这些都有助于提高模型的性能和泛化能力。预训练加微调的范式也是当代大模型的关键特点，它允许模型先在大型通用数据集上预训练，然后在具体任务上进行微调，极大提升了模型的适用性和效果。

3. 大模型技术特点

大模型的技术特点体现在其规模、结构、训练方式和计算需求上。

（1）大规模参数　大模型包含数以亿计的参数，使其能够捕捉细微的数据特征和复杂关系。这些参数通过大量数据的训练得以优化，提高模型在多种任务中的泛化能力。

（2）深层网络结构　为了建模复杂的非线性关系，大模型采用深层次的网络结构，可能包括深度卷积层、循环层、Transformer编码器-解码器架构等。

（3）高级训练策略　大模型的训练过程使用高级技术，如残差学习、批量归一化、注意力机制和预训练加微调策略，这些方法帮助改善梯度流动、加速收敛和提升模型性能。

（4）大数据训练集　它们依赖大型标注数据集进行训练，以便学习到丰富的数据表示。这通常涉及分布式数据处理和存储技术。

（5）密集计算资源　训练和推理大模型需要强大的计算资源，常常需要使用多个GPU或TPU并行运算，以及高效的分布式计算框架。

（6）迁移学习能力　大模型通常在通用任务上进行预训练，然后可以迁移到特定的下游任务，这种迁移学习策略使得它们在处理新类型数据时更为高效。

（7）优化算法　大模型的训练还依赖于高效的优化算法，如Adam、RMSprop等，这些算法有助于快速地收敛并找到最优参数。

二、大模型应用分类

1. 按数据类型和应用领域分

（1）自然语言处理（NLP）模型　如BERT、GPT系列，主要用于文本理解、机器翻译、文本生成等任务。

（2）计算机视觉（CV）模型　如ResNet、VGG，用于图像识别、目标检测等。

（3）语音识别模型　如深度神经网络（DNN）和卷积神经网络（CNN）结合的模型，用于语音到文本转换等。

（4）多模态模型　如跨领域模型，能同时处理文本、图像等多种数据类型。

2. 按训练方式分

（1）监督学习模型　大多数大模型都属于这一类，它们依赖于大量标注数据进行训练。

（2）无监督学习模型　例如自编码器，主要通过捕捉数据的潜在结构来进行训练。

（3）半监督和自监督学习模型　如BERT预训练模型，利用部分标注数据和大量未标注数据进行训练。

3. 按架构设计分

（1）卷积神经网络（CNN）　在图像处理方面非常有效。

（2）循环神经网络（RNN）和其变体LSTM、GRU　特别适用于序列数据处理。

（3）Transformer架构及其变体　具有自注意力机制，广泛应用于NLP领域。

（4）强化学习模型　如深度Q网络（DQN），用于游戏和机器人控制等。

4. 按规模分

（1）小型模型　参数数量较少，适用于资源有限的环境。

（2）中型模型　参数数量适中，平衡了性能和资源消耗。

（3）大型模型　参数众多，通常需要大量的计算资源，但能够处理更复杂的任务，并提供更好的性能。

这些分类并不是绝对的，一个模型可以同时属于多个分类。例如，一个用于图像识别的大型CNN模型，也可以是一个监督学习模型。随着人工智能技术的不断发展，大模型的分类也在不断演变，新的模型和分类方法将不断出现。

三、国产大模型介绍

国产大模型指的是在中国本土研发的、具有强大处理和分析能力的大规模机器学习模型。随着人工智能领域的快速发展，中国在构建自有的大模型方面取得了显著进展，旨在与国际上的先进水平竞争，同时确保数据安全和本地化需求得到满足。以下是一些具有代表性的国产大模型。

1. 讯飞星火认知大模型

讯飞星火认知大模型是科大讯飞发布的产品，具有7大核心能力，即文本生成、语言理解、知识问答、逻辑推理、数学能力、代码能力、多模态能力，并已在教育、办公、汽车、数字员工等行业中落地应用。它拥有跨领域的知识和语言理解能力，能够基于自然对话方式理解与执行任务，并从海量数据和大规模知识中持续进化，从而实现从提出、规划到解决问题的全流程闭环。

2. 百度飞桨（PaddlePaddle）

作为中国最大的搜索引擎公司，百度开发了飞桨深度学习平台，支持广泛的深度学习和大规模数据处理。飞桨集成了百度多年的AI技术积累，提供了包括自然语言处理、计算机视觉等在内的多领域解决方案。

3. 华为MindSpore

华为推出的MindSpore是一个全场景AI计算框架，能够在云、边缘和设备等多种环境下部署。它支持自动微分和并行计算，能够加速模型的训练和推理过程，特别适用于大规模参数和复杂结构的模型。

4. 腾讯AI Lab模型

腾讯AI Lab开发了多种高性能的AI模型，用于游戏、社交、医疗等领域。这些模型通常专注于优化算法性能和用户体验，同时保证在处理大量数据时的高效率和精确度。

5. 阿里巴巴PAI

阿里云旗下的机器学习平台PAI（platform of artificial intelligence）提供了一系列大数据处理工具和机器学习算法。该平台旨在帮助企业从海量数据中提取价值，实现智能化的数据分析和业务决策。

6. 中国科学院神经网络模型

中国科学院在神经网络和机器学习领域也有深入的研究，并开发出多个大模型。这些模型通常用于科研和学术目的，涉及基础理论研究和前沿技术创新。

7. 清华大学Jittor

由清华大学开发的Jittor是一个全功能的深度学习框架，其设计目标是易用性和灵活性。Jittor支持多种深度学习模型，并且在分布式训练和推理方面表现出色。

8. 复旦大学TinyNeuralNet

这是一个轻量化的神经网络框架，由复旦大学的研究人员开发。它特别适合于资源受限的设备和低功耗计算场景。

国产大模型的发展不仅体现了中国在AI领域的技术实力，也符合国家关于数据主权和自主创新的战略要求。这些模型在处理中文语境的数据时显示出特殊的优势，同时也在多语言、多模态等领域展现出竞争力。随着技术的不断进步和应用场景的扩展，国产大模型有望在更多领域发挥重要作用，推动智能技术和相关产业的进一步发展。

> **案例分享**
>
> ## ChatGPT
>
> 2022年11月30日，OpenAI开发并推出聊天机器人——ChatGPT，该机器人是基于GPT-3.5大语言模型的。该模型一经推出，在短短两个月内，月活用户数突破1亿人次，成为史上用户量增长速度最快的消费级应用程序。
>
> ChatGPT与过去那些智能语言助手的回答模式有很大的不同，呈现了出人意料的聪明，与当前市面上的一些人工智能客服相比较，ChatGPT跨越人工娱乐，真正触及了人工智能，具有了我们期待的模样。它不仅能聊天、搜索、翻译、撰写诗词、论文、代码也不在话下，还能开发小游戏、作答美国高考题，甚至能做科研、当医生。国外媒体评论称，ChatGPT会成为科技行业的下一个颠覆者。
>
> 但ChatGPT仍然存在不完美，回答的问题可能会存在错误，且答案往往是大段的、冗长的，看似逻辑自洽，但有时却是一本正经的忽悠。因此，使用ChatGPT来解决问题，会对人们认知产生巨大的危害。为此，ChatGPT也遭到了一些机构的封禁，因为它生成的答案正确率太低。ChatGPT的出现，在一些工作上可以提高工作效率，改善用户体验，降低成本，同时也推动了人工智能的发展，但是，由ChatGPT生成的内容也可能带来错误引导、侵权、道德风险、失业风险等危害。因此，需要加强对ChatGPT的引导和监管。

学习探索

一、数字化向智能化转型的机遇与挑战

1. 数字化转型现状困境

数字化转型是指企业或组织采用数字技术进行业务模式、企业文化和市场需求的根本性

改变。尽管数字化转型带来了许多潜在的机遇，但企业在转型过程中也面临着多种挑战。

① 技术实施的难度不容小觑。许多企业缺乏足够的技术基础设施和专业知识来支持新的数字化系统，导致转型进程缓慢。

② 数据安全和隐私问题。随着数据量的激增和更多业务的在线化，企业需要确保敏感信息的保护，同时遵守越来越严格的数据保护法规。

③ 员工技能不匹配。现有的员工可能缺乏必要的数字技能来适应新的技术和业务流程，而招聘具备这些技能的新员工又可能成本昂贵。

④ 抵抗变革的文化因素。企业内部可能存在对新技术和流程的抵触情绪，这种文化惯性可能会阻碍转型的进展。

因此，尽管数字化转型展示了巨大的潜力，但企业在实施过程中仍需要谨慎应对这些挑战，以确保转型的成功。

2. 大模型在数字化转型中的作用

大模型在数字化转型中扮演着核心角色，它们以强大的数据处理和分析能力支持企业从传统运营模式转向更加智能和自动化的数字化模式。随着技术的进步，这些模型变得越来越精准，能够从庞大的数据集中提取有价值的洞见，帮助企业制定数据驱动的决策。这不仅提高了效率，还提高了产品和服务的质量，从而增强了竞争力。在客户体验方面，大模型通过个性化推荐、智能客服等应用直接提升了用户的互动体验。这种个性化不仅增加了顾客满意度，也促进了忠诚度的建立。此外，大模型在内部流程优化上显著提高了效率，例如在供应链管理、预测性维护和资源分配等方面，通过预测分析和自动化减少了成本并缩短了周期时间。在新产品和业务模式创新方面，大模型加速了研发周期，使企业能够快速迭代和部署新的服务，进而开创新的收入来源。同时，它们还在确保企业遵守越来越复杂的法规和标准方面发挥作用，通过高效处理大量合规数据来降低法律风险。

然而，随着这些机遇的出现，挑战也随之而来。数据隐私、算法偏见、道德问题以及对专业技术人才的需求增加都成为企业在实施大模型时必须考虑的因素。综上所述，大模型是推动数字化转型进入新阶段的关键因素，但它们的成功部署需要综合考虑技术、人力和伦理等多方面的挑战。

3. 智能化转型的机遇与前景

首先，智能化转型通过引入自动化和人工智能技术，显著提高了工作效率和生产力。企业可以利用智能系统进行数据分析，优化业务流程，提高决策质量和速度。此外，自动化可以减少人力在重复性和低价值工作上的投入，使员工能够专注于更高层次的创新和策略任务。其次，智能化转型开辟了新的业务模式和服务领域。例如，基于AI的个性化推荐系统、智能家居、自动驾驶汽车等都是智能化转型的产物。这些新产品和服务正在改变我们的生活方式和消费习惯。再者，智能化转型也促进了教育和职业培训的变革。随着对新技术的需求增加，出现了大量高技能工作岗位，这要求教育体系调整课程设置，培养符合未来市场需求的人才。最后，智能化转型对社会福祉有积极影响。智能医疗、智慧城市和环境监测系统等应用有助于提高生活质量和环境保护。

然而，智能化转型也伴随着挑战，包括数据安全、隐私保护、就业结构变化等问题。因此，企业和政府需要共同努力，确保转型过程中的风险得到妥善管理，同时促进技术的公平和包容性发展。智能化转型的前景是光明的，但其成功实施需要全社会的参与和协作。

二、大模型在智能化发展中的应用实践

1. 自然语言处理领域的应用

在自然语言处理（NLP）领域，大模型已经展现出了卓越的性能，并在各种应用中发挥了重要作用，以下是几个典型的应用案例：

（1）机器翻译　利用大型神经网络模型，如谷歌的神经机器翻译系统（GNMT），可以实现流畅、准确的多语种翻译。这些模型通过学习大量的双语文本数据，能够捕捉复杂的语言结构和语义关系。

（2）情感分析　大模型能够分析用户生成的文本，如评论和反馈，以确定情感倾向。这对于品牌监测和产品改进至关重要。例如，使用循环神经网络（RNN）或Transformer模型可以提取文本的情感特征。

（3）问答系统　基于大模型的问答系统可以理解自然语言问题并提供准确的答案。例如，IBM的Watson和Google的BERT模型都能够在多个领域提供深度的、上下文相关的回答。

（4）文本摘要与生成　大模型如GPT-3能够生成连贯且逻辑上一致的文本，用于新闻撰写、内容创作或自动摘要。这些模型通过预测下一个词语的概率分布来生成文本。

（5）语音识别与合成　大模型也被用于转换语音和文本之间的格式。像Apple的Siri、Amazon的Alexa和Google Assistant等智能助手都使用了先进的深度学习技术来理解和生成自然语言。

2. 图像识别与视频分析领域中的应用

大模型在处理视觉信息方面的强大能力，正在推动图像识别和视频分析技术的进展，并在多个实际场景中提供支持，以下是几个典型应用场景：

（1）图象识别与分类　大模型如卷积神经网络（CNN）在图像中识别和分类对象方面表现出色。这些技术广泛应用于自动驾驶汽车、安全监控以及个人电子设备中的图像识别功能。

（2）面部识别　深度学习模型，尤其是那些设计用于特征提取的模型，如DeepFace和FaceNet，被用于面部识别系统。这些系统用于安全验证、身份识别和社交媒体中的标签建议等。

（3）图像生成　使用如生成对抗网络（GANs）这样的大模型，可以生成逼真的图像和视频内容。这种技术被用于艺术创作、游戏产业中的场景生成，以及数据增强等领域。

（4）视频内容分析　大模型能够分析视频内容，识别场景、行为模式和情绪表达。这对于内容提供商进行内容标注、推荐系统以及社交媒体平台中的个性化内容推送至关重要。

（5）医学影像诊断　在医疗领域，大模型被训练来识别疾病标志，如肿瘤、骨折等。这些模型帮助医生更快地诊断疾病，并在某些情况下达到超越人类专家的准确率。

（6）无人机和机器人视觉　无人机和自主机器人使用大模型来理解周围环境，实现导航、避障和任务执行等功能。

3. 智能制造与工业自动化领域中的应用

智能制造和工业自动化领域正经历着由大模型和人工智能技术推动的革命。大模型正在帮助企业实现更高效、灵活和可持续的生产方式。随着技术的不断发展，未来这些模型将在工业领域中扮演更加核心的角色，以下是一些典型的应用案例：

（1）预测性维护　通过分析从传感器收集的大量数据，大模型能够预测设备何时可能出现故障，从而提前进行维护。这减少了意外停机时间，提高了生产效率。

（2）质量控制　使用计算机视觉和图像识别技术，智能系统能够自动检测产品缺陷。例如，在汽车制造中，摄像头和深度学习模型可以检测车身涂装中的微小瑕疵。

（3）机器人自动化　工业机器人配备大模型，可以实现更加灵活和智能的生产流程。这些机器人能够自主完成复杂任务，如拾放、装配和包装。

（4）供应链优化　大模型能够分析和预测供应链中的各种潜在风险和机会，帮助企业更有效地管理库存和物流。

（5）定制化生产　在高端制造业中，大模型支持按需定制产品。它们能够根据客户的具体需求设计产品规格，并指导制造过程。

（6）生产过程模拟　通过模拟生产过程，大模型可以优化生产线布局和工艺流程，减少资源浪费，提高能效。

三、大模型技术发展面临的挑战与应对策略

1. 数据安全与隐私保护问题

大模型技术的发展为企业和组织提供了强大的数据处理和分析能力，但同时也带来了数据安全和隐私保护的挑战。首先，大模型通常需要大量的数据进行训练，这些数据可能包含敏感信息。如何确保在收集、存储和处理过程中数据不被泄露是一个重要问题。企业和组织需要采取加密技术和访问控制措施来保护数据。其次，一旦数据被泄露，可能会对个人隐私造成严重侵犯。因此，需要对数据进行匿名化处理，以减少泄露风险。同时，也需要制定严格的数据使用政策，确保数据只用于既定目的。此外，大模型本身的复杂性也可能导致安全漏洞。例如，恶意输入可能导致模型产生不当输出或泄露训练数据中的信息。因此，需要对模型进行持续的监控和评估，以确保其安全性。最后，随着数据保护法规的日益严格，如何在遵守法律的同时充分利用数据资源也是一个挑战。企业和组织需要与法律顾问合作，确保其数据处理活动符合所有相关法规。

2. 计算资源与能源消耗问题

大模型对计算资源和能源消耗的巨大需求主要源于其庞大的结构和复杂的训练过程。这些模型通常包含数百万甚至数十亿的参数，需要大量的计算资源进行训练和推理。这不仅导致了昂贵的硬件成本，也引发了环境可持续性的担忧。以下是应对这一挑战的策略：

（1）提高模型效率　研究人员正在开发更高效的模型结构，如 EfficientNet 和 Transformer 模型的变体，以减少参数数量和计算需求。

（2）使用专用硬件　相比于通用计算硬件，定制的AI加速器和ASIC芯片可以提供更高的性能和能效比。

（3）模型压缩技术　通过剪枝、量化和知识蒸馏等技术，减少模型大小，降低计算需求。

（4）绿色计算　利用可再生能源（如太阳能、风能、水能等）给数据中心供电，有助于减少温室气体排放；同时，部署智能高效能源管理系统，实时监控数据中心的能耗情况，并根据需求自动调整设备运行状态，以实现能源的合理分配，从而降低碳足迹。

（5）分布式计算　利用边缘计算和分布式云资源，将计算任务分散到多个地点，减少单个数据中心的压力。

（6）模型共享和迁移学习　共享预训练模型和在相似任务之间迁移学习可以减少重复训练的需要，节约资源。

（7）优化算法和调整超参数　改进训练算法和精细调整超参数可以减少训练时间，从而节约能源。

3. 法律法规与道德伦理问题

（1）数据隐私方面　由于大模型需要处理和分析大量可能含有敏感信息的数据，因此确保数据的隐私安全至关重要。解决这一问题的策略包括强化数据加密措施、采用数据匿名化技术以及遵守严格的数据保护法规，如欧盟的通用数据保护条例（GDPR）。

（2）算法偏见　因为如果训练数据存在偏差，模型的决策可能会反映或放大这些偏见。为了应对这一挑战，研究者和开发者需要确保数据集的多样性和代表性，并开发能够识别和纠正偏见的算法。

（3）内容生成责任　内容生成责任也是一个新兴问题，特别是当AI生成的内容涉及虚假信息或侵权时。这要求制定明确的法律框架来规定责任归属，并可能需要对AI生成的内容进行标识，以便与人类创作的内容区分开来。

（4）伦理道德　伦理道德问题同样不容忽视，尤其是在AI开始进入医疗、司法等敏感领域时。跨学科合作制定伦理指导原则，确保AI的透明度和可解释性，是解决这些问题的关键。

（5）知识产权　知识产权法也需要适应新的情况，特别是当AI系统成为创作主体时。这可能需要重新考虑和定义版权法中的创作者概念。

（6）安全性　安全性问题也不容忽视，因为大模型有可能被用于制造深度伪造内容或发起网络攻击。为此，需要加强AI安全研究，制定严格的监管政策，并实施技术出口控制。

M3-7
大模型应用
操作演示

》实践提升　大模型运用能力提升实践训练

（一）思考

请结合自己的专业，选择一个大语言模型平台，向其提出一个专业问题，并对大模型给出的答案进行评价。

（二）实践

1. 策划方案制作

请使用适合的大模型平台协助完成以下策划方案的编写。

（1）题目：校园环保主题活动策划

（2）任务描述：作为活动策划者，你需要设计一场校园环保主题的活动，旨在唤起师生对环保问题的关注，并促进校园环境保护意识的提高。你需要详细规划活动的内容、形式、参与方式以及宣传推广计划。同时，需考虑实施该活动可能面临的挑战和解决方案。

（3）任务要求：

① 活动主题、目的和目标受众的明确定义。

② 活动内容、形式、时间地点等方面的详细规划。

③ 预算计划，包括资金来源和运用。

④ 宣传推广策略，包括线上线下宣传手段和渠道。

⑤ 对可能面临的挑战进行分析，并提出解决方案。

（4）提交要求：提交一份完整的活动策划方案，包括以上所有要素的详细说明。

2. PPT制作

请使用合适的平台，根据上述的策划方案制作一份对策划方案进行演示讲解的PPT。

实施提示

（1）平台选择注意事项　选择合适的工具，如文本处理类型可选择讯飞星火、ChatGPT，文心一言。图像处理类可选用国产美图WHEE，能在线生成图片，注册即可使用，也可选择讯飞星火的绘画大师。PPT制作可选择WPS AI等。

（2）提示词使用注意事项　提示词的准确性，如提示词是否准确描述了生成内容的目标；尽可能描述细节；如果可能的话，提供一些示例来说明需要生成的内容；提示词尽量简洁明了，避免过多复杂的词与句子；另外，不同的AI模型有不同的特点与能力，需要根据使用模型来编写AI提示词，如生成图片的模型，更多描述视觉元素，生成文本的模型，更多描述文本风格和主题。

常见问题

（1）大模型或AIGC平台选择：当前网络上各种大模型与AIGC的平台较多，功能有重复，需要多加比较才能选择一款适合自己的平台或软件来解决问题。

（2）大模型使用不熟练：很多人都是刚接触大模型等AI工具，在使用工具时存在不熟练问题，尤其是在发出提示词时，提示词不准确或是不合适，会导致得到的内容与预期偏差大，因此需要多加练习，掌握提示词使用的注意事项。

学习评价

学习环节	内容	自评分	组评分	教师评分
知识学习	大模型技术概述、应用分类、国产大模型介绍			
案例分享	ChatGPT			
学习探索	大模型智能化应用探索、存在的挑战及应对策略			
实践提升	大模型运用能力提升实践训练			
学习收获				
学习反思				

拓展阅读：生成式人工智能（AIGC）的前世今生

1. AIGC 的官方定义

近年来，通过无监督学习条件下的"大数据+大模型"方式，自然语言处理、语音识别、计算机视觉等任务的性能显著提升，新一代人工智能的重要分支——生成式人工智能（artificial intelligence generated content，AIGC）迎来加速发展。1950年，艾伦·图灵在《计算机器与智能》中提出了著名的"图灵测试"——判定机器是否"智能"的试验方法，即机器是否能够模仿人类的思维方式来"生成"内容，实现人机交互。因此，人工智能从图灵开始就被寄予了用于内容创造的期许。经过半个多世纪的发展，数据快速积累、算力性能提升和算法效力增强，如今人工智能不仅实现了人机互动，还能够进行写作、编曲、绘画、视频制作等创意工作。2018年，由人工智能创作的肖像画《埃德蒙·贝拉米肖像》拍卖出43.25万美元的高价，成为人类历史上首次拍卖的AI艺术品，引发各界关注。随着人工智能越来越多地被应用于内容创作，AIGC概念悄然兴起。

国内产学研各界对于AIGC的理解是"继专业生成内容（professional generated content，PGC）和用户生成内容（user generated content，UGC）之后，利用人工智能技术自动生成内容的新型生产方式"。而在国际上对应的术语是"人工智能合成媒体"，其定义是"通过人工智能算法对数据或媒体进行生产、操控和修改的统称"。因此，AIGC是指从内容生产者的角度对内容进行分类的一种内容类型，同时也是一种自动化生成内容的技术。

2. AIGC 的发展历程

（1）酝酿萌芽阶段（20世纪50年代至90年代中期） 20世纪50年代至90年代中

期，受限于技术水平，AIGC仅局限于小范围实验。1950年，图灵提出"图灵测试"能够判定机器是否"智能"；1957年，计算机首次创作完成弦乐四重奏《伊利亚克组曲》；1966年，世界上第一款可人机对话的机器人"伊莉莎（Eliza）"问世，主要通过关键字扫描与重组完成交互任务；20世纪80年代中期，国际商业机器公司（IBM）创造了语音控制打字机"坦戈拉（Tangora）"，约能处理20000个单词；20世纪80年代末至90年代中期，由于高昂的研发投入没有实现预期的商业变现，世界各国开始减少对人工智能领域的投入，AIGC没有实现重大突破。但在此期间，图灵测试、对话机器人以及语控打字机已经孕育了AIGC的雏形。

（2）稳步推进阶段（20世纪90年代中期至21世纪10年代中期） 这一时期，AIGC逐渐进入稳步推进阶段。从2006年起，一方面图形处理器和张量处理器等算力设备性能大幅提升，深度学习算力增强，深度学习算法取得重大突破；另一方面互联网的推广普及使得数据规模剧增，这为各类人工智能算法提供了海量训练数据。虽然算力的提升与数据的膨胀使人工智能取得了长足发展，但AIGC仍受限于算法约束，创作任务依然没有取得重大突破，应用场景有限，应用效果有待提升；2007年，纽约大学的人工智能系统撰写了小说 *1 The Road*，这是世界第一部完全由人工智能创作的小说，虽然小说可读性不强、存在拼写错误、逻辑混乱，但从AIGC的整个发展历程来看，其突破性意义远高于文学价值；2012年，微软推出全自动同声传译系统，计算机能够自动完成语音识别、英中机器翻译，以及中文语音合成，效果非常流畅，这标志着深度神经网络模型在语音识别和音频生成领域获得了巨大的成功，为AIGC进一步发展带来希望。在进入21世纪后，AIGC从前期的技术实验性向商业实用性转变，但受限于算法瓶颈，其往往只能根据算法提供的模板生成内容，开放性、包容性还有待提升，无法较好地完成创作。

（3）迅猛发展阶段（21世纪10年代中期至今） 21世纪10年代中期至今，AIGC迎来新发展，生成内容更加多元，生成效果更加逼真。2014年起，Goodfellow等（2020）提出以生成式对抗网络（generative adversarial network，GAN）为代表的深度学习算法，并不断迭代更新，为AIGC提供了强大的技术支撑。2017年，微软人工智能少女"小冰"完成了世界首部完全由人工智能创作的诗集——《阳光失了玻璃窗》。2018年，英伟达发布可以实现自动生成图片的模型——StyleGAN，该模型目前已升级到第四代——StyleGAN-XL，其生成图片的分辨率极高，人眼难以分辨真假。2019年，DeepMind发布DVD-GAN模型（Clark等，2019）可以生成高度逼真且连贯的视频，该模型能够通过学习和理解人类的语言，进行对话、聊天互动。2021年，OpenAI推出DALL-E，主要用于文本与图像的交互生成内容，并于一年后推出升级版本DALL-E-2。DALL-E-2基于对主题、风格、调色板和所需概念意义的"理解"，可以生成相应的图像，同时该模型还能够根据原图像进行二次创作。至此，AIGC技术基本成熟。

第四章

数字化赋能千行百业

学习目标

知识目标

（1）正确区分教育信息化和教育数字化；

（2）列举政务数字化应用场景；

（3）熟悉企业数字化发展现状。

能力目标

（1）会使用各类教育数字化平台进行学习；

（2）会使用数字化政务平台办理相关业务。

素养目标

（1）具备自主学习和自我管理能力；

（2）具备钻研探索精神和创新能力。

第一节　教育数字化——数字化赋能师生提升教学质量

案例导读

"慕课西部行"，让优质教育资源跨越山海

在上海华东理工大学一堂无机化学课上，学生们济济一堂。与此同时，远在5000多公里外的新疆喀什市，喀什大学的数百名学生通过同步课堂，也能举手发言、参与课堂互动。哈尔滨工业大学将原有慕课资源重新整合，把直播课回放视频、授课教案等资料上传至小规模定制课程，形成全新的线上学习库；浙江大学"人体解剖学"网络自主学习平台，引入虚拟人体教学系统，详细介绍各器官位置、形态结构和功能，让抽象的理论变得形象直观。这一场景展现出中国慕课打破时空限制、让知识无远弗届的魅力。

近年来，"慕课西部行计划"持续推进，一方面利用东部师资与技术优势，将优质慕课资源输送到西部高校，另一方面开展常态化师资培训，提升西部高校教育教学"造血"功能。数据显示，仅2022年西部高校开展混合式教学126万门次，参与学习学生数2.1亿人次。"慕课西部行计划"是一个缩影。一组数字见证中国慕课的蝶变：截至2022年11月，中国慕课数量超过6.19万门，注册用户4.02亿，学习人数达9.79亿人次，中国慕课数量和学习人数均居世界第一。"我可以随时报名感兴趣的课程，接触到各高校优秀的老师""虽然是免费课程，但老师讲课细致，让我受益匪浅。"在线学习平台页面上，学习者们写下心声，分享学习收获。

中国慕课自2013年起步，经过十年探索与实践，建设数量和应用规模均居世界第一。以慕课为抓手，高等教育在推进教育公平、促进国际交流、促进学习革命等方面取得显著成效，慕课已成为中国高等教育的亮丽名片。

知识学习

一、教育数字化相关概念

1. 教育信息化

教育信息化是指将信息技术引入到教育领域，以提高教育质量和效率，推动教育发展。它涵盖了教学、管理、科研、服务等多个方面，通过信息技术实现教育资源的优化配置和高效传播。教育信息化强调的是信息技术在教育领域的运用，如使用电子教材、在线学习平台、学生信息管理系统及其他教育信息系统等，主要体现在硬件和软件两个方面的投入，包括网络基础设施、教学平台、多媒体教学资源等。教育信息化旨在提高教育教学质量，促进学生全面发展。

2. 教育数字化

教育数字化是指将5G技术、云计算、区块链、人工智能、虚拟现实、物联网、人机交互等数字化技术在教育场景中的应用，以数字形式呈现教育内容、教育过程、教育评价等，实现教育资源的数字化、网络化、智能化和个性化。它强调的是数字技术在教育领域的应用，包括数字教材、数字资源、数字平台等。教育数字化可以更好地满足学生个性化学习的需求，提高教学效率和学习效果。

3. 教育数字化转型

教育数字化转型是指通过运用现代信息技术手段，对教育过程、教育资源、教育管理等方面进行全面改革和创新，以提高教学质量、促进教育公平、培养创新型人才的过程。教育数字化转型的特点包括：一是数据驱动，通过数据分析和学习分析等技术，提供有关学生和教育过程的深入洞察，反馈决策和改进；二是学习体验，创新学习方式，普及多媒体场景式（浸入式）学习，使学生更具主动性和创造性，个性化定制教育路径；三是知识共享，强调开放、共享的知识获取方式，通过数字技术促进全球范围内的教育资源共享；四是教育生态系统，着眼于整个教育体系的变革，逐步建立包括学习社区、教育资源平台、行业应用厂商和政府在内的广泛合作网络。

4. 教育数字化转型意义

教育数字化转型有助于提高教育教学质量。数字化技术为师生提供丰富的教学资源，有助于灵活设计和实施教学活动，实现实时互动、个性化教学。教育数字化转型有助于促进教育公平。教育数字化能够缩小城乡、贫富之间的教育差距，促进教育资源均衡发展，通过互联网技术，优质教育资源可以跨越地域限制，让更多学生受益。教育数字化转型是推动教育改革的重要途径。教育数字化转型要求教育工作者不断反思和完善现有的教育制度和方法，探索适应时代发展的新型教育模式，培养出更多具备创新精神和实践能力的人才，为国家发展和社会进步做出贡献。

二、教育数字化转型解决方案

1. 教育数字化转型的核心任务

教育数字化转型涉及教学目标、内容、流程、手段、师生角色、教学环境等各个层面。在实践层面主要体现在教学形态创新，实现教学数字化转型和智能升级。教学数字化转型注重利用先进技术，将物理空间与数字空间有机结合，通过数据打通课堂内外，有效贯通课前、课中、课后完整教学流程和教、学、评各个方面，从而创新教育教学方法，推动教学形态智能升级。

围绕立德树人根本任务，推动教育高质量发展，教育数字化转型的核心任务包括六个方面：

数字素养基础

（1）转变教育教学理念，重视教育数字化转型价值　教学数字化转型是教育教学与数字技术的深入融合，是开发利用人工智能、大数据、虚拟现实、5G等技术，以数字化教学工具、平台和资源等基础设施为支撑，以教育数据为关键，推动课堂教学、学科教学以及学校教育等多个层面变革，进而促进教学理念、教学设计、教学实施、教学评价等全要素、全流程、全领域发生系统性革命，形成新形势下智能化教学新形态，促进教学数字化转型，助推教育教学高质量发展。

（2）加强数字化教材建设，撬动教学数字化过程转型　数字教材是教材进化的重要方向，是顺应数字时代学习方式变化和教学改革的必然趋势，是撬动课堂教学改革的重要支点和教育数字化转型的重要抓手。数字教材是国家教材建设的新类型，是国家教材体系建设的有机组成部分。2022年12月，教育部"十四五"首批职业教育国家规划教材遴选将"数字教材"纳入申报范围，数字教材成为与纸质教材并列的教材申报类型之一。

（3）创新智能化测评技术，支撑教育评价数字化改革　教育评价事关教育发展方向，很大程度上影响教与学的方式。深化新时代教育评价改革，要求创新评价工具，利用人工智能、大数据等现代信息技术，探索开展学生学习情况全过程纵向评价、德智体美劳全要素横向评价的全新方式。新时代中高考改革和综合素质评价都需要创新大规模教育测评方法与技术，优化评价体系和数据采集标准，应用大数据感知、互联、存储、计算和分析技术，构建跨区域、跨场景的智能化测评系统平台和工具，形成基于证据和大数据（全样本）的教育评价体系。

（4）构建智能化教学环境，夯实学校数字化转型基础　智能化的学习环境是实现学与教方式变革、支撑智慧教育发展的基础。对学校环境数字化转型来说，重点是推动5G、物联网、大数据、云计算、人工智能等新一代信息技术的应用，优化和升级基础设施、硬件设备、网络条件、智能工具、学习平台等，持续建设智慧校园、智慧教室和智慧生活场所，打造时空和教学深度融合、线下和线上虚实融合的智能学习空间，推进场景式、体验式、沉浸式教学；打通学校、家庭和社会之间的数据信息壁垒，促进教育数据的全方位挖掘和整合，利用学习分析、教育数据挖掘等手段，提高教学服务供给与学习需求的匹配度，实现精准推送，优化教学服务质量和效率。

（5）优化公共服务体系，推动区域教育数字化转型　在国家层面，加强国家智慧教育公共服务平台建设，制定教育大数据确权、开放、对接和保护制度，促进各级各类教育公共服务平台和资源平台间的数据融通。例如，国家中小学智慧教育平台边建边用，不断增强功能、扩充资源、提高服务水平，对促进学生平时的自主学习及教师改进课堂教学等发挥了重要作用。从区域层面来说，重点是整合优化教育数字化组织机构，建立信息、知识、资源交换机制，促进区域内机构间业务的高效协同；充分利用国家智慧教育公共服务平台，不断扩大覆盖范围和应用对象，提升基层教育机构的教育信息化服务能力和效率。

（6）智能升级教育生态，打造智慧教育的国际名片　智慧教育是教育数字化转型的目标形态，旨在构建智慧的学习环境，变革传统的教与学方式，催生智能时代的教育制度，构建由国家、区域和学校提供的高学习体验、高内容适配性和高教学效率的教育系统。目前，教育部已遴选18个县市开展"智慧教育示范区"建设，探索积累可推广的先进经验与优秀案例，形成支撑和引领教育现代化的新途径和新模式。科技部在重点研发计划中部署了智慧教育领域相关项目，例如，2021年在"社会治理与智慧社会科技支撑"专项中启动了"大规模学生跨学段成长跟踪研究"项目。在科技与智慧教育双向赋能方面，我国有自信走在世界前列。

2. 教育数字化转型解决方案

教育数字化转型是建设数字中国、教育强国以及实现教育现代化的必然要求，探求并构建教育数字化转型的基本要素及框架是推动和促进教育数字化转型实践的重要抓手。目前，已经有一些学者对教育数字化转型的要素及核心框架进行了研究，如北京师范大学何克抗教授提出教育信息化子系统，指出教育数字化至少包括硬件设施、软件平台、教育资源和教育数字化中的对象（包括教师、学生、校长及各级教育管理者等）等。在已有教育数字化转型要素及框架基础上，结合当前教育数字化转型实践做法，提取了教育数字化转型的信息采集、数据存储分析、数字资源、数字素养以及场景应用等五项基本构成，形成智能技术助推教育数字化转型的基本解决方案，如图4-1所示。

图4-1 教育数字化转型解决方案

信息采集教育数字化转型所依托的信息技术形成的系统，如门禁、安防、物联网、5G/光纤、云存储及区块链等，主要功能完成底层数据和信息采集。数据存储分析是指利用云计算、大数据、人工智能技术、算法模型、预测引擎、智能引擎等智能技术，完成对采集数据的存储与分析，形成有效数据。教育数字资源主要包括专业建设、人才培养、教师发展、学校治理四个维度，涵盖教学内容、教学设施、数字教材、教学资源库、教学方式、教学考核等六个方面形成的数字化资源。数字素养是指以人为本，培养教师、学生、员工及相应管理者的数字素养及应用能力。场景应用是指数字技术与教育深度融合应用，赋能多样化教育教学场景，包括教学、学习、考试、评价等具体场景。

三、教育数字化未来发展趋势

1. 智能化发展

教育数字化的发展离不开人工智能和大数据等先进技术的支持。借助这些技术，教育教学过程得以智能化，从而提供更个性化、更高效的教育服务。智能化教育不仅可以满足学生个性化学习需求，还能实现教学资源的精准投放，提高教师的教学质量和效率。此外，智能化的教育手段还能有效缓解教育资源不均衡的问题，让优质教育资源惠及更多地区和人群。

2. 终身化发展

传统教育模式受年龄和时空限制，难以满足人们不断学习、提升自我的需求。而教育数字化推动了教育的终身化发展，让学习成为一种随时随地、无年龄界限的行为。在终身化教育的背景下，人们可以根据自己的兴趣和需求选择学习内容和方式，实现自我价值的不断提升。这对提高国民素质、培养创新型人才具有重要意义。

3. 融合化发展

教育数字化促进了各类教育资源的融合，实现了线上线下、校内外、国内外教育的有机结合。这种融合不仅拓宽了教育渠道，丰富了教育内容，还为教育公平提供了有力保障。在此基础上，教育部门可以进一步推进教育体制改革，优化教育资源配置，构建更加公平、高效的教育体系。

4. 国际化发展

教育数字化助力教育资源全球传播，促进了国际教育交流与合作。这使得我国教育逐渐融入全球教育体系，提高了我国教育的国际竞争力。通过国际化教育，我国可以引进国外优质教育资源，培养具有国际视野的人才，推动国内教育改革与发展。同时，国际化的教育模式也有助于提升我国教育的国际地位，增强国家软实力。

案例分享

国家智慧教育平台建设与应用

国家智慧教育平台（以下简称"国家平台"）是我国教育数字化战略行动取得的代表性成果，是进一步推动我国智慧教育必要前提和关键支撑。国家平台包括国家中小学智慧教育平台、国家职业教育智慧教育平台、国家高等教育智慧教育平台三大平台和集就业服务、考试服务、学历学位、留学服务于一体的服务大厅构成，在内容上以课程教学资源为主体，并融入思政教育、体育锻炼、劳动实践、艺术活动等内容，初步形成"三纵三横"和"3+1"统筹推进模式。国家平台截至2023年9月，共汇聚基础教育阶段资源5.04万条，职业教育阶段1万余门精品在线课程，高等教育阶段资源5.04万条，提供优质政务服务26项，用户覆盖世界200多个国家和地区，访客量超过22亿人次。

自上线以来，国家平台以服务学习者实际需求为切入点，聚焦学生学习、教师教学、学校治理、社会赋能、教育改革创新等领域，不断拓展服务场景，充分发挥国家平台的叠加、积聚、倍增效应，为广大师生和社会学习者提供"一站式"服务。如为中小学生提供学生自主学习、优质资源共享和家校协同育人等服务；为高校毕业生提供丰富的政策、岗位信息和指导服务；为教师开设教师研修板块，服务教师教育教学、教研备课与专业发展；助力学校开展数字化管理，支持外部系统接入，推动学校治理变革；助力各级教育主管部门利用平台实时掌握教育发展态势，提升教育决策科学性等。

（资料来源：《2023智能教育发展蓝皮书——智能技术助推教育数字化转型》，认知智能全国重点实验室智能教育研究中心）

学习探索

一、教育数字化场景应用

教育数字化场景应用主要体现在智能化教学模式、智能化学习方式和智能化教学评价三个方面。

1. 智能化教学模式

在数字技术支持下，智能化教学以数据驱动大规模因材施教为核心，通过教师、学生与技术的全面协同，推动教学数据累积、互通、处理与分析，动态响应学生个性需求。因此，涌现出许多创新型教学模式，如精准教学、混合式教学、互动教学、远程教学、在线学习等。

案例分享

基于口语训练系统的双语混合式教学

为积极响应国家"一带一路"倡议，助力中国铁路"走出去"战略，陕西省渭南市陕西铁路工程职业技术学院在铁路物流管理专业的核心课程"铁路调车工作"中试点开展中英双语教学。学校将FiF口语训练系统及AI微课等应用于日常教学，将智能技术与课上课下多场景教学深度融合。经过长期探索实践，铁道运输学院教学团队总结了基于FiF口语训练系统的混合式教学模式。

基于资源驱动，课程教学团队自建内容丰富的ESP（专门用途英语）题库，利用FiF口语训练系统中的语音合成功能，快速形成标准教学音频。课前训练一周，老师发布题库中的训练任务，利用智能评分功能，查看学生完成情况并进行针对性点评指导；课中开展智能化授课，以评促学。同时，教师授课过程也会由系统记录下来，形成视频、文字、课件等教学资源，方便学生回顾复习；课后，基于训练任务成绩，教师调整教学策略，还可进行线上师生、生生互动模式，激发学生积极性，让课后学习进行有效拓展与延伸。

在人工智能技术的助力下，陕西铁路工程职业技术学院铁道运输学院教学团队以双语教学为突破点，构建了线上线下相结合的混合教学模式，能够帮助教师更好地达成教学目标。教学团队凭借双语教学的特色实践成果，在 2021 年全国职业院校技能大赛教学能力比赛决赛中荣获专业技能课程一组一等奖，AI 技术赋能的双语人才培养范式得到了肯定。基于口语训练系统的双语教学模式丰富了学生线上线下英语学习途径，经过长时间的训练，学生的口语发音及对专业词汇的掌握得到了提升，为学校培养具有国际视野的高素质技术技能人才奠定了基础。

2. 智能化学习方式

智能化学习是指教学数字化转型强调以学生为中心，依托智能技术构建数字化学习空间，学生可根据个人特点、进程、时间等安排自主学习或合作学习，借助数字化空间开展沉浸式学习、泛在学习等，为实现我国"大规模个性化学习"提供动能，创建高质量个性化终身学习体系。

案例分享

多层次探索泛在学习方式

国家开放大学是教育部直属的，以促进终身学习为使命、以现代信息技术为支撑、以"互联网＋"为特征、面向全国开展开放教育的新型高等学校。学校在教育部领导下统筹全国开放教育体系建设，指导和服务全国开放教育办学业务，着力建设终身学习公共服务平台，面向全民提供终身教育及服务，促进"人人皆学、处处能学、时时可学"。

国家开放大学以云计算技术为支撑，搭建了支撑"教、学、管、研、服"的远程开放教育云平台，建设了"总部－分部－学习中心"互联互通的云教室。当学习者通过手机、平板、电脑端开展泛在学习时，云教室能够为学习者随时随地提供学习资源。2022年，国家开放大学终身教育平台正式上线。截至2023年5月，平台已上线63万个课程资源，覆盖学习者学习、生活的方方面面，支持学习者在全国各地任意地点、任意时间，通过多种终端查阅和学习资料，为学习者提供丰富的学习资源。

国家开放大学云平台在"六网融合"模式的支持下全过程记录学生学习过程，为全面、准确地分析学生学习情况提供基础。学生在课堂测试、作业和考试中的得分情况，学生与教材、教师和其他同学之间的互动次数和方式，学生使用的在线资源、教材和其他辅助材料等学习数据都可以被详细地记录下来。这些数据可以帮助学习者或教师了解学习的进展，从而更好地评估学生的学习效率和时间管理能力。同时，国家开放大学利用网络开展学术性与非学术性服务，支持学生的学习过程。当学习者遇到问题、产生学习需求时，学习者携带的设备与分布在周围环境中的科技设备和网络服务器建立联系，通过考察学习者学习风格、学习兴趣、现有水平等来进行智能化的资源推送。

近年来，国家开放大学按照国家教育数字化战略行动的总体要求，围绕学习资源数字化、教学过程数字化、考试测评数字化、管理服务数字化来推进数字转型并积极探索人工智能、大数据、区块链等新兴技术应用于开放教育，加大软硬件投入，推动了优质资源共享和泛在学习发展。

3. 智能化教学评价

智能化教学评价主要是利用智能技术，对大规模学习者的数据和信息进行处理、融合、加工、优化和诊改，将教学评价从主观经验认定向客观数据认证进行转换，重构教学评价机制，如基于实时反馈的教学过程评价、基于智能测评的学业评价、基于多模态数据的综合评价等。

智能技术多层面助力学生学业评价

为了促进区域教育数字化转型，浙江省杭州市萧山区部署智学网智能云阅卷系统、区域学业大数据分析系统等，将智能技术融入考试全过程，开展智能化的组卷、阅卷和考试数据分析。

萧山区命题老师基于智学网的海量题库，通过智能搜索和优化算法，设置试卷的知识点、教材章节、难度等要求，系统会自动推荐试题，生成满足不同要求的试卷，大大降低了组卷难度与时间成本；利用智学网的云阅卷系统，萧山区教师开展了更加高效、灵活的阅卷，基于系统针对客观题和主观题不同方式的智能阅卷，教师实现了移动改卷；系统以可视化的数据图表从多个方面呈现考试结果，并根据范围大小生成区级、校级、班级、个体报告等，为不同类型的教育者提供了进行科学决策的数据依据，促进针对性资源调整和教学改革。

萧山区利用智学网开展智能考试，深度挖掘考试数据的价值，促进了区域的考试

> 数字化转型。在智学网的支持下，萧山区将智能技术应用于考试全过程，实现了教师的组卷和阅卷统计时间的大幅节省，使得考试组织过程更加高效，有效降低了人工批改和统分出错的风险，提高了学业评价结果的准确性和精确度。此外，智学网的数据智能分析系统帮助教育者从不同角度全面了解学生学业情况，进而采取有针对性的教学措施进行干预，促进区域精准决策和因材施教的落地。

二、数字化教学资源

1. 数字化教材

数字教材是以数字形态存在、可装载于数字终端阅读、可动态更新内容、可及时记录交互轨迹的新型学习材料，支持信息化环境下的教学、测评与管理，是智能化时代教材形态的升级和进化。作为核心课程教学资源和教材创新形态，数字教材教学功能更加丰富，贯穿课前学习、课中教学、课后复习等全教学场景，并为知识传授、教学互动、课堂组织、教学反馈评价等核心教学环节带来革命性变化。数字教材具备五大核心优势：一是实现全景内容呈现，即以图文知识体系为框架，创新应用富媒体手段呈现知识，提升内容表现力；二是增加交互学习体验，即融合人机交互等工具，支持教师与学习者、学习者之间的互动交流，提升学习参与感；三是重构核心教学环节，即基于平台支撑，覆盖"学、练、测、评"等核心教学环节，形成有效学习闭环，提升学习效果；四是实现智能学习跃迁，即搭建智能学习环境，多元辅助学习工具＋多维数据采集记录，支持个性化教学；五是支持多元泛在学习，即支持PC、移动端同步互联，支持多元学习场景拓展，学习更加灵活便捷。

2. 数字化课程

数字化课程资源主要指蕴含丰富教育信息，以数字形式发布、存储、获取和利用的信息集合，可以支持课程的设计、编制、实施和评价，更好发挥课程的教育价值。数字化课程资源除具有网络化、多媒体化等基本特征外，还具有交互性、开放性、生成性、连接性、情境性、社会性、可进化性等特征。由教育部组织、北京师范大学负责起草的《教育资源建设技术规范》，将常见的教育资源分为九类：媒体素材（包括文本、图形/图像、音频、视频和动画）、试题、试卷、课件、案例、文献资料、常见问题解答、资源目录索引和网络课程，还可以根据教育教学实际需求，增加其他类型的资源，如电子书籍、软件工具等。一般可将数字化课程资源概括成四类：媒体素材、教学材料、教学活动、教学工具。

3. 教学资源库

教学资源库建设平台要以资源共享为目的，以创建精品资源为核心，面向海量资源处理，集资源分布式存储、资源管理、资源评价、知识管理为一体的资源管理与教学的平台。教学资源库建设是促进主动式、协作式、研究型、自主型学习，形成开放、高效的新型教学模式的重要途径。资源库按照"需求牵引、应用为王、服务至上"的基本原则，遵循"一体化设计、结构化课程、颗粒化资源、多场景应用"的建构逻辑。"一体化设计"是指资源库建设要对标专业、对应产业，围绕专业人才培养目标，统筹资源建设、平台设计以及共建共享机制的构建，形成整体系统的顶层设计；"结构化课程"是指资源库的标准化课程要纳入专业人才培养方案，覆盖专业核心课程、专业基础课程，满足线上线下混合教学的需要；"颗粒化资源"是指库内资源的最小单元须是独立的知识技能点或完整的媒体素材，便于用户学习和组课；"多场景应用"是指资源库要引入学习助手、数字教师等新技术，建立多样化的应用场景，满足不同群体用户的多样化学习需要。

三、师生数字素养培养路径

1. 教师数字素养

教师数字素养是在教师教育技术能力、信息技术应用能力、信息素养等多个概念基础上发展而来的一个更为高阶、综合的概念。根据教育部发布的《教师数字素养》标准，教师数字素养是指"教师适当利用数字技术获取、加工、使用、管理和评价数字信息和资源，发现、分析和解决教育教学问题，优化、创新和变革教育教学活动而具有的意识、能力和责任"。教师数字素养包括数字化意识、数字技术知识与技能、数字化应用、数字社会责任、专业发展五个方面，五个方面互相支持和联系，共同构成了一个有机整体。

2. 学生数字素养

数字素养培养是数字时代我国学生发展核心素养的重要内容，我国学生发展核心素养框架从信息意识、技术应用等方面体现了对学生数字素养的相关要求。学生是公民数字素养的主要受众和培养对象，中央网络安全和信息化委员印发的《提升全民数字素养与技能行动纲要》对大中小学生数字素养培养路径作出了不同部署，强调设立中小学信息科技必修课程，加强普通高校和职业院校数字技术相关学科专业建设，完善数字技能职业教育培训体系。信息科技（技术）课程是中小学和职业学校培养学生数字素养的主渠道，通过信息意识、计算思维、数字化学习与创新、信息社会责任四个核心素养要素来提升学生数字素养。高等教育阶段主要通过将数字素养教育融入公共课程，开设相关专业课程与实践课程，以及增强数字技术相关专业建设等方面来培养大学生的数字素养。基于《提升全民数字素养与技能行动纲要》对公民数字素养与技能内涵的界定，学生数字素养与技能可以理解为学生在数字生活、数字工作、数字学习和数字创新场景中所应具备的数字获取、制作、使用、评价、交互、分享、创新、安全保障、伦理道德等一系列素质与能力的集合。

3. 师生数字素养提升路径

师生的数字素养的培养与提升是推动教育数字化转型的关键路径。当前我国师生存在数字素养不高的情况，不能灵活有效驾驭各种信息技术环境、平台、工具和资源，难以为教学与学习方式的创新转变提供强有力的支撑。在人工智能、大数据、5G等智能技术影响下，我们需要系统性地探究师生数字素养的提升路径，夯实教育数字化转型的能力基础，为教育数字化转型提供内生源动力和持久驱动力。师生数字素养的提升路径需要系统化视角进行整体性建构，以师生数字素养标准框架为引领，以智能资源和环境为主要支撑，以优质多元的课程和活动为核心内容，以数智化、创新性的评价为保障，促进师生数字素养的培养与持续提升，如图4-2所示。

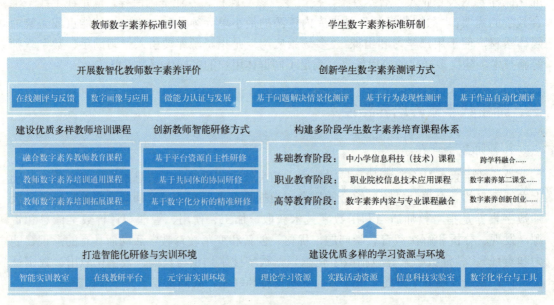

图4-2 师生数字素养提升路径

实践提升　个人数字素养能力提升训练

（一）思考

1. 请举例说明信息技术与数字技术、教育信息化与教育数字化的区别。
2. 请思考：教育数字化背景下，学生应该如何提升个人数字素养能力。

（二）实践

国家智慧教育公共服务平台应用

国家智慧教育公共服务平台（以下简称"国家平台"）是由中华人民共和国教育部指导，教育部教育技术与资源发展中心（中央电化教育馆）主办的智慧教育平台，聚合了国家中小学智慧教育平台、国家职业教育智慧教育平台、国家高等教育智慧教育平台、国家24365大学生就业服务平台等，旨在解决各类学习者在使用中遇到的资源分散、数据不通、管理不规范等问题，以及为全国高校师生和社会学习者提供高效便捷的教与学服务。

任务要求：
（1）注册登录国家智慧教育公共服务平台，熟悉各板块内容。
（2）在国家智慧教育公共平台上，学习一门虚拟仿真实训课程。
（3）利用国家智慧教育公共服务平台浏览数字科技馆。

实施提示

（1）注册登录国家智慧教育公共服务平台。
（2）选择"国家职业教育智慧教育平台"下的"虚拟仿真实训"。
（3）选择一门虚拟仿真课程进行在线学习。
（4）返回首页，进入"读书平台"下面的"数字科技馆"。
（5）选择一个感兴趣的科技馆进行浏览参观。

学习评价

学习环节	内容	自评分	组评分	教师评分
知识学习	教育数字化的概念及发展趋势；教育数字化转型解决方案			
案例分享	国家智慧教育平台建设与应用			
学习探索	教育数字化应用场景、资源及师生数字素养培养路径			
实践提升	个人数字素养能力提升训练			
学习收获				
学习反思				

拓展阅读 中国教育数字化发展概况

党的二十大报告指出："推进教育数字化，建设全民终身学习的学习型社会、学习型大国"。2024年政府工作报告强调要"大力发展数字教育"。由此可见，数字教育属于数字中国建设的重要组成部分，是开辟教育发展新赛道和塑造教育发展新优势的重要突破口。进入21世纪以来，我国制定了一系列教育数字化发展规划，整体推进教育数字化发展。

1. 教育数字化基础建设驱动阶段（2000—2011年）

2002年教育部印发《教育信息化"十五"发展规划（纲要）》（下称《规划》），标志我国教育数字化已经进入新阶段。《规划》指出到2010年，基本建成覆盖全国的教育信息化基础设施。该阶段教育数字化发展主要内容包括重大工程建设、数字化平台和资源体系建设、人才队伍建设、教育政务数字化建设、产业和标准体系建设等。具体表现为：在重大工程建设方面，建设中国教育和科研计算机网（CERNET）与中国教育卫星宽带传输网等延伸和扩展工程，中小学"校校通"工程和各级各类现代远程教育工程等；在数字化平台和资源体系建设方面，建立开放式数字化平台，开发各类数字教学资源等；在人才队伍建设方面，实施信息技术普及教育，开展教师信息化能力培训等；在教育政务数字化建设方面，推进建设教育办公信息网、教育业务资源库等；在产业和标准体系建设方面，鼓励多种资本参与数字化产业建设，规范数字化国家标准体系和推广行为等。

历经十年的基础建设驱动发展，为我国教育数字化水平的提升奠定了坚实的基础。我国的教育数字化基础设施体系已初具规模。

2. 教育数字化应用驱动阶段（2012—2017年）

2012年教育部印发《教育信息化十年发展规划（2011—2020年）》，开启我国教育数字化应用驱动阶段。以应用驱动为导向，我国全面开展"三通两平台"工程，教育数字化进入资源与环境共享和应用阶段。该阶段教育数字化发展主要内容包括：数字化资源应用、学校数字化应用能力构建、师生数字化能力提升等。具体表现为：在数字资源应用方面，推动各类数字资源平台应用，促进数字资源的可获得性、覆盖面和应用水平，实现优质资源共享和持续发展；在学校数字化应用能力构建方面，利用数字技术构建智能化学习环境，开展启发式、探究式、差异化教学，鼓励发展式评价，构建以学习者为中心的个性化教学模式；在师生数字化能力提升方面，鼓励学生运用数字技术开展自主、合作等多样化学习，培养学生运用数字技术发现问题、解决问题的能力和习惯。加强教师数字技术技能培训，养成其运用技术变革教学模式、开展网上教研和科研的习惯。

经过五年的应用驱动发展，我国信息技术与教育逐渐走向融合，形成了课堂用、经常用、普遍用、广泛用的局面，逐步形成了在应用中发展、在应用中提升的态势。

3. 教育数字化创新发展阶段（2018年以后）

2018年教育部印发《教育信息化2.0行动计划》，确立了融合创新的基本原则，标志着我国教育数字化迈向智能时代的新征程，"创新"成为该阶段的关键词。创新发展阶段，将教育数字化作为教育系统性变革的内生力量，以数字技术和智能技术为抓手，通过机制创新与技术创新，促进新技术与教育教学的深度融合，激发教育理念和教学模式的变革与创新，引发教育系统变革，重构教育生态系统。

该阶段，以"育人"为中心，以智慧教育引领教育数字化的创新发展。《教育信息化2.0行动计划》确立了到2022年实现"三全两高一大"和"三个转变"的基本目标。深入推进"三通两平台"，实现普及应用；推动信息技术与教育深度融合；构建一体化"互联网+教育"大平台。促进智能技术与教育的双向赋能，构建新时代智慧教育新生态。明确了八大行动计划，运用智能技术促进教育公平、提升教育质量。

2022年教育部将教育数字化战略行动列入年度重点工作，标志着我国教育已进入教育数字化转型阶段。

第二节　政务数字化——数字化助力政务服务提质增效

案例导读

全球电子政务发展概况

2023年9月，《2023联合国电子政务调查报告（中文版）》在中央党校（国家行政学院）发布。两年发布一次的《联合国电子政务调查报告》对193个会员国及其人口最多城市的电子政务发展水平进行了调查评估，分析了数字技术对各国政府的关键性作用，阐释了在全球各种挑战背景下数字化转型和数字政府建设发展情况、最新趋势和需要重点关注的问题。《联合国电子政务调查报告》一直被公认为是一项重要的评估衡量工具，也是公共部门数字化建设的指导框架，有效助推2030年可持续发展目标——"所有国家共同为所有人打造一个更美好、可持续发展的未来"的实现。

根据《2023联合国电子政务调查报告》结果显示，当前全球越来越依赖数字技术满足日常需求和应对特殊挑战，这一现象在一定程度上推动了电子政务行业的发展，进而促进了联合国大多数会员国电子政务发展指数（EGDI）得分的提高。目前，全球EGDI平均得分从2020年的0.5988小幅上升至2022年的0.6102。

2022年，全球共有60个国家属于EGDI非常高水平组，具体数值从0.75到1.00不等，其中，EGDI为1的国家与2020年相比增加了3个。除此之外，共有73个国家属于EGDI高水平组，具体数值在0.50至0.75之间；53个国家属于EGDI中等水平组，具体数值在0.25至0.50之间；7个国家属于EGDI低水平组（0.00至0.25之间），比2020年少1个。由此可见提高全球政务数字水平仍然是一个紧迫任务。

知识学习

一、政务数字化相关概念

1. 政务数字化

政务数字化指的是政府管理和服务职能通过信息技术进行数字化改造的过程。这个过程包括电子政务、数字政府和智慧政府等多个方面，旨在推动政府治理体系和治理能力的现代化。政务数字化的目标是优化政府服务流程，提高群众满意度，通过使用大数据、云计算、人工智能等新一代信息技术，政务数字化转型可以提升政府工作效率，优化组织架构和运作程序，创新政府决策和服务方式，从而提高公众对政府服务的体验和满意度。

2. 政务数字化转型

政务数字化转型与系统化数字变革、政府数字化治理思维密切相关。政务数字化不等同于数字政府。政务数字化是数字政府建设的内容之一，是数字技术与经济、政务、社会、文化、生态文明"五位一体"数字化融合的数字中国战略的一大组成部分。从政务数字化转型发展的主要特点来看，我国政务数字化转型经历了电子政务阶段、互联网+政务阶段、数字政府阶段。经过多年发展实践，目前我国政务数字化转型进入了数字政府建设阶段，在不同地区、不同层级、不同业务领域的政务数字化领域，电子政务、互联网+政务两大阶段、两大特征并存的现象还普遍存在。

3. 数字政府及其内容

数字政府是指政府机构利用数字技术和信息系统，实现政府管理和公共服务的数字化、智能化和便捷化，以提高政府效率和公共服务水平的过程。数字政府的目标是提供更高效、更快捷、更便利的政府服务，同时实现政府机构的数字化、信息化、智能化和精准化。

二、我国政务数字化发展状况

1. 发展情况

我国政务数字化发展情况表现在多个方面。首先，政府部门积极推进电子政务建设，通过建立政府网站、移动应用等平台，提供在线服务，方便群众办事。例如，国家政务服务平台整合了各级政务服务资源，实现了数据共享和业务协同，提高了政务服务效率。其次，政务数据资源的整合和开放也在逐步推进。政府部门通过搭建数据共享交换平台，实现跨部门、跨地区的数据互联互通，为政策制定和公共服务提供数据支持。同时，一些城市还开展了政务数据开放试点，鼓励社会力量参与数据应用和创新。

此外，我国还在探索运用大数据、人工智能等新技术提升政务服务水平。例如，利用大数据分析预测社会经济发展趋势，为政策制定提供科学依据；运用人工智能技术优化政务服务流程，提高办事效率。然而，政务数字化发展仍面临一些挑战，如数据安全与隐私保护、数字鸿沟等问题。为此，政府部门正加强数据安全立法和监管，保障公民个人信息安全；同时，通过普及网络基础设施和提升数字素养，努力缩小数字鸿沟。

2. 发展目标

从企业和群众视角出发，把"高效办成一件事"作为优化政务服务、提升行政效能，推动线上线下政务服务能力整体提升，健全"高效办成一件事"重点事项清单管理机制和常态化推进机制，实现第一批高频、面广、问题多的"一件事"高效办理。到2027年，基本形成泛在可及、智慧便捷、公平普惠的高效政务服务体系，实现企业和个人两个全生命周期重要阶段"高效办成一件事"重点事项落地见效，大幅提升企业和群众办事满意度、获得感。

三、政务数字化解决方案

当前我国多地持续加大政务服务数字化转型创新力度，"互联网＋政务服务"基础上的"一网通办"政务服务枢纽作用不断凸显，政务服务数字化转型取得了多方面积极成效。具体表现在以下方面。

1. 以"五跨"应用为基础，推进政务服务平台建设

政务服务平台是政务服务的总枢纽，承担着公共入口、公共通道、公共支撑三大作用，是地区政务服务的门户，对于实现统一政务服务事项管理、统一身份认证、统一电子印章、统一电子证照、统一数据共享等"服务统一"起着基础保障作用，也是支撑一网通办、汇聚数据信息、实现交换共享、强化动态监管等四大功能的数字化服务底座。

大力推进以"五跨"（跨层级、跨地域、跨系统、跨部门、跨业务）应用为基础的一体化政务服务平台建设，本质是以数据共享平台建设数据资源体系，实现数据共享能力充分运用，赋能具体办事场景，对于解决跨地区、跨部门、跨层级政务服务中信息难以共享、业务难以协同、基础支撑不足等突出问题成效显著。

2. 以利企惠民为目的，构建"一体多翼"政务服务平台体系

政务服务平台建设涉及各部门多个层级，在多边协同联动基础上，多地政府已搭建起以互联网政务服务门户站为主体，以移动APP、自助服务终端、WAP网页、微信公众号、微信/支付宝小程序等为侧翼的"一体多翼"政务服务平台体系，如图4-3所示。

互联网政务服务平台、移动微门户平台、网上办事大厅、12345政务服务热线、惠民信息平台、服务企业"绿色通道"等政务服务平台互为补充、互相支撑，实现移动微门户与互联网政务服务门户站相互补充、协同发展的局面，能够满足不同群体、不同时间、不

图4-3 "一体多翼"政务服务平台体系

同地点获取政务服务的个性化便利化需求。

3. 以"五电"应用为手段，大力推进全流程电子化

多地政府通过大力推进电子身份、电子文件、电子签名、电子印章和电子档案"五电"的普遍使用，推动业务全流程电子化运行。电子印章、电子签名应用场景不断丰富，电子证照种类和数量越来越多，全流程电子化改造加业务流程再造、减材料、减时限、减环节、减填写、减跑腿和减费用的"六减"服务范围持续拓展。

窗口办转自助办、线下办转线上办、单项办转链条办、人工办转智能办、单一窗口转综合窗口、属地办理转同城通办和被动服务转主动服务的"七转"，多号合一、多事合一、多表合一和多窗合一的"四合一"，正日益成为多地政务服务标配，以数据驱动为基础的业务流程"新世界"正在加速崛起，如图4-4所示。

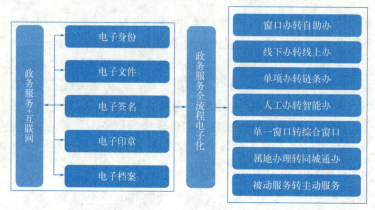

图4-4　政务服务"五电应用"及全流程电子化

> **案例分享**
>
> **数据跟着需求走　政务服务精彩"智变"**
>
> 2024年1月22日《四川日报》报道了四川省多个县（市、区）获评"互联网+政务服务"示范县称号。
>
> 成都市锦江区推出"六个一"智慧政务服务新模式。聚焦数字赋能，推进制度和技术协同创新，开创"六个一"智慧政务服务新模式，即一张政务服务地图、一套新型帮办机制、一扇数字综合窗口、一款远程云勘验系统、一批智慧审批场景、一个全时服务大厅，形成贯通线上线下，贯穿企业群众办事前、办事中、办事后的全链条、全要素、全周期智慧政务服务体系。辖区内企业群众满意度显著提升，该区先后获评"中国最佳国际营商环境城区""国家级政务服务标准化试点区""优化政务（投资）环境城区"等称号。
>
> 成都市武侯区以"区块链+政务服务"升级办事新体验。聚焦政务服务中跨部门

数据共享难等问题，依托区块链技术，建立"一数一源、一链联通、一用一记"数据安全共享新通道，让"数据跟着需求走"。加强区块链与政务服务深度融合，创新"数字卡包""智能预审"，打造"极简审批、有感服务"，已实现49.89万件办事材料链上"供、取、验"，49个事项跨部门业务链上融合，30种行政许可审管链上协同，助力群众、企业更加高效办成"一件事"。

阿坝州汶川县"汶易办"让群众办事不出村。着眼解决"山高路远、办事难"问题，全力打造"汶易办"微信小程序，通过构建"纵向县镇联动、横向部门协作"数字化政务服务格局，制定"易办、放权、减量"三张清单，上线"远程协办、上门帮办、一件代办"3个板块等，让辖区办事群众足不出户就能高效办理个人事项，更直观感受到"数据多跑路"的便利。"汶易办"上线至今，已累计为群众办件16651件，为企业和办事群众节约费用约3.8万元。

（资料来源：《四川日报》，2024年01月22日）

学习探索

一、政务数字化应用场景

1. 电子政务

数字政务在政务服务方面的应用主要体现在电子政务领域。通过搭建政务网站、政务微信公众号等平台，政府可以向群众提供各类在线服务，如个人服务、企业服务、区域通办、爱心便民、营商服务、不动产服务等。如图4-5所示。

图4-5 电子政务案例（四川政务服务网首页）

2. 数字党政

通过对人大、统战、人武、村社基层党支部等部门工作的数字赋能，实现党政工作全局"一屏掌控"，政令"一键直达村社"，监督"一览无余"等数字化协同工作场景。

3. 智慧城市

通过数字技术手段，政府可以对城市交通、环境、公共设施等进行实时监控和管理，并提供智能化的公共服务，如智能交通导航、智能停车、智能灯光控制等。如图4-6所示。

图4-6　某市数字党政平台

4. 平安乡镇

通过融合线下的安全管理网、决策资源网、电子监控网和业务资源库等构建信息网络格局，与所属社区、街道和镇直单位实现了网络互联互通和信息资源共享。构建乡镇平安监管体系。

5. 惠民服务

通过镇务的归集、各部门的数据共享、业务的协同联办，充分考虑到群众实际需要，打造多个一件事应用。汇聚卫健、民政、文化、旅游、农业农村等多个涉民部门政策，将惠民政策"一网打尽"，让惠民举措"一贯到底"，如图4-7所示。

6. 数据治理

数字政务在数据治理方面的应用主要体现在数据采集、存储、分析和共享等环节。政府通过建设数据中心和数据共享平台，实现各类信息的统一管理和共享，提高了政府治理效能，如图4-8所示。

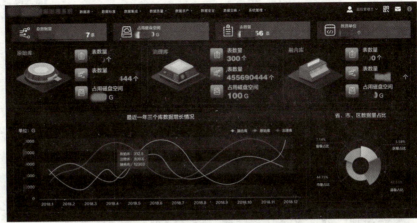

图4-7　惠民服务平台　　　　　　　　图4-8　数据治理系统

二、政务数字化应用优势

（1）一站式服务　通过整合各类政务服务资源，我国政府建立了一站式在线办理服务平台。这一平台涵盖了公安、税务、社保、医疗等多个领域的政务服务，让民众足不出户即可轻松办理各类政务事项。这种便捷的服务方式大大提高了民众的办事效率，节省了时间和精力。

（2）数据共享　政府部门间的数据共享与互通是政务数字化的重要目标之一。通过搭建统一的数据共享平台，实现政府部门间的信息互通，打破信息孤岛，提高政务效率。同时，这也有助于减少民众在办理各类政务事项时所需提交的材料数量，降低办事难度。

（3）智能咨询　运用人工智能技术，我国政府为民众提供了24小时在线智能咨询服务。这一服务能够解答民众在办理政务事项过程中遇到的各种疑问，提升政务服务水平。同时，智能咨询系统还能根据民众的问题提供相关政策法规的解读，帮助民众更好地了解政策内容。

（4）透明监督　政务数字化平台实现了政务信息的公开透明，让民众能够实时了解政府工作动态。这有助于增强政府工作的透明度，让民众更加了解政府的决策过程和执行情况。同时，这也为民众提供了监督政府工作的途径，有助于提高政府的公信力和执行力。

三、应用安全与防范措施

政务数字平台是政府机关和公共机构之间进行信息传递、业务办理和服务提供的重要平台。为了保证政务网的安全，需要采取一系列的防范措施。扫码学习政务数字平台应用的安全与防范措施，以便安全、正确的登录和应用平台。

M4-1
政务数字平台应用安全与防范措施

>> 实践提升　**应用政务数字化平台办理个人业务**

（一）思考

1.通过以上学习和探索你对政务数字化的发展趋势有何看法？
2.结合自身经历谈谈你应用政务数字平台办理过哪些个人业务？

（二）实践

1.应用四川政务服务网办理个人业务

四川政务服务网是全省"一网通办"总门户，依托全省一体化政务服务平台的统一事项管理、统一身份认证、统一电子证照、统一电子签章、统一"好差评"、统一物流配送、统一受办平台、统一用户中心等基础支撑体系，面向自然人和法人提供一站式网上办事渠道，包括：办事指南查询、网上申请办事、办事进度查询、在线咨询投诉和满意度评价等功能。

任务要求：

（1）打开四川政务服务网，以个人身份完成用户注册与登录，如图4-9所示。

（2）选择申报事项。选择"学习就业""就业创业""职业资格""工作求职""爱心便民"其中一种完成业务申报办理。

（3）截图保存办理结束页面并提交教师。

2.应用"天府通办"移动端办理个人业务

"天府通办"移动端是四川省"一网通办"移动端总门户，业务和功能事项与四川政务服务网一致。

（1）打开"天府通办"APP，点击"我的"，点击左上方"请登录"，用之前网页注册的用户名和密码登录页面，如图4-10所示。

图4-9 四川政务服务网登录页面

（2）选择事项，在首页搜索框中输入事项名称，进行查询，查看网页端办理事项进度。

（3）截图保存办理结束页面并提交教师。

图4-10 "天府通办"移动端应用界面

实施提示

（1）学习《国务院关于进一步优化政务服务提升行政效能推动"高效办成一件事"的指导意见国发〔2024〕3号》，全面认识政务数字服务的渠道建设和创新模式。

（2）学习《数字政府标准化白皮书（2023）》。
（3）查阅四川政务服务网及"天府通办"移动端操作指南，并进行应用操作。

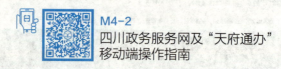

M4-2
四川政务服务网及"天府通办"移动端操作指南

常见问题

（1）网页无法打开。解决办法：建议采用谷歌、火狐或360浏览器（极速模式）。
（2）密码设置较为简单容易出现信息泄露。
（3）业务办理无进程。解决办法：可在"政民互动"中进行热线咨询。

学习评价

学习环节	内容	自评分	组评分	教师评分
知识学习	政务数字化的相关概念、解决方案及发展趋势			
案例分享	数据跟着需求走 政务服务精彩"智变"			
学习探索	政务数字化的应用场景、应用优势、应用安全与防范措施			
实践提升	应用政务数字化平台办理个人业务			
学习收获				
学习反思				

拓展阅读 数字政府建设全面呈现一体化发展态势

随着数字中国建设进程的加速，数字经济已经上升为国家战略，以数字化转型驱动城市治理方式的变革已经成为各地政府的共识。从建设内容上看，政务云、政务大数据、政务应用、政务安全、政务特色行业等各方面均有服务商提供服务，同时已形成相对稳定的产品服务体系，各服务商间相互合作，构建集约、共赢的生态共同体。

1. 行业相关政策支持

《国务院关于加强数字政府建设的指导意见》《全国一体化政务大数据体系建设指南》等重要文件发布，擘画了政府数字化的建设方向，围绕政务数据的多维度创新方兴未艾，数据赋能成为数字政府建设的关键与核心，数据治理、数据共享、数据安全的重要性越发凸显。

根据中研普华产业研究院发布的《2023—2028年中国数字政府行业市场发展环境与投资趋势分析报告》（下称白皮书）显示：

数字化转型在提升政府执政能力、履职效能等方面发挥了重要作用。数字政府将行政管理中繁杂的日常事务迁移至线上，进行程序式管理，同时将垂直化分层转化为扁平化辐射结构，并实现部分决策权下放，此外政府凭借数字系统大幅提升了信息收集与传递能力。加速数字政府框架建设，依靠数字技术满足日常需求并应对包括经济危机、公共卫生、自然灾害、气候变化在内的特殊挑战，在各具体应用领域持续进行功能、安全、性能、可靠性方面的创新，已然成为国际普遍共识。

数字政府作为数字中国体系的重要组成部分，是推动数字经济转型的重要保障，是加快数字化发展的重要任务，也是有效推动我国经济社会生态等方面高质量发展的重要抓手。

2. 数字政府行业现状及趋势分析

白皮书提出，我国数字政府建设全面呈现一体化发展态势。

从政策沿革看，数字政府建设正从宏观到微观推进一体化建设布局；从服务方式看，政府数字履职应用日益趋向一体化协同联动；从数据资源看，全国一体化政务大数据体系加快形成；从技术特征看，数字技术全面赋能加速一体化融合；从底座建设看，设施部署明显趋向一体化共用格局。

从需求侧看，截至2023年5月，我国数字政府应用场景建设项目累计超过4.5万个，"十四五"时期建设项目达2.8万个，且数量逐年上升，数字政府应用场景需求巨大。

从供给侧看，当前我国涉及数字政府建设的企业超过24万家，聚焦数字政府细分场景，其中超过15个细分场景聚集企业超过5000家，特别是在智慧社区、智慧挂号、智慧教学等场景竞争最为激烈。

> 目前，数字政府建设成效初显，头部服务商也在加速布局，华为、阿里、海康威视、浪潮信息、科大讯飞、用友网络、大华股份都在数字平台、智慧大脑、智慧政务等方面布局，形成了一体化的数字政府解决方案。
>
> 在"十四五"规划和数字政府政策的引导下，数字政府市场处在重要发展窗口期。但是，在政府财政压力加大，地缘政治风险提高等诸多不稳定因素的影响下，当前数字政府市场需求与供给均有一定程度的延滞。

第三节　企业数字化——数字化赋能千行百业精彩蝶变

案例导读

"放心盐"背后的秘密——数字化赋能食品工业"三品"转型

食品溯源是一个大的工程，它涉及食品生产、加工、流通和消费等环节。汉沽盐场，在原传统标识的基础上，结合企业自身数字化、智能化转型升级需求，构建企业标识体系与标识模型库，建立企业工业互联网标识解析节点及应用平台。通过标识解析体系，定义了每一袋盐的身份证，获取全流程数据，打通了全产业链数据通道。

在生产场景中，产线智能扫码，实现无人值守的数字化工位。在流通场景中，通过扫码逐级出入库，追溯商品流向各环节的进销存数据，相互关联印证，企业获取准确市场数据，实现精准数字化排产备货。在消费场景中，消费者通过智能手机扫码，以大数据技术快速准确鉴别商品真伪，企业会获得消费者画像，掌握消费大数据，获得终端消费市场的先机。在市场监管场景中，监管部门通过"盐查查"小程序，轻松掌握投诉处理、数据查询、涉盐地图、真假辨别、联席执法和监控预警。在企业管理场景中，企业通过平台可以详细看到解析后的数据，各模块流量分析报表，大数据地图精准展现，产品流向分布、储备情况、预警信息等一目了然，以极低成本获取多角色、多场景的有价值数据，做到数字化、移动化管理。

数字化改造后，汉沽盐场原有产品设计效率提升了16%，产品研发周期平均缩短了3个月，每条生产线节省人力2人，库存管理和排产备货实现数字化，直接成本每月降低15万元。线上线下融合提升了品牌影响力，绿色海盐年销量提高23%。对于汉沽盐场来说，也正是通过构建数字基础设施，通过标识解析的应用，以数字化手段为抓手，在整个食盐的生产、经营的全生命周期，对供应链、产业链全要素进行数字化升级、转型和再造，实现"增品种、提品质、创品牌"，赋能企业"三品"转型。

> 知识学习

一、数字经济、企业数字化转型概念

1. 数字经济

数字经济是以数字化的知识和信息作为关键生产要素，以数字技术为核心驱动力量，以现代信息网络为重要载体，通过数字技术与实体经济深度融合，不断提高经济社会的数字化、网络化、智能化水平，加速重构经济发展与治理模式的新型经济形态。数字经济由数字产业化和产业数字化两大部分组成。

数字产业化是数字经济发展的基础支撑。新兴数字技术企业将数据资源转化为生产要素，通过市场化应用融合，形成数字产业链和产业集群。人工智能、大数据、区块链、云计算、网络安全等新兴产业逐步壮大，通信设备、核心电子元器件、关键软件等产业水平得以提升，基于5G的应用场景和产业生态不断丰富，促进数字经济健康发展。

产业数字化是数字经济发展的主阵地。传统企业在转型过程中，利用物联网、人工智能、大数据等数字技术对现有产品和服务进行数字化改造或开发智能化的产品和服务，加速企业技术创新，拓展基于数字平台的商业模式。产业数字化有利于企业探索新的市场机遇，助推企业市场份额和营业收入的提升，为企业带来绩效回报的增长。

2. 企业数字化转型概念

企业数字化转型是数字技术和业务双轮驱动下的企业业务、组织、流程、产品和商业模式等全方位的创新性变革，其本质是在企业实现全面信息化的基础上，构建平台化的新一代IT基础设施和可信安全架构，通过数据技术和数据算法显性切入业务流，以数据驱动实现智能化闭环，使得企业的生产经营全过程可度量、可追溯、可预测、可传承，推动形成新业务、新业态、新模式，优化资源配置效率，对内提升效率和效益、对外提升客户满意度，构建企业新型竞争优势，实现价值创造。

数字化与传统信息化的主要区别：传统信息化强调"流程"的信息化；数字化强调"业务"的数字化。数字化转型关注的不仅是管理，更关注业务的重塑。企业信息化主要负责部门是IT部门，而企业数字化转型的主要对象部门为业务部门。转型战略的制定要从业务层面出发。企业数字化转型是一把手工程，数字化转型是企业战略级的转型，必须由企业的最高管理者亲自主导并参与。数字化转型与传统信息化主要在视角、阶段、功能、主体、内容、工具以及人才要求等七个方面表现出具体差异，如图4-11所示。

3. 企业数字化转型特征

企业数字化转型更强调数字技术对企业各领域的赋能作用以及全要素的数字化转型和渗透，企业数字化转型具有以下特点：

（1）以"云大物移智链边"为主要技术引擎　新一代信息技术如5G、人工智能、量子计算、物联网、区块链、大数据、虚拟现实、超高清视频等信息技术持续突破，并从单点创新向交叉创新转变，促进形成多技术群相互支撑、齐头并进的链式创新，不断从实验室

图 4-11 企业数字化与信息化的区别

走向大规模应用,为企业的蓬勃发展与应用提供了支撑。

(2)以数据为关键生产要素 数字化转型就是要将新一代ICT技术作为新的生产要素,叠加到企业原有的生产要素中,从而引起业务的创新、重构。

(3)以数字资产为主要商业载体 数字化转型不仅仅是将技术简单运用到生产过程中,更应该在转型过程中不断积累和形成数字资产,围绕数字资产构建数字世界的竞争力,为企业不断创造价值。

(4)以生态系统为主流合作模式 企业数字化转型更强调数字技术对企业各领域的赋能作用,对企业的全部要素进行数字化转型和渗透。

二、企业数字化转型路径

1. 企业数字化转型本质

企业的数字化转型是对企业业务全方位的重塑,不仅意味着技术创新应用,还包括文化理念、管理模式、业务模式、商业模式治理形态的深刻变革。具体包括企业战略、营销、商品和生产、商业模式、管理乃至企业文化和思维方式等整体的数字化转变。

(1)企业战略数字化 企业战略的数字化转型不仅仅是制定数据驱动的决策,还是培养从管理层到普通员工的数字意识和工作习惯,改变原有的流程和组织结构、调整资产组合、支持新的数字业务和商业模式的渐进过程。

(2)企业营销数字化 营销的数字化转型更好地应用数字技术和数字媒体,建设数字品牌,提升客户体验,与客户进行更多、更深入的互动。

(3)商品和生产数字化 商品的数字化转型是数字技术对商品形态和功能的改变;生产的数字化转型主要指产品生产过程和服务提供过程的数字化。

(4)商业模式数字化 商业模式的数字化转型是指打造数字平台;数字平台是实现商业模式数字化转型、与其他数字平台竞争的重要途径。

(5)管理数字化 管理的数字化转型主要涉及战略、组织结构、管理平台和人才四方面。

2. 企业数字化转型路径

成功的数字企业依托完备的战略,通过更敏捷的业务流程,互联平台、分析工具和协作能力来提高生产效率,从而实现更加精干敏捷的运营模式,进而寻求、识别并开发新的数字化业务模式,并始终以客户和员工为中心。企业数字化转型包括企业战略转型、文化转型、运营转型、组织转型和业务转型,具体如图4-12所示。

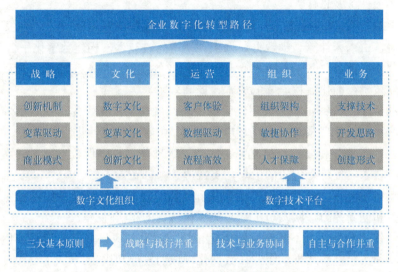

图4-12 企业数字化转型路径

(1)战略转型 数字化架构企业的能力很大程度上依赖于一个清晰的数字化战略。数字化战略这一能力包含四重含义:新技术驱动、创新机制、变革驱动力,商业模式。

(2)文化转型 企业文化是数字化转型成功与否的关键要素。组建创新团队比较简单,但在整个公司范围内转变思想和渗透企业文化却很难。企业要不断树立转型文化理念,培育数字文化、变革文化和创新文化,激发个体活力,为员工营造好的转型环境,形成数字化转型的动力源泉,支撑数字化转型。

(3)运营转型 数字化运营是数字化转型的基础,其本质是通过大数据及人工智能,化解复杂环境的不确定性,优化资源配置效率,创建企业核心竞争优势。企业运营管理从过去的流程驱动转变为数据驱动,通过业务中台+数据中台协同驱动的数字化平台赋能,实现实时数据分析服务、业务数字化运营服务,进而实现决策迅速精准、执行效率提升、成本管理精细、用户数字化体验提升和用户转化效率提升。

(4)组织转型 数字化转型需要通过机制优化激发转型活力,依据数字化转型发展需求,调整优化组织机构,优化业务管控模式,推进业务流程优化和再造,衔接传统管理模式下的业务断点,促进源端业务协同和数据共享。

(5)业务转型 借助新技术与架构,传统企业可向创新且灵活的业务模式转变。企业应通过提升业务战略领导力体现数字价值,进一步制定业务架构模型,确立组织架构,重点考虑业务现场的数字化,形成全局数字化视野,并通过新技术为数字化转型提供引擎与支撑。

3. 企业数字化转型路径实施

数字化转型的路径可以根据企业的特点和需求进行定制,但一般而言,可以包括以下几个主要步骤和路径:

(1) 制定数字化战略　确定数字化的愿景和目标,明确数字化对企业的重要性。分析行业发展趋势,确定企业数字化转型的优先领域和重点方向;制定数字化转型的计划与时间表,明确各项任务及责任人。

(2) 建立数字化基础设施　升级和优化企业的信息技术基础设施,包括网络、服务器、数据库等,引入云计算、大数据、人工智能等先进技术,构建数字化平台和系统。

(3) 优化业务流程　重新设计和优化企业的业务流程,提高工作效率和质量。引入自动化和智能化技术,简化流程、降低成本、提高效率。

(4) 推动数字化营销　制定数字化营销策略,如利用社交媒体、搜索引擎优化数字化渠道,建立客户关系管理系统,实现客户信息的集中管理和个性化服务。

(5) 加强数据管理和分析　建立完善的数据管理体系,确保数据质量和案例;运用数据分析和挖掘技术,提炼有价值的信息,支持决策与创新。

(6) 推动组织变革　调整企业组织架构和流程,建立灵活高效的组织机制。培养员工的数字化素养和创新能力,激发员工参与数字化转型的积极性。

(7) 持续优化和创新　不断评估数字化转型的效果与成果,及时调整和优化策略和计划,鼓励创新和实验,持续推动企业在数据化领域的发展和进步。

三、企业数字化发展趋势

1. 企业数字化转型阶段

美国数字化变革研究专家贾森·艾博年(Jason Albanese)、布莱恩·曼宁(Brian Manning)合编的《商业新模式:企业数字化转型之路》(中国人民大学出版社)一书中大致将企业数字化转型分为以下几个阶段:朦胧期、反应期、进展期、沉浸期、成熟期五个阶段。

(1) 朦胧期　该阶段的企业不具备基础的数字化元素,内部几乎没有使用任何数字化或信息化管理软件,外部从互联网也无法查询到企业的营销信息,但是企业本身已经感受到数字化对于自身经营的影响。

(2) 反应期　处于数字化转型反应期的企业,已经初步具备了一些数字化基础。企业内部开始使用数字化管理工具,企业对外已经有了自身的网站、微信公众号、企业微博等渠道来给消费者传递信息。该阶段企业的数字化处于初步阶段,并不能满足数字化运营的全部要求。

(3) 进展期　这个阶段的企业能够更加充分地利用数据做市场和客户研究,企业已经开始有专业的数字化人才来跟进或推进自身数字化进程,企业经营中的部分环节开始实现数字化,并且取得阶段性成果。对于企业而言,产品或服务的营销方式已经有了很大的变化,移动化、数字化的特点开始显现。

(4) 沉浸期　该阶段的企业已经有较为成熟的数字化转型团队,能够根据业务和客户导向的目标,指导战略和运营,随着支持转型的职能、专业、模式、流程和系统逐渐成型，公司形成全新的组织架构。

（5）成熟期　成熟期的企业已经能够实现数字化运营的要求，企业运营过程中效率提升显著，企业内部形成数据驱动文化，企业决策由数据驱动，数字化转型效果在财务数据、市场数据方面能够得到体现，数字化转型达到前期目标。

2. 企业数字化转型发展趋势

数字化已经广泛被中国市场接受，行业的数字化将重构价值链，最终带来社会生产力的提升。据IDC对中国金融、制造、教育、零售、文娱、政府等六大重点行业的100家大型企业的调研结果显示，中国六大重点行业的整体数字化水平还有较大发展空间，且不同行业间数字化差距较大。根据数字化转型发展程度的不同，可以分为三个阶段：管理信息化、企业数字化、生态智能化。数字化转型，就是由管理信息化向企业数字化、生态智能化转变的过程，最终实现智慧化。信息化、数字化和智能化之间没有明确严格的分界或标志，都是数字化发展的重要组成部分。三者有递进关系，但又同时并行存在，相互支撑促进，螺旋上升发展。通俗来说，可以认为信息化是数字化和智能化的基础，智能化是数字化发展的高级阶段。数字化的快速发展不断颠覆企业的底层业务逻辑，主要表现在商业模式、产品服务、组织形式以及运营特点方面。

（1）商业模式　数字化时代，连接数量限制突破，单个连接贡献的收入不再重要，取而代之的是连接数量，因此数字化时代商业模式的趋势呈现平台、免费、共享的特点。

（2）产品服务　数字化时代，谁能争抢到最多的连接数，谁将是赢家，这是最基本的逻辑。因此数字化时代的产品或服务的内在逻辑也发生了变化，向着体验为王、创新至上、个性定制的方向发展。

（3）组织形式　数字化时代，信息的传递形式是广播式的，减少信息传递壁垒。更加适应数字化时代的组织形式应该扁平化，减少组织层级和信息壁垒。数字化时代组织的边界不再是自身，组织与信息延伸边界范围内的组织共同构成生态圈，并与其他生态圈形成竞争。

（4）运营特点　数字化时代，信息和数据是企业最为重要的资产，是企业进行商业决策的重要依据，数字化时代的企业运营呈现精准营销、柔性流程、敏捷协作的特点。

案例分享

数智化赋能邮政绿色发展新模式

物流行业作为现代经济的重要组成部分，在国民经济和社会发展中发挥着重要作用。近年来，物流行业在快速发展的同时也面临着诸多问题，例如设备老旧、工艺落后、数字化程度低，运营过程中存在着较大的成本和服务质量压力。中国邮政集团有限公司山东省分公司（以下简称山东邮政）承担了全省12地市的邮件进出港分拣和运输投递任务，日均邮件处理量过百万件（以总包计），希望通过改革创新解决日常经营管理中存在的问题。

为解决上述问题，中国电信山东公司与山东邮政联合成立"山东邮电数智化创新工作室"。基于AI、天翼云、视联网等云网融合技术，对货车装载率低、人工巡视监管力度弱、丢损拉低服务质量等痛点问题进行创新研究应用，全场景展开业务诊断。在此次创新实践中，中国电信主要通过提供货车装载AI智慧监管、视频AI智慧监管、全过程追溯体系三个方面的技术支持，赋能邮政行业数字化转型。

货车装载AI智慧监管利用物联网技术和人工智能技术，通过对货车装载情况进行实时监控和数据分析，及时发现和解决货车"假满"等情况，提高货车的装载利用率，实现对货车装载率的精准评估与全面管理，减少人力资源浪费，降低企业成本。视频AI智慧监管则借助AI算法对监管视频进行智能分析和处理，实现对快递分拣各个环节中人、车、货等不同对象状态或行为信息的智能识别，及时发现生产过程中的问题并予以解决，提高效率和服务质量，保障安全生产。全过程追溯体系对邮件、包裹等物品的丢损情况进行基于大数据和物联网的统计和分析，实现物品的全面管理，保障运输安全，提高物流服务质量，降低丢损率，解决困扰邮政行业的难题。

经过实际生产运营检验，中国电信"数智化赋能邮政绿色发展新模式"解决方案可实现多个应用场景的智能识别定位，大幅减轻邮政生产管理人员压力。通过定制AI算法，单包裹体积测量的精度平均值超98%，整车装载体积可提升15%以上，对常见因素导致的邮件丢损也可进行针对性监管；通过创新研发，压降运营成本30%；通过流程再造、设备升级、管理创新，装载率提升20%，运输配送整体作业效率提升30%，中心分拣效率提升50%，成功为邮政行业降本增效，为山东邮政带来经济效益和社会效益的双重提升。

（资料来源：中国电信山东分公司、中国电信政企服务）

> 学习探索

一、企业数字化转型痛点与难点

哈佛商业评论、麦肯锡、CIO杂志等多家著名机构，都给出了"为什么数字化转型失败"方面的讨论，很大原因是对数字化转型面临的困难认识不够清楚。数字化转型面临的挑战，主要体现在硬实力、软实力两个维度，其中硬实力包括技术、业务以及数据三个方面，软实力主要包含文化、组织和人才三个方面。

（1）技术层面　缺乏底层基础架构、数据分析能力不强。数字化转型不仅要求企业能够迅速掌握新技术，还要将新技术融会贯通形成组合优势并找准业务结合点。

（2）业务层面　响应速度过慢、交付质量不高。数字时代最重要的能力是设计并实现新的业务模式。企业必须不断探索新模式，提高响应速度以及交付质量。

（3）数据层面　存在数据孤岛、数据断层现象。要让数据真正提高价值，企业必须要打通数据断层，使之能够相互关联、流转，消除数据孤岛。

（4）文化层面　畏惧数字化变革、敏捷协作不充分。数字化转型过程将极大突破传统企业的舒适区，在缺乏经验的未知领域探索，新旧两种文化将存在长期的冲突。

（5）组织层面　组织架构孤立、缺乏跨部门协同。转型本身是动态的，在转型过程中如何建立并调整与转型匹配的组织机构是转型的重要挑战。

（6）人才层面　缺乏专业人才。转型不仅需要新技术、业务创新人才，更需要能将新技术与业务结合起来的创新人才，培养高水平转型人才队伍是转型不可回避的问题。

二、企业数字化转型解决方案

混合云能够有效地帮助企业进行数字化转型，让企业充分享受新技术发展带来的红利。在数字化转型过程中，企业将竞争优势作为目标：一是提高效率，因为企业希望将部分IT资源和复杂管理转移到云上；二是提高安全性和降低风险，利用混合云的灵活性明智地选择将哪些工作负载和数据迁移至云，将哪些工作负载和数据维持在内部。混合云架构设计具备以下主要功能。

1. 资源融合与统一管理能力

混合云方案最基础的能力就是能够提供资源的整合和统一管理。这种整合和管理不仅仅是公有云和私有云的简单集合和资源展现，而是能够实现存量和云上资源(计算，存储和网络)的集中和池化，并且可以实现资源按需进行跨云的编排和调度，让应用能够灵活跨云部署和迁移。

2. 数据的一致访问和协同能力

数据只有在流通中才能体现其价值，因此一个能为企业带来价值的混合云方案应该打破数据孤岛，解决数据的流通问题，实现数据的共享和协同。首先应该在公有云和私有云之间建立近乎等同的数据访问体验，各类数据具备统一的标准，有一致的存储、访问和备份策略，可实现一定程度上的自由迁移。通过数据集成和交换功能可以对不同位置的数据进行管理，在必要时能够让数据在私有云和公有云平台间进行高效的双向传输，数据不会因位置的改变而造成不可访问的现象。这样既能保证数据一致性，避免不可访问的风险，也为应用协同、数据挖掘分析、人工智能应用提供良好的基础条件。为了防止数据丢失，跨云之间的数据备份能力也是不可或缺的。

3. 高效的联通和安全合规能力

混合云的内、外部之间需要安全和高传输效率的物理及逻辑网络连接。为了保障云之间数据、应用的共享和协同，资源的灵活拓展和编排，混合云解决方案中的网络方案除了传统方式外，也应提供更先进和传输效率更高的联通方式。比如通过在公有云和企业数据中心之间建立起基于私有三层网络和私有IP的逻辑网络，使得跨云的通信更为直接和通畅，这在实现跨云无缝通信中非常有价值。用户对混合云仍然有安全和合规性的顾虑，这主要来自行业政策因素以及对公有云安全体系的担忧。为了消除用户的这种疑虑，混合云解决方案中应该提供高标准的安全可信和合规机制，从技术架构层面、产品层面、国家法律法规和标准层面全面保障用户在云上数据和系统方面的安全和合规性。

4. 推动企业生态发展和创新的能力

当企业的基础架构从传统架构逐渐转为云架构时，需要快速构建与之匹配的新生态，这样才能保证业务的持续发展和创新。虽然企业可以通过已有的生态和能力去拓展云生态，但是这需要花费大量的时间和精力，并且很有可能难以匹配云上生态的需求，因此企业需要通过更加快捷的途径来实现云生态的打造和聚合。如果能借助云服务商的庞大云生态圈并快速将其转化为内部共享成果，统一线上和线下生态，必然会帮助企业快速高效地组建和优化适用于自身的云生态环境，加速其创新和转型。

> **案例分享**
>
> #### 案例1　混合云助力深圳机场打造智慧未来机场
>
> 华为与深圳机场深度战略合作"未来机场"项目，联合打造"机场智能体"，提供从云平台、视频监控、集成平台和AI应用算法在内的全解决方案。"未来机场"项目中，华为提供"企业服务总线"ROMA平台，源自华为自身实践，接入各个新建系统和机场原有业务系统，在保持机场现有业务架构不破坏的情况下实现了运控管理等业务的智能化。为深圳机场针对"运控一张图""出行一张脸"场景提供了多个 AI应用，如机位自动分配，刷脸快速安检等。该算法由华为及其伙伴提供，基于华为云平台开发和训练。
>
> #### 案例2　创新赋能智慧医药 华云数据助力上药控股打造云平台
>
> 上药控股急需将已有IT与康德乐IT整合，使IT系统从各个工厂分公司的粗放式管理向精细化共享型建设模式转变。华云数据为上药控股成功构建新一代企业级云平台，将已有IT与康德乐IT整合，构建私有云平台，高效地管理外地控股公司基础架构，并充分发挥混合云管理优势，使资源利用率提升80%，总成本降低30%，实现了从传统职能化到流程化管理的管理模式变革，大幅提升运营效率。

三、企业数字化转型评估体系

1. 国内数字经济评价体系

国内机构及学者近几年才开展对数字经济评价体系的量化和测度活动，国内政府机构、公共机构、企业等均开展了相关研究，研究对象均为国家或地区。由于不同角色的关注点和理念的不同，各评价体系差异性较大。

腾讯"互联网+"数字经济指数侧重于反映"互联网+"数字经济在全国31个省（直

辖市、自治区）的落地情况。指标体系涵盖了基础、产业、创新创业、智慧民生4个分指数，共计14个一级指标、135个二级指标，内容涉及社交、新闻、视频、云计算、三次产业的17个主要子行业、基于移动互联的创新创业、智慧民生等。腾讯作为互联网企业，行业渗透率高，能够较为精准、及时反映情况，但其数据受限于市场份额和业务类型，能否代表数字经济整体水平还有待商榷。

中国信息通信研究院（简称"信通院"）数字经济指数(DEI)包括先行指数、一致指数和滞后指数3类，侧重反映不同时期的经济景气状态指标体系。涵盖了数字经济发展所必需的基础条件、数字产业化、产业数字化以及数字经济对宏观经济社会带来的影响，并选取了许多具有中国特色，时代特色的指标，是一个相对而言大而全的指数。信通院DEI优点是大而全，缺点是理论框架不够完善，指标间逻辑联系和科学依据不够清晰，当下热点也未必有长期观测的可持续性和代表性。

新华三集团城市数字经济指数(DEI)，指标结合相关政策规划，考察城市热点数字化技术应用情况，重点关注技术创新在应用层面的实施成效。该指标体系构建了数字化应用技术框架，涵盖了城市信息基础、城市服务、城市治理、产业融合四个一级指标、12个二级指标。新华三集团城市DEI构建了数字化应用技术框架，具备可参考性，但由于不同区域发展差异较大，针对城市的数字经济发展横向对比方法有待进一步完善。

2. 数字化转型评估指标体系

据埃森哲（Accenture）、国家工业信息安全发展研究中心、中关村信息技术和实体经济融合发展联盟合作开展的覆盖九大行业的高管调研和企业评估，通过对中国企业数字转型进行的深入研究和多角度分析，形成了埃森哲中国企业数字化转型指数模型，该模型是一个跨行业的评估框架，用以评估企业在智能运营、主营增长、商业创新三个业务维度上的转型进程，如图4-13所示。

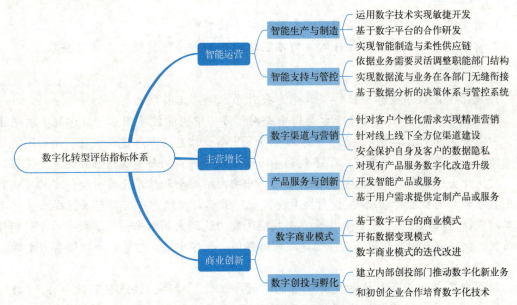

图4-13 埃森哲模型数字化转型评估指标体系

根据央企数字化转型特点及相关转型评价指标研究资料，结合数字化转型对企业各个方面的能力要求，我们针对央企特点，综合转型战略、业务、组织管理等多方面的因素，提取出了六大维度共27项指标用于对企业数字化转型效果水平进行评价，如图4-14所示。

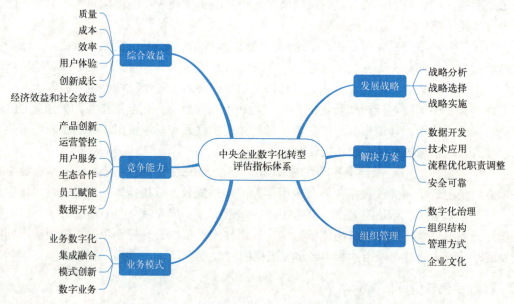

图4-14　中央企业数字化转型评估指标体系

》实践提升　数字化赋能个人工作能力提升训练

（一）思考

1. 请思考企业数字化转型用到哪些关键数字技术？
2. 请思考个人应该具备怎样的能力才能适应企业数字化转型对人才的要求？

（二）实践

1. 使用全民数字素养与技能提升平台提升个人数字工作能力

全民数字素养与技能提升平台是由中央网信办、中央党校（国家行政学院）共同指导，由中央党校（国家行政学院）电子政务研究中心、信息技术部建设运营。平台围绕数字生活、数字学习、数字工作、数字创新等方面开发了许多高质量实用性强的免费课程资源，对提升全民数字素养与技能有很大帮助。中央网络安全和信息化委员会印发的《提升全民数字素养与技能行动纲要》，对提升全民数字素养与技能作出安排部署，提出2035年基本建成数字人才强国，全民数字素养与技能等能力达到更高水平，高端数字人才引领作用凸显，数字创新创业繁荣活跃，为建成网络强国、数字中国、智慧社会提供有力支撑。

2. 任务要求

使用全民数字素养与技能提升平台的"数字工作"模块，任选"高效办公""数字营销"或"新技术应用"板块下某一项内容进行学习，并撰写学习心得报告。

实施提示

（1）使用浏览器打开全民数字素养与技能提升平台；
（2）选择"数字工作"模块下的"高效办公""数字营销"或"新技术应用"板块；
（3）进入相应板块，进行内容学习；
（4）完成学习心得报告。

常见问题

网页无法打开。解决办法：建议采用谷歌、火狐或360浏览器（极速模式）。

学习评价

学习环节	内容	自评分	组评分	教师评分
知识学习	企业数字化转型的相关概念、转型路径及发展趋势			
案例分享	数智化赋能邮政绿色发展新模式			
学习探索	企业数字化转型痛点与难点、解决方案及评估体系			
实践提升	数字化赋能个人工作能力提升训练			
学习收获				
学习反思				

 拓展阅读　**中国企业数字化发展进程**

　　数字经济已经成为驱动我国经济稳定增长不可或缺的重要力量。据有关机构测算，2020年中国数字经济规模已经达到39.2万亿元，占GDP比重为38.6%，同比增长9.7%；其中产业数字化规模达到31.7万亿元，占GDP比重为31.2%，同比增长10.3%。在数字经济时代，加快数字产业化和产业数字化进程，促进数字经济与实体经济深度融合，是实现经济高质量发展的必由之路。企业是市场经济中重要的微观基础，推动企业数字化转型，有利于改造和提升企业传统动能、培育企业新动能，从而促进数字经济的发展。我国企业数字化发展经历了一段较长时间的演变，从信息传播到电子商务，从网络服务到智能决策，新模式和新企业不断涌现，技术创新成为行业核心的驱动力，企业数字化渗透的程度成为商业模式成功的关键要素。具体而言，我国企业数字化发展脉络大致可分为三个阶段。

1. 第一阶段：1994—2002年

1994年，中国正式接入国际互联网，进入互联网时代，数字产业化开始萌芽。以互联网行业崛起为显著特征，伴随互联网用户数量的高速增长，一大批业内的先锋企业相继成立。三大门户网站新浪、搜狐、网易先后创立，阿里巴巴、京东等电子商务网站进入初创阶段，百度、腾讯等搜索引擎和社交媒体得到空前发展。从20世纪90年代开始，企业对数据共享、协同工作产生了需求，也更加重视业务流程的优化，开始采用局域网络联接企业各职能部门，发展功能更强大的管理信息系统和办公自动化系统。许多较高层次的企业信息化应用，如ERP、产品生命周期管理PDM系统等开始进入很多企业，这些集成应用给企业带来了显著的经济效益和管理的进步。

2. 第二阶段：2003—2012年

随着互联网用户数量持续保持两位数增长，以网络零售为代表的电子商务首先发力，带动数字产业化由萌芽期进入新的发展阶段。例如，2003年上半年，阿里巴巴推出个人电子商务网站"淘宝网"，此后发展为全球最大的C2C电子商务平台；同年推出的支付宝业务，则逐渐成为第三方支付领域的龙头。新兴业态不断涌现，这一阶段网民规模的高速增长，为数字产业化的崛起提供了优质土壤。进入21世纪后，我国企业普遍进入到信息化应用阶段，基于互联网的信息化应用技术迅速普及。借鉴供应链管理的思想，具有一定信息化基础的企业开始尝试对供应链上下游企业的数据综合集成利用，加大数据资源集成的力度与范围，实现供应链上下游企业间的数据共享。

3. 第三阶段：2013年至今

2013年中国手机用户总数首次超过10亿，网民中使用手机上网的人群占比提升至78.5%。互联网平台逐步发展成为全要素、全产业链和全价值链连接的载体和枢纽，平台经济、共享经济成为全新增长点，助力提升资源配置、产业分工、价值创造的共享协同水平，资源富集、多方参与、创新活跃、高效协同的数字产业新生态初步建成。人工智能、大数据、区块链、云计算、网络安全等技术、产品及服务不断成熟，5G网络和千兆光网等信息基础设施加速建设，应用场景得以丰富，数字产业化的增长潜力日渐显现。

在新一代数字科技支撑和引领下，传统企业以数据为关键要素，推动数据赋能、价值释放，对产业链上下游的全要素进行数字化升级、转型和再造。数字孪生基础设施启动建设，基于数据自动流动的状态感知、实时分析、科学决策、精准执行的闭环赋能体系在企业中得到广泛应用。工业互联网、智能制造、车联网等融合型新模式大量涌现，企业利用数据驱动资金、技术、人才等要素资源配置的效率大幅提升。

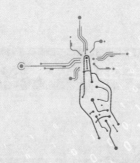

第五章

持续提升数字素养

学习目标

 知识目标

（1）理解数字安全的概念；
（2）熟悉数字创新的特点；
（3）了解数字责任的重要性。

能力目标

（1）具备一定的数字安全防护能力；
（2）具备一定的数字创新应用能力。

素养目标

（1）具备数字安全意识；
（2）具备数字创新意识；
（3）具备数字责任意识。

第一节　保障数字安全能力

案例导读

360数字安全托管运营服务

数字中国已成为国家战略，企业在数字化转型中面临着越来越多的网络安全威胁。360推出了360数字安全托管运营服务，采用"安全即服务"理念，运用先进的安全云技术手段，将360独有的全网大数据、规范化和专业化的安全专家团队、标准化服务流程以及统一运营平台进行深度融合，设计出主打"多对一的管家式"安全运营服务，围绕资产运维与风险管理、威胁监测与智能分析、协同处置与响应指挥、实战能力评估与演练四个维度，实现常态化7×24小时全天候、全方位的威胁监测，帮助客户"摸清家底、感知风险、洞见威胁、处置攻击、提升能力"，为企业构建坚实、持续的数字安全屏障，实现整体持续安全运营。

360数字安全托管运营服务开创"软、硬件免费，服务收费"的网络安全商业模式先河，以7×24小时的远程托管运营服务形式，帮助客户实现全天候、全方位的威胁监测。基于360多年行业独有的高级安全威胁对抗实践，以"看见"安全风险为核心，结合大数据、知识库和安全专家等资源，构筑起了一套完整的数字化安全体系，从而帮助企业提升安全防护能力。360数字安全托管运营服务在服务模式、安全能力、团队支持、实战化攻防对抗能力以及可定制化解决方案等方面均展现出明显的先进性，为企业提供高效、专业的数字安全保障，为整个网络安全行业的建设和发展提供新的思路和方向。

（资料来源：北京通信业）

知识学习

一、数字安全的概念

1. 数字安全的起源

自2019年数世咨询创始人在公开发表的文章中，首次提出"数字安全"以来，数字安全的概念越来越受到业内的关注。基于网络安全的本质和特性，数世咨询在2020年提出网络安全技术分类的方法论——"网络安全三元论"（以下简称"三元论"）。基于三元论的三大支点——信息技术、业务应用和网络攻防，围绕数据的安全保护，就构成了数字安全能力模型，包括安全能力、数字资产和数字活动三个元素。数字资产是安全能力保护的对象，数字活动是安全能力及数字资产服务的对象，而数据安全则是核心目标，如图5-1所示。网络安全与数字安全最大的区别在于，前者的关注重点在"围绕通信、边界和端点组成的网络进行对抗的过程"，后者则是"以网络安全为基础手段，以数据安全为核心目的"。

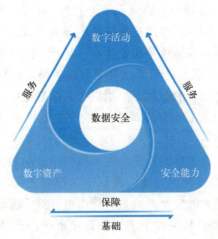

图5-1 以三元论为支点的数字安全模型

① 信息技术是网络安全的起源。有了电子通信才有电子对抗，有了计算机、操作系统、数据库、应用程序，才会有系统安全、数据库安全、应用安全，有了云计算、移动互联网、工业互联网，才会有云安全、移动安全和工业互联网安全的概念。简而言之，没有网络就没有网络安全。

② 业务应用是一个机构或组织生存发展的根本前提，信息技术是为业务需求服务的。基于产品设备或技术方案对信息系统的保护，并非网络安全的最终目的，更好地服务数字化业务的需求，为数字经济的发展赋能，保卫国家安全，才是网络安全的根本目标。

③ 网络攻防的逻辑本质是"对抗"，对抗则意味着没有无往不胜的攻击，也没有牢不可破的防御。"道高一尺，魔高一丈"，循环往复，永不休止。因此，动态性、相对性、整体性、开放性、协同性等理念是做好网络安全的方向指引。

2. 数字安全的概念

数字安全是指在数字时代与数字化相关的一切安全要素、行为和状态的集合，既包括保障数字经济的安全性，也包括将数字技术用于安全领域。数字安全包含电子设备、通信网络、信息系统及电子数据所构成的虚拟网络空间，正在与现实物理空间融合成一个数字化的空间。此空间存在被干扰、破坏、盗窃和滥用的风险，围绕这些风险而展开的对抗博弈过程，称之为数字安全。

数字安全以数字身份为核心，以元安全为基础底座，涵盖了信息安全、网络安全、数据安全、隐私保护等领域或场景，除此之外，数字安全还包括利用数字技术保障数字基础设施的物理安全。虽然数字安全更偏重数字经济与数字技术，但是它与偏重国家网络主权的网络空间安全在法律、标准、技术上也是相通的。

M5-1
数字安全与网络安全的区别

二、数字安全的重要性

1. 数字安全的影响不容忽视

5G、物联网、AI、云计算等技术的应用，让生产、服务过程加速数字化、云化。但产业数字化在创造巨大价值的同时，网络安全事故也屡见不鲜。从短视频平台侵犯用户信息权，某科技公司的人脸识别技术被推至舆论焦点，某招聘网站用户简历流向黑市，到某论坛4天获取超过3万名用户信息，再到某点餐平台被质疑差异化定价"杀熟"客户……这些事件无一不揭示了在经济利益的驱动下，用户个人信息在被各类主体竞相挖掘和利用的现状。同时，信息泄露引发的欺诈事件司空见惯，"大数据杀熟"现象也在多领域和多平台泛滥成灾。

数字化转型和赋能伴随着大量的系统应用及网络中流动的大量数据的共享交换，各系统之间、各部门之间、内部与外部之间，甚至于各行业之间，这些数据的流动在带来巨大价值的同时，也带来了极大的安全风险。各使用单位对于流动中数据的控制力会越来越弱，风险也会越来越大。提升数字安全，保护数字资产，已经成为大家越来越关心的话题。如何确保数据合规使用和防止数据泄露成为数字化转型和赋能中的关注重点，数字安全逐步成为数字化转型和赋能过程中的核心需要和关键保障。

2. 安全是数字经济发展的底线

在传统互联网时代，网络攻击的主体是网民，造成的后果基本是电脑蓝屏、文件损坏、恶意弹窗和个人信息被盗。但在数字经济时代，网络攻击的目的是摧毁一座关键信息基础设施，攻陷数据服务器等。当数据和一切实体经济的关系越来越紧密时，网络和数据安全问题就会成为牵一发而动全身的关键问题。

数字经济时代是大数据利用时代，随着互联网发展，数据窃取、网络黑市数据交易等现象层出不穷。这背后反映的是，在进行数字化转型的过程中，我们的企业面临着更加严峻的网络系统攻击、隐私泄露等安全问题。葡萄牙最大的电视台和报纸媒体Impresa遭到勒索软件攻击而瘫痪、欧洲港口石油设施被黑客攻击导致油轮无法靠港、红十字国际委员会（ICRC）遭遇高级网络攻击导致数据泄露……每年全球企业发生的数据泄漏、勒索攻击等安全问题数不胜数。如果企业对于数字化转型后的网络安全工作普遍认识不足，会造成频繁的业务停摆和安全事故。因此要同步推动数字化发展与安全，数字安全是数字经济发展的前提和根本保障。

三、数字安全技术趋势

1. 安全大模型（Sec-LLM）迎来爆发期

作为大语言模型（large language model，LLM）的爆发年，2023年仅在国内就先后出现了十几家安全企业发布基于大模型的安全运营平台。弗雷斯特（Forrester）研究公司在2023年的调查报告中强调，生成式AI需要的不仅仅是通用的大模型。因为即使是经过最仔细的微调和训练的大模型也不足以构建和安全运行大多数需要专业知识的应用场景。据国际安全智库的观察，现在国内主流的安全大模型，多赋能于安全运营场景中的检测效率（检出率和准确率）与响应联动效率。随着大模型及其应用的迅速发展，今后预计还将在数据治理、流量分析等应用场景，有更多的细分垂域（即场景化）大模型的出现。

2. 人工智能安全引发更多关注

作为硬币的另一面，AI自身的安全也成为业内关注的热点。很多专业用户对大模型"一本正经地胡说八道"十分头痛，而针对AI/ML的推理攻击、数据投毒、提取和规避等攻击方式，以及可能对社会产生的不良影响，更是让专业用户投出了更多的不信任票。根据Gartner公司2023年发布的一项调查，34%的组织已经在使用人工智能应用程序安全工具，26%的受访者表示，他们正在实施或使用隐私增强技术，以减轻生成式AI带来的风险。为此，无论出于监管部门的要求还是实际应用的需求，AI安全成为今后众多大模型供应商与运营商必须关注的基本问题。

3. 数据安全继续保持热度第一

从2022年开始，数据安全就已在国内数十个数字安全领域中位列融资数量第一。进入2023年，仅就国内来说，"数据二十条"与"数据资产入表"（《企业数据资源相关会计处理暂行规定》，2024年1月1日起施行），将数据安全的强合规要求按下了倒计时加速键。据国内调研机构数世咨询最新统计，2023年度全球网络安全投融资市场，数据安全融资数量仍将位列第一。该领域必备的能力基础为数据治理、风险分析和整体安全方案。

4. 勒索软件已成数字世界最大威胁之一

勒索软件已经成为数字世界中的最大威胁之一。其威胁从破坏数据到窃取数据，再到售卖数据和泄露数据，甚至会令企业生产经营停滞，产生重大经济和名誉损失。由于巨大的经济利益且使用便利，勒索软件行业已经形成从编写人到代理人，再到分发者和"钱骡"等完备的运转链条，"勒索软件即服务（ransomware as a service）"已经成为全球最大的黑灰产商业模式之一。知名安全公司Sophos发布的《2023勒索软件态势报告》显示，66%的机构在过去一年中遭受过勒索软件攻击。其中，76%的攻击导致数据被加密。防御勒索软件的攻击需要综合性的安全体系，对此，业内各安全厂商也发展出了不同的技术防御路线，如文件系统级防篡改、系统进程实时检测，以及数据库系统恢复等手段。

5. 网络战提升APT防护需求

与传统武器相比，数字武器的成本低、实施易、见效快，隐蔽性高、防护困难，对于数字化依赖程度较深的国家，遭受数字打击的后果损失不可估量。从2022年的俄乌冲突到2023年的巴以战争，国家级的网络攻防对抗从桌面下的遮遮掩掩变成了现代战争的有机组成部分，甚至是必要的战争手段之一。当今世界各经济政治主体的分割对峙局势，更是极大地加重了对APT（高级持续性威胁）的攻防两面需求。该领域最核心的是全网安全大数据、威胁情报、攻防知识库以及具备实战化攻防能力的安全专家，能够进行零日漏洞的挖掘、储备，漏洞利用程序的研究、分析等。

6. 攻守两端"双向奔赴"下的软件供应链安全凸显

从攻击者角度来说，攻击目标的上游软件供应链是有效的攻击切入点；从安全防护的角度来说，将安全转移到软件开发阶段是更加事半功倍的有效响应手段。攻防两端"双向奔赴"下的软件供应链安全，成为国际、国内安全市场中公认的热点领域。2023年，美国网络安全与基础设施安全局和美国国家安全局联合其他部门，发布了软件供应链安全的新指南。指南建议所有组织机构都应将主动管理和缓解风险作为不断发展的软件安全开发实践的一部分。作为软件供应链中的开发者、供应商或客户等角色，各组织机构将持续决定这一责任的形式和范围。

7. XDR/TDR进入安全运营时代

近年来从安全运营中心（SOC）到态势感知平台，国内的安全平台中"建设"大于"运营"，平台级安全能力始终无法在用户侧真正落地。但随着网络实战攻防演练水平的逐年提高，"检测"与"响应"成为了用户侧各单点安全能力自动化、流程化、制度化的有效训练场景。Gartner公司发布的2023可拓展威胁检测与响应（XDR）市场指南中认为，安全和风险管理领导者继续寻求安全供应商和产品整合，以管理风险并提高安全运营能力，而XDR供应商在此中发挥重要作用。此外，XDR将成为买家在为其安全运营计划寻求战略架构决策时需要评估的越来越重要的功能。国际安全智库预测，今后从网络实战攻防演练到常态化安全运营，XDR/TDR（威胁检测与响应）将会继续高速发展。

8. 信创安全生态建设任重道远

由于更高维度的国产化大趋势，信创产品国产化替代虽然解决了国际化软硬件产品中潜在的"后门"风险，但却更加直接地暴露出大面积存在的"漏洞"隐患。为此，国内已有多家安全厂商在大声疾呼，并开始着手联合软件厂商建立信创软硬件产品的安全漏洞披露与修复生态。

案例分享

离职人员远程登录科技公司服务器删除数据

吕某某系北京某科技公司的IT高级工程师，负责该公司网络机房与服务器管理。2022年7月，吕某某从公司离职。因离职前曾与公司负责人员发生矛盾，吕某某怀恨在心。2023年5月18日晚，吕某某在家中使用其原有的管理员账号和密码，通过其本人手机登录该公司的共享服务器账户，修改管理员密码，并删除共享服务器磁盘中的数据和操作日志。2023年5月19日，北京某科技公司发现大量工作数据丢失，影响正常工作开展，后为恢复数据共计花费12万余元。2023年9月27日，北京市

> 昌平区检察院对吕某某以非法控制计算机信息系统罪提起公诉。2023年11月8日，北京市昌平区法院作出一审判决，以非法控制计算机信息系统罪判处吕某某有期徒刑三年，缓刑五年，罚金三万元。
>
> 随着信息网络技术的发展，储存在手机、电脑、服务器中的数据信息成为公司重要财产。企业应当建立严密的网络数据安全保护体系、完善的网络数据安全合规制度，加强对数据信息的制度管理和技术防护。员工离职时若有不满或争议，可以通过与公司协商、投诉、申请劳动仲裁、诉讼等合法途径解决，千万不能一时冲动，为泄愤删除或修改原公司数据，影响原公司生产经营活动，否则可能面临刑事处罚。

学习探索

一、数字转型阶段的安全新形势分析

数字化转型阶段，网络与数字安全工作面临新形势、新要求，体现为以下四个方面：

1. 数字基础设施价值高度集聚，数字技术"双刃剑"效应引发安全隐忧

随着近年数字化技术加速应用，数字基础设施的"双刃剑"效应逐渐显现，其自身安全缺陷在一定程度上制约了相关应用落地——不够成熟的新技术过早投入大规模应用，在核心算法、机制、平台等层面都可能存在未知安全漏洞，其本身安全缺陷易造成隐患。

2. 打破了传统封闭保守的生产控制环境，网络安全问题直达现实世界

随着越来越多的生产设备、控制系统连入网络，打破了传统相对封闭可信的环境，互联网的安全威胁迅速渗透延伸至生产现场。一方面大量生产设备暴露于公网，加大了安全隐患，另一方面数据在IT和OT、生产现场内外的流动共享打破了各种安全边界，随着数字融合不断加深，攻击可由数字世界直达现实世界，导致严重后果。

3. 安全重心从静态数据防护，转变为动态数据流通

数字化转型时代，数字安全防护的重点从相对静态的保障数据交互安全转向保障动态的数据要素流通安全。数据价值释放过程中，不同环节安全技术能力受限、数据保护主义盛行、数据野蛮挖掘活动猖獗等安全问题日益突出，给要求顺畅、可信的数据流通带来了新的安全挑战。

4. 数字安全成为综合衡量国家竞争力的重要因素

全球数字竞争背景下，主要大国不断在供应链管控、数据流动、高新技术安全主导权发力，安全动荡源风险点增多。西方发达国家面对中国崛起，设置歧视性待遇政策和条款，并通过实体清单管制对中国企业进行封锁限制，给我国跨境金融、国际贸易、国际航

运、工业互联网、人工智能等产业的全球化发展带来巨大阻碍。

二、数字安全实践应用

1. 企业数字安全实践

在数字化浪潮汹涌的当下，企业若想在激烈的市场竞争中立于不败之地，就必须重视数字安全这一关键要素。以微软为例，这家全球知名的科技巨头，长期致力于打造强大的数字安全防护体系。微软通过建立完善的安全管理制度、运用先进的技术手段，以及加强员工的安全意识培训等多种方式，形成了全方位、多层次的安全防护格局。其独有的智能安全策略，能够实时监测威胁并快速响应，确保企业数据的安全与完整。

谷歌公司也是数字安全领域的佼佼者。谷歌注重从源头上保障数据安全，采用严格的数据访问控制和加密技术，防止数据被未经授权的人员访问和窃取。同时，谷歌还积极与各方合作，共同打击网络犯罪和恶意攻击行为，维护数字生态的安全稳定。在国内，阿里巴巴集团也在数字安全方面取得了显著成效。阿里巴巴构建了一套完整的网络安全管理体系，涵盖网络安全、数据安全、应用安全等多个层面。同时，阿里巴巴还积极探索新技术在安全防护中的应用，如利用人工智能技术进行风险预测和防御等。

2. 政府数字安全实践

政府在政务数字安全实践方面采取了一系列措施来应对新的挑战，如通过建立和完善数字安全框架，政府部门能够系统地处理和解决安全问题。同时，通过制定严格的数字安全政策、标准和流程，确保所有政务数据的安全。加强对公职人员的网络安全培训，提升他们的安全意识和操作技能，以预防潜在的网络威胁。此外，政府还投资于先进的安全技术，如防火墙、入侵检测系统和加密技术，以保护政务数据不受外部攻击和内部泄露的威胁。加强数据中心的安全性管控，实施严格的访问控制和监控机制，确保关键数据的完整性和机密性。

> **案例分享**
>
> **我国某省政务云数据安全防护体系建设实践**
>
> 我国西南某省近年来抢抓新一代信息技术、信息产业发展机遇，打造全省政务中心和云计算中心，使用功能涵盖了省政务信息中心、云计算中心、办公业务用房及交易大厅等。政务云中的政务数据保护是关系到其能否安全可靠地对外提供服务的关键。按照《中华人民共和国网络安全法》和《中华人民共和国数据安全法》等国家相关安全法规建设要求，该省现对"党建云"按照"一个中心、三重防护"的要求进行云内安全改造。
>
> 云内安全改造采用管理平台、控制平台和业务平台分布式架构设计，主要由管理

模块、控制模块和业务模块组成。在需要进行安全保护的核心政务数据前端部署相关模块，负责执行针对后期数据库集群约2000个库的安全功能，如访问控制、安全防护等。通过建设云内数据安全防护系统，实现"党建云"内的安全可视、安全可控、安全可审计的需求。同时完善"党建云"的安全防护体系，全面提升"党建云"安全保护水平。

根据需求，本次项目在应用侧和数据库集群中间串联部署数据库防火墙，采用主动防御技术能够主动实时监控、识别、告警、阻断绕过企业网络边界防护的外部数据攻击、来自于内部的高权限用户的数据窃取、破坏等，从数据库结构化查询语言（SQL）语句精准语义分析的技术层面，提供一种主动安全防御措施，真正做到事前阻断、事中防护和预警、事后追溯数据库全生命周期防御，保障数据库安全。

政务云数据安全防护体系建设实施之后，有效保护了外网政务服务、数据库以及核心数据安全，有效抵御了各种数据库攻击行为；基于机器学习构建和完善数据库SQL特征库，可提供灵活、便利的策略定制；主动式检测和防御，及时发现针对数据库的攻击行为和安全隐患。

3. 教育数字安全实践

（1）智慧课堂建设与数据安全保护　在智慧课堂的建设过程中，学校不仅注重提升教学质量和学习体验，更重视对学生数据的安全保护。通过采用先进的加密技术和访问控制措施，确保学生的个人信息、学习成绩等敏感数据得到严格保护，防止数据泄露和滥用。同时，学校还定期对教师进行数字安全培训，提高其数据安全意识和技能水平，共同营造安全可靠的数字学习环境。

（2）在线教育平台的安全认证机制　为了保障在线教育平台的安全可靠性，一些平台引入了安全认证机制。学生和家长可以通过查看平台的安全认证标志来判断其安全性，选择经过认证的平台进行学习。这种认证机制不仅提高了平台的安全水平，也增强了用户对平台的信任度。

（3）校园网络安全管理体系建设　面对日益复杂的网络安全形势，学校积极建立和完善校园网络安全管理体系。这包括制定网络安全管理制度、加强网络监控和预警机制、开展网络安全宣传和教育活动等。通过这些措施，学校能够及时发现并应对网络安全威胁，保障校园网络的安全稳定运行。

（4）学生个人信息保护政策制定　学校制定严格的学生个人信息保护政策是保障学生隐私安全的关键。这些政策明确界定了学生个人信息的收集、存储、使用和共享范围，规定了相关责任方的职责和义务。同时，学校还加强对学生和家长的数据安全教育，提高他们的隐私保护意识，共同维护学生个人信息的安全。

（5）教育资源共享平台的安全策略　在构建教育资源共享平台时，安全策略是保障资源安全和可靠性的关键。平台采取严格的权限管理措施，确保只有经过授权的用户才能访问相关资源。同时，平台还采用先进的技术手段进行安全防护，防止资源被非法复制、篡改或泄露。这些安全策略的实施，为教育资源的共享和传播提供了坚实的安全保障。

（6）虚拟实验室的安全访问控制　对于需要使用虚拟实验室等特殊教学资源的学科，学校实施严格的安全访问控制措施。通过身份验证、访问权限设置等方式，确保只有具备相应权限的学生和教师能够访问这些资源。这不仅保障了虚拟实验室的安全运行，也防止了资源的滥用和破坏。

（7）教育管理信息系统的安全审计与监管　学校定期对教育管理信息系统进行安全审计和监管是确保系统安全的重要手段。通过对系统的安全策略、日志记录、异常行为等方面进行审查和监控，能够及时发现并处理安全隐患和漏洞，确保系统的安全性和稳定性。

（8）教育数据备份与恢复机制　为应对可能出现的数据丢失或损坏情况，学校建立完善的教育数据备份与恢复机制。通过定期备份关键数据，并制订详细的恢复计划和操作流程，学校能够在面临数据灾难时迅速恢复正常运行状态，保障教育教学活动的顺利进行。

（9）网络安全应急响应机制　学校建立网络安全应急响应机制是应对突发网络安全事件的关键。通过制定详细的应急预案和处置流程，学校能够在短时间内做出快速反应，组织专业团队进行事件调查和处置工作。同时，学校还加强与相关部门的沟通协调，形成合力共同应对网络安全挑战。

（10）数字安全教育与培训　学校定期对学生和教师进行数字安全教育和培训是提升整体数字素养和安全意识的有效途径。通过讲解网络安全知识、演示安全操作方法以及开展模拟演练等活动，学校能够帮助学生和教师掌握必要的数字安全技能和知识，增强他们在数字环境中的自我保护能力。

三、数字安全与我们的工作和生活

在数字时代，我们面临着各种数字安全威胁，如网络钓鱼、个人信息泄露等。大学生需要理解数字安全的重要性，建立正确的数字安全意识，明确网络攻击的威胁及其对自身的影响，解常见的网络威胁和攻击手段，以及如何保护自己的个人信息。大学生要建立对于网络的合理使用和自我保护的意识，以防范网络欺凌、虚假信息。

1. 妥善设置和保管账户和密码

大学生应该学会如何保护自己的账户、如何识别虚假信息和如何保护个人隐私等方面的技巧。例如，应该了解如何设置强密码，包括使用不同字母的大小写、数字和特殊字符，并定期更换密码。妥善保管个人账户和密码，避免在无保护的 Wi-Fi 网络上访问敏感信息，不轻易透露个人信息等。同时，学习如何使用网络工具来管理自己的网络行为。

2. 学会保护个人数据

大学生应该学会如何管理和共享自己的数据，了解隐私权的保护和个人信息的合法使用。如免费邮箱和搜索引擎等免费应用程序都有自己的变现模式，其实都并不是表面上看起来的"免费"。这些公司会扫描我们的帖子、邮件和搜索结果，以便将定制的广告、内容和搜索结果推送给我们。

3. 不在网上发布大量自拍

一般来说，我们上传到互联网上的所有内容都将永久留在网上，而且在99%的情况下，将失去对这些内容的所有权。现在有了可用的软件，不法分子很容易通过一张照片来篡改和制作虚假视频。我们在发布照片时要尽可能保守和慎重。

4. 远离未知来源的内容

大学生应培养独立思考的能力和辨识力，会用正确的方式在网络上沟通。不在公共网络上登录银行账号、社交媒体账号等敏感信息，并确保使用安全的无线网络连接。明确好友，不随便添加陌生人。不要随便下载、转发未知来源的内容，防止恶意软件骚扰，了解如何识别和避免下载恶意软件，防止网络钓鱼，学会警惕钓鱼网站和电子邮件，特别是那些看起来可疑的链接，更不能在可疑网页上提供个人信息。

5. 建立网络卫生习惯

数字社交媒体，作为当代社会信息传递的强劲引擎，其影响力不容忽视。在发布任何内容时，我们都应深思熟虑，因为每一次的展现与信息传播，都将被清晰地记录在虚拟世界的每一个角落。让我们自问："我是否在助力传播正能量、建设性见解和理性思维？"在点击"发布"之前，请务必仔细检查。

此外，我们亦需警惕网络游戏的诱惑，培养对游戏、短视频等内容的自控能力，远离沉迷的漩涡。多投身于有益的体育锻炼，强健体魄。同时，我们应坚守信息的真实与健康，不受虚荣心和无聊时光的驱使，坚决不发布、不传播任何虚假或不恰当的内容，共同维护一个健康、积极的网络环境。

6. 保持软件更新，制订应急计划

无论是手机还是电脑，其操作系统、应用程序和防病毒软件的定期更新对于保护数字隐私至关重要。黑客经常利用软件中的安全漏洞来攻击系统，而这些更新通常包含了对这些漏洞的修复。即使采取了所有必要的预防措施，也仍然有可能遭遇安全事件。因此，制订一个应急计划，对快速有效地应对安全事件至关重要。例如，了解如何报告安全事件，以及如何更改密码和取消账户的链接等。

7. 保持批判性思维，树立网络版权意识

大学生应该培养批判性思维，学会辨别虚假信息和谣言，以及了解如何应对网络欺凌和骚扰。同时，应该了解网络版权的概念，遵守版权法规，不盗用他人的作品和知识产权。

>> 实践提升　保障数字安全的能力训练

（一）思考

结合上文所学，请你列出自己的电脑或手机的密码设置和管理的措施。

数字素养基础

（二）实践

请说出手机丢失后的应对步骤。

M5-2
手机丢失后的处理过程

学习评价

学习环节	内容	自评分	组评分	教师评分
知识学习	数字安全概念、重要性及发展趋势			
案例分享	离职人员远程登录科技公司服务器删除数据			
学习探索	数字转型下安全新形势探索、数字安全实践应用探索			
实践提升	保障数字安全的能力训练			
学习收获				
学习反思				

拓展阅读　筑牢可信可控数字安全屏障

近日，中共中央、国务院印发《数字中国建设整体布局规划》（以下简称《规划》），《规划》中提出，到2025年，基本形成横向打通、纵向贯通、协调有力的一体化推进格局，数字中国建设取得重要进展。到2035年，数字化发展水平进入世界前列，数字中国建设取得重大成就。同时，要筑牢可信可控的数字安全屏障，切实维护网络安全，完善网络安全法律法规和政策体系。

《规划》明确，数字中国建设按照"2522"的整体框架进行布局，即夯实数字基础设施和数据资源体系"两大基础"，推进数字技术与经济、政治、文化、社会、生态文明建设"五位一体"深度融合，强化数字技术创新体系和数字安全屏障"两大能力"，优化数字化发展国内国际"两个环境"。

《规划》指出，要强化数字中国关键能力。一是构筑自立自强的数字技术创新体系。健全社会主义市场经济条件下关键核心技术攻关新型举国体制，加强企业主导的产学研深度融合。强化企业科技创新主体地位，发挥科技型骨干企业引领支撑作用。加强知识产权保护，健全知识产权转化收益分配机制。二是筑牢可信可控的数字安全屏障。切实维护网络安全，完善网络安全法律法规和政策体系。增强数据安全保障能力，建立数据分类分级保护基础制度，健全网络数据监测预警和应急处置工作体系。

同时，《规划》指出，要全面赋能经济社会发展。其中提出，一是做强做优做大数字经济。培育壮大数字经济核心产业，研究制定推动数字产业高质量发展的措施，打造具有国际竞争力的数字产业集群。推动数字技术和实体经济深度融合，在农业、工业、金融、教育、医疗、交通、能源等重点领域，加快数字技术创新应用。二是发展高效协同的数字政务。加快制度规则创新，完善与数字政务建设相适应的规章制度。提升数字化服务水平，加快推进"一件事一次办"，推进线上线下融合，加强和规范政务移动互联网应用程序管理。三是打造自信繁荣的数字文化。大力发展网络文化，加强优质网络文化产品供给，引导各类平台和广大网民创作生产积极健康、向上向善的网络文化产品。四是构建普惠便捷的数字社会。促进数字公共服务普惠化，大力实施国家教育数字化战略行动，完善国家智慧教育平台，发展数字健康，规范互联网诊疗和互联网医院发展。五是建设绿色智慧的数字生态文明。推动生态环境智慧治理，加快构建智慧高效的生态环境信息化体系，运用数字技术推动山水林田湖草沙一体化保护和系统治理，完善自然资源三维立体"一张图"和国土空间基础信息平台，构建以数字孪生流域为核心的智慧水利体系。

第二节 激活数字创新能力

> **案例导读**
>
> ### 我国数字创新发展态势
>
> 数字技术取得突破性进展，全球数字创新高地掀起新一轮竞逐浪潮。中国信息通信研究院发布的《全球产业创新生态发展报告（2023年）——数字创新高地全球图景与中国位势》（以下简称《报告》）显示，我国数字创新高地发展态势整体向好，在全球位居中上行列。
>
> 在全球数字创新领域的竞争版图中，我国数字创新高地的产业优势凸显。在人工智能领域，根据AMiner的报告，全球人工智能创新城市500强中，我国共有42个城市入列，数量位居全球第二，新动能培育形成起步优势。我国数字创业生态培育能力较强，已成为全球创业的首选地之一。根据CB Insights的数据，截至2022年底，我国长三角、京津冀数字领域独角兽企业超过40家，粤港澳大湾区近20家。就具体

产业而言，我国数字创新高地在未来网络和信息领域发展较快，京津冀、长三角、粤港澳大湾区等在未来网络、量子信息、元宇宙等领域均加快布局。

《报告》指出，对标世界一流，我国数字创新高地仍需接续发力。我国数字创新高地在全球创新版图中的影响力日益增强，但距离世界一流高地还有一定差距，具有全球影响力的生态型龙头企业依然较少，高水平创新产出相对不足，高能级集群建设仍需加强。我国正处于推进中国式现代化、迈向创新型国家前列的重要战略机遇期，数字创新高地作为落实创新驱动发展战略的先行区域，也进入攻坚克难、提质增效的关键阶段，未来应提质量、练内功、引外力，加快向世界一流数字创新高地迈进。

知识学习

一、数字创新能力内涵概述

1. 数字创新能力的定义

数字创新能力是指个人、企业或组织在数字环境中进行创新的能力。这包括利用数字技术和工具来开发新的产品、服务或流程，以及改进现有的业务模式和工作方式。数字创新能力涉及多个方面，如数据分析、云计算、人工智能、物联网等，通过这些技术，个人和组织可以更好地理解和满足客户需求，提高工作效率，降低成本，并在竞争激烈的市场中脱颖而出。数字创新能力不仅需要掌握相关技术知识和技能，还需要具备创新思维和战略眼光，以便在不断变化的数字环境中抓住机遇并应对挑战。

2. 数字创新能力的重要性

数字创新能力在当前社会经济发展中扮演着至关重要的角色。它直接影响企业竞争力的提升、经济增长模式的转变以及社会生活质量的改善。通过整合和应用新兴的数字技术，如人工智能、大数据分析及物联网等，创新主体能够设计出新的商业模式，优化产品和服务，提升操作效率，同时实现个性化的客户体验。这不仅有助于满足消费者多变的需求，而且能为企业开拓更广阔的市场空间，增强其在国际市场中的竞争力。此外，数字创新能力还能加强决策过程的数据驱动性，使政策制定和企业战略规划更加科学和精确，从而有效降低经营风险，提高响应环境变化的灵敏度。在宏观层面，数字创新对于推动国家经济结构转型升级、促进高新技术产业发展以及增强国家软实力同样具有重要意义。因此，无论是对个体、企业还是国家而言，培育和提升数字创新能力都是适应和引领数字化时代潮流的关键。

二、数字创新能力构成要素

数字创新能力构成要素涉及多个维度，主要构成要素包括技术素养、数据驱动、创新思维、业务流程、用户体验、敏捷响应、学习和适应能力、跨域融合等。这些要素共同作用，使组织能够快速适应并引领数字化时代的变革，保持竞争力并实现持续发展。具体如表5-1所示。

表5-1 数字创新能力构成要素

序号	构成要素	具体含义
1	技术素养	掌握当前和新兴的数字技术，如云计算、大数据分析、人工智能、物联网等，并能够将这些技术应用于实际问题的解决
2	数据驱动	涉及数据的收集、处理、分析和解释能力，能够从海量数据中提取有价值的信息，并用这些信息来指导决策和发现新的商业机会
3	创新思维	能够跳出传统思维框架，提出新的观点和解决方案的能力，鼓励挑战现状，尝试新的方法，带来突破性的改变
4	业务流程	对组织内部业务流程的深入理解，包括能够识别和优化流程中的各个环节，以提高效率和效果
5	用户体验	对用户需求和体验的深刻洞察，以及能够设计并提供满足这些需求的产品和服务
6	敏捷响应	在快速变化的数字环境中，能够迅速适应变化并作出反应，灵活调整策略和计划，以应对不断出现的新挑战
7	学习适应	随着数字技术的不断发展，持续学习和更新知识和技能，以适应新的技术和市场变化
8	跨域融合	将不同领域的知识和技能结合起来，创造出新的解决方案和价值，例如将技术知识和商业知识相结合，创造新的商业模式或产品

三、数字创新能力应用场景

1. 金融服务行业

区块链的不可篡改性和去中心化特性为交易安全提供了强有力的保障，而人工智能的应用则使得风险评估更加精准，投资策略更具个性化。利用区块链技术提高交易安全性、使用人工智能进行风险评估和投资策略制定，以及通过移动支付和数字货币简化交易流程，这些举措代表了金融技术领域的最新创新趋势。同时，移动支付和数字货币的普及为交易提供了更便捷、快速的处理方式，大幅提高了交易效率，同时也在改变人们的支付习惯和金融消费行为。

2. 电子商务平台

电子商务平台通过融合人工智能和机器学习算法，能够分析用户行为数据，为用户提供个性化的商品推荐。这种技术的应用不仅提升了用户的购物体验，还有效增加了销售转化率，为商家带来了更高的效益。随着技术的不断进步，电商平台的推荐系统将更加智能化，更好地满足用户需求。

3. 智慧城市项目

通过运用物联网和大数据技术，使城市管理者能够实时监测和调度市政设施，如交通信号灯、公共安全监控系统等。这些技术的应用有助于提高城市运行效率，为居民提供更加便捷、安全的生活环境。随着技术的不断发展，智慧城市将更加智能化，更好地满足人们的需求。

4. 远程医疗服务

通过利用远程医疗平台，让医生能够跨越地理限制为患者提供咨询和诊断服务。这种服务模式对于偏远地区的居民来说意义重大，因为它能够解决由于地域限制导致的医疗资源不均衡问题，让更多人享受到优质的医疗服务。随着技术的不断发展，远程医疗服务将更加便捷、高效，为人们的健康保驾护航。

5. 企业资源规划

通过集成最新数字技术，使企业能够实时监控和分析生产流程，优化库存管理，提高运营效率。这种系统的应用有助于降低运营成本，提升企业竞争力。随着技术的不断进步，ERP系统将更加智能化，更好地满足企业需求。

6. 文创旅游

通过结合虚拟现实（VR）、增强现实（AR）以及移动应用程序，旅游体验正在变得更加互动和个性化。利用VR技术，游客在家中也能虚拟游览遥远的历史遗迹；AR技术则能在现场提供额外的信息层，丰富参观者的体验。大数据分析帮助企业洞察游客偏好，优化服务并提供定制化推荐。人工智能（AI）也在自动化客户服务、智能导览等领域发挥作用。

> **案例分享**
>
> ## 故宫腾讯沉浸式数字体验展
>
> 2021年12月，由故宫和腾讯联合主办的"纹"以载道——故宫腾讯沉浸式数字体验展在深圳展出，借助沉浸式渲染、图搜和全景声等技术，带领观众在超高清数字资源的宇宙中，沉浸式体验古建筑与藏品中的纹样世界。
>
> 在展馆中庭，设计了一个6m×6m×8m的裸眼3D纹样视觉装置，使观众进入展区的第一时间感受到视觉的冲击。
>
> 在"锦绣世界"展区内部，腾讯多媒体实验室自研的算法，按照万花筒的折射原理将纹理材质镶嵌进几何图形，实现对图形的色调动态调控的效果。观众可深度参与到绚丽花纹变化的过程中来，获得全新的沉浸式数字视觉体验。展会设计了可交互的360°环幕，用于展示故宫院藏精品文物。屏幕上，每件文物有2种纹样可触碰，用户选择一个纹样即选择了这个"纹样线索"，可以跳转到下一个拥有同样纹样的文物中。也可以通过高精度的三维数字技术，欣赏纹样细节与器物全貌。
>
> 倦勤斋复原场景展区，运用了QQ音乐全景声技术，为展览音乐赋予空间感，让各类乐器的旋律及音效实现360°的空间漫游效果，结合倦勤斋展区的流水、飞鸟等视觉内容，打造极具沉浸式的观展体验，为用户带来身临其境的听觉感受。

> 整个展览,以故宫的器物和建筑纹样为线索。基于故宫博物院海量的数字资源,集合前沿数字科技,展览将纹样线索放大、重构、串联,打造古人想象与塑造了千百年,却未曾能亲见的吉祥纹样世界。

学习探索

一、激活数字创新能力面临的挑战

数字创新能力的激活在推动经济增长和社会发展的同时,也面临诸多挑战。具体如下:

① 技术迭代速度极快,企业必须不断跟进最新技术趋势,这不仅要求企业投入大量资源进行研发,还需要持续培养适应新技术的人才。

② 随着数字化程度加深,数据安全和个人隐私保护问题日益突出,企业需要投入精力确保数据安全,建立信任并遵守越来越严格的法规。

③ 数字化转型不仅是技术的变革,也涉及到组织结构和文化的重塑。传统的层级制度可能不利于创新思维的流动和实施,因此企业需要寻求更加灵活和开放的组织模式以促进创新。

④ 尽管数字技术提供了巨大的潜力,但用户的接受度也是一个不可忽视的挑战。用户的习惯、认知以及对新技术的信任都是影响创新成果推广的关键因素。

⑤ 成本问题同样不容忽视,特别是对于中小企业来说,初期的投资可能是一笔不小的负担。

⑥ 创新活动不是在真空中进行,它们需要适应并符合现行的法律和监管框架,这些框架可能尚未准备好迎接新出现的技术和应用。

二、数字创新能力与企业发展

数字创新能力在企业发展中扮演着核心角色。随着数字化转型的深入,企业必须适应新的技术环境,以创新的方式经营业务和提供服务。第一,数字创新能力体现在业务模式的创新上,数字技术的应用使得企业能够探索前所未有的商业模式,比如基于数据的个性化推荐、按需服务以及利用平台经济构建的生态系统。这些模式不仅满足了新一代消费者的需求,也为企业带来了新的增长点。第二,数字创新能力体现运营效率的提高,自动化工具和智能系统的应用显著降低了人力成本,提高了生产和管理的效率。数据分析的深度利用还提供了对市场趋势的敏锐洞察,使企业能够快速适应市场变化,制定更加精准的营销策略。

在客户体验方面,数字化手段如移动应用、在线客服等,使得企业能够提供更加便捷和个性化的服务,从而提升用户满意度和忠诚度。产品和服务的创新也得益于数字技术的发展,物联网、虚拟现实等技术的应用不断推动着新产品和服务的开发,增强了企业的市场竞争力。全球化战略的实施也离不开数字创新的支持。通过数字渠道,企业可以轻松地跨越地理界限,进入新市场,实现品牌的国际化扩张。同时,一种鼓励创新的组织文化对于吸引和保留顶尖人才至关重要,这些人才的加入又进一步推动了企业的数字创新进程。数字创新能力不仅是企业适应当前市场的必要条件,更是企业探索新机会、持续增长的动力源泉。企业需要将数字化转型作为战略重点,不断投资于技术和人才,以构建强大的数字创新能力,从而实现长期的发展与竞争优势。

三、数字创新能力与个人发展

1. 职业机会

在数字化时代,许多新兴职业都要求具备一定的数字技能。无论是数据科学家、软件开发者还是数字营销专家,这些职位都需要个人具备相关的数字技术和创新能力。因此,拥有数字创新能力可以为个人开启更多的职业机会。

2. 终身学习

技术的快速迭代要求个人持续学习和更新知识。通过在线课程、研讨会和工作坊等方式,个人可以不断提升自己的数字技能,以适应不断变化的工作环境和需求。

3. 个人品牌建设

在社交媒体和网络平台上展示个人的数字创新能力,可以帮助建立专业的个人品牌。这对于自由职业者和创业者来说尤为重要,因为他们需要通过网络展示自己的专业能力和创新思维来吸引客户或投资者。

4. 解决问题的能力

数字创新能力不仅包括技术技能,还包括解决问题的能力。在工作和生活中,个人经常面临各种问题和挑战,而数字工具和技术提供了解决问题的新途径。有效地利用这些工具,可以帮助个人提高解决问题的效率和创新性。

5. 跨领域合作

数字技术的兴起消除了物理和地理界限,让不同领域的专家能够通过线上平台相互协作。这种跨界合作不仅扩展了个人的视野,还促进了多学科的创新思维交流,激发了新的创意与解决方案。

总而言之,数字创新能力是个人发展的重要动力。它不仅为个人提供了更广阔的职业道路,还有助于提升个人的终身学习能力、解决问题能力以及跨界合作能力。在这个数字化日益深入的世界里,培养和增强数字创新能力是每个人实现全面发展的重要途径。

四、激活数字创新能力的关键

1. 企业激活数字创新能力的关键

① 企业需要确保其技术基础设施能够支持新的数字工具和平台。这涉及对现有IT系

统的升级，以及采用云计算、大数据、人工智能等现代技术，它们是数字创新的基石，能够为企业提供必要的运算能力、数据存储和分析能力，以及敏捷的开发环境。

② 企业需要重视数据的作用，并建立有效的数据收集、管理和分析机制。数据是数字创新的核心要素，能够帮助企业更好地理解客户需求、市场趋势和运营效率。因此，投资于数据分析工具和培养数据科学团队是至关重要的。

③ 企业需要培养一种开放和协作的文化，鼓励员工自由地分享想法，并跨部门合作。创新往往源于不同背景和专业知识的碰撞，因此建立一个促进知识交流和团队合作的环境是至关重要的。

④ 企业应该保持对市场趋势的敏感性，并愿意根据市场需求的变化快速调整其业务模式和产品。在快速变化的市场中，能够快速试错并调整战略的企业更容易成功。这要求企业领导层支持创新实验，并愿意投资于有潜力的新项目。

⑤ 企业需要与外部生态系统建立合作关系，包括与客户、供应商、研究机构和创业公司等。通过这些合作关系，企业可以获得新的思维和技术，同时也能够更好地理解市场需求和趋势。

2. 个人激活数字创新能力的关键

对个人而言，激活数字创新能力是提升职业竞争力和适应未来工作需求的关键。

① 个人需要不断学习和掌握新兴的数字技术和工具，如编程语言、数据分析软件和云计算平台。

② 建立终身学习的态度至关重要，这包括参与在线课程、研讨会和工作坊，以及追踪最新的技术趋势和发展。

③ 个人应当积极寻求实践机会，通过项目工作或自由职业等方式将所学知识应用到实际中，以此来锻炼解决问题的能力和创新思维。同时，建立专业网络，与来自不同行业和背景的人交流和合作，可以拓宽视野并激发新的创意。

④ 保持开放和灵活的心态，对于尝试新事物和接受可能的失败持积极态度，也是激活个人数字创新能力的重要部分。

通过对这些关键要素的持续投入，个人能够有效地提升自身的数字创新能力，为未来的职业生涯做好准备。

》实践提升　数字创新能力实践训练

（一）思考

1. 通过上面的学习预测未来数字创新的发展趋势？
2. 分析讨论数字创新对传统产业转型有哪些挑战和机遇？

（二）实践

请以智慧校园为主题，完成一份数字创新的调研报告。

任务要求:

(1) 目前校园生活中哪些现状需要改变,未来智慧校园的发展趋势如何?
(2) 应用数字化技术有哪些挑战?
(3) 相关功能的数据采集方式有哪些?
(4) 可以通过问卷方式收集智慧校园数字功能可以包含的内容。
(5) 形成一份数字创新的调研报告。

学习评价

学习环节	内容	自评分	组评分	教师评分
知识学习	数字创新能力的内涵、构成要素、应用场景			
案例分享	故宫腾讯沉浸式数字体验展			
学习探索	数字创新能力与个人、企业的发展;激活数字创新能力的关键、面临的挑战			
实践提升	数字创新能力实践训练			
学习收获				
学习反思				

拓展阅读 数字化创新人才发展前景

数字创新人才是当前社会和经济发展中的重要力量,对于企业和行业的发展至关重要。数字化时代的到来,对数字创新人才的需求越来越迫切,为数字创新人才的发展提供了广阔的前景和机遇。

1. 互联网行业

互联网行业是数字化创新的重要领域之一,也是数字化创新人才的主要就业方向。在互联网行业中,从产品开发、运营推广到客户服务等各个环节都需要数字化创新人才的参与。随着互联网行业的快速发展,数字化创新人才的需求也将不断增加。

2. 金融科技行业

金融科技行业需要数字化创新人才来推动其智能化、自动化和数字化的转型。在金融科技行业中,数字化创新人才可以在银行、证券、保险等金融机构中找到就业机会。

3. 医疗健康行业

医疗健康行业正在逐步实现数字化转型,医疗健康行业中的数字化转型包括电子病历管理、远程医疗、智能医疗设备等多个领域。随着医疗健康行业的数字化转型加速,数字化创新人才的就业前景也将更加广阔。

4. 智能制造行业

智能制造行业需要数字化创新人才来推动其智能化、自动化和数字化的转型。在智能制造行业中,数字化创新人才可以在机器人、自动化设备、智能家居等企业中找到就业机会。

5. 新零售行业

新零售行业是数字化创新的新兴领域之一,也是数字化创新人才的重要就业方向之一。新零售行业需要数字化创新人才来推动其智能化、自动化和数字化的转型。在新零售行业中,数字化创新人才可以在电商平台、智能物流公司、线下零售企业中找到就业机会。随着新零售行业的快速发展,数字化创新人才的就业前景也将更加广阔。

6. 人工智能与大数据分析领域

人工智能与大数据分析领域是数字化创新的热门领域之一,也是数字化创新人才的重要就业方向之一。人工智能与大数据分析领域需要数字化创新人才来推动其算法优化、数据处理和分析等工作。随着人工智能与大数据分析领域的快速发展,数字化创新人才的就业前景也将更加广阔。

7. 教育与培训行业

教育与培训行业是数字化创新的重点领域之一,也是数字化创新人才的重要就业方向之一。教育与培训行业需要数字化创新人才来推动其在线教育、智能辅导等工作的开展。随着教育与培训行业的快速发展,数字化创新人才的就业前景也将更加广阔。

数字化创新人才可以在多个领域中找到就业机会。为了更好地适应数字化时代的发展,各个行业和企业都需要加强数字化转型,重视数字化创新人才的培养和引进。对于个人而言,具备数字化创新能力将有助于提高自身的竞争力和职业发展潜力,实现个人价值和社会价值的双重提升。

第三节　践行数字社会责任

> **案例导读**
>
> ### 百度AI专利赋能数字人平台 为无声沟通搭建"有声桥梁"
>
> 目前我国听障人群已达2780万，他们不仅面临着生活的种种不便，也难以感受到有声世界的精彩。听障人士与有声世界的主要沟通桥梁是手语，据统计，我国专业的手语翻译不足1万人，难以满足听障人士参与社会生活时的手语翻译、沟通、咨询等需求。
>
> 人工智能已经为这个难题提出了科技新解法。百度智能云曦灵发布了"AI手语平台"，可实现分钟级生成手语合成视频、手语主播实时直播等能力，这意味着听障人士也可以在互联网中通过实时专业的手语翻译，畅快地学习、交友、娱乐，甚至是无障碍感受冬奥会、冬残奥会的体育之美！
>
> 2021年11月，央视新闻迎来了一位手语主播，"她"有高颜值、好性格，却并非真人，而是由百度智能云曦灵数字人平台打造的一位AI手语主播。网友们好奇：她能实时准确翻译金句频出的精彩赛事解说，让听障人士看懂比赛、看好比赛吗？于是，有人对她来了一场"上岗考核"。考核者是有"手语老师终结者"之称的央视主持人朱广权，他语速快，讲的段子必带韵脚，AI手语主播如能实时流畅翻译他的语言，那也能胜任绝大多数的赛事解说。结果AI手语主播还是用舞出残影的手速，准确同步了朱广权的贯口，让网友们惊叹不已！
>
> 无障碍环境建设是对企业创新能力、社会责任的考验。多年来，百度在人工智能领域持续投入，积累了大量高质量人工智能相关专利，是世界上对人工智能研究最广泛、最深入的主体之一。2022北京冬奥会、冬残奥会主题口号是"一起向未来"，这与《无障碍环境建设条例》保障残疾人等社会成员平等参与社会生活的初衷不谋而合。在社会发展、技术进步的历史进程中，会有更多百度这样的创新企业，积极承担社会责任，奉献自身的专业力量，帮助社会弱势群体更好地享受生活，一起走向美好明天。

> **知识学习**

一、数字社会责任理论基础

1. 数字社会责任的内涵与外延

数字社会责任指的是在数字化进程中，个人、组织和企业在利用数字技术创造价值的同时，应对其可能产生的社会影响负责。这包括尊重和保护用户隐私，确保数据安全，防止信息滥用，并促进信息的公平获取和使用。

在内涵方面，数字社会责任要求行为主体应具备对数字技术潜在影响的预见性，并主动采取措施以减轻负面影响。这涉及建立透明的操作流程，公正地处理数据，以及在设计产品和服务时考虑伦理和社会价值。此外，它还包括提供数字素养教育，帮助用户理解和掌握数字技术，从而在数字化时代做出明智的决策。

在外延方面，数字社会责任涵盖了从个人数据的隐私保护到公共数据治理的广泛议题，如打击网络犯罪、减少信息不对等、促进数字包容性和确保网络安全等。此外，它还关注如何通过数字技术解决社会问题，例如利用大数据分析和人工智能来改善公共卫生系统、提高教育质量或优化城市管理。

2. 数字社会责任与可持续发展

数字社会责任与可持续发展紧密相关，二者在推动社会向更公平、包容和环境友好的方向发展上有着共同的目标。数字社会责任强调在数字化进程中，个人和组织需对使用技术的社会影响负责，这包括促进信息的公平获取、保护用户隐私和数据安全，以及通过技术减少环境足迹等。

可持续发展旨在解决全球的主要挑战，包括贫困、不平等、气候变化、环境退化、和平与正义等。数字社会责任可以支持可持续发展目标的实现，例如，通过普及宽带互联网连接来缩小数字鸿沟，提高教育和卫生服务的可及性，或者利用数字工具监测和管理自然资源的使用效率。同时，数字技术也为可持续发展带来了新挑战，如电子废物的环境影响、能源消耗问题和网络空间的伦理问题。因此，承担数字社会责任意味着需要寻找平衡点，确保技术进步既能带来经济利益，又能支持环境保护和社会公正。

数字社会责任是实现可持续发展的重要途径，它要求我们认识到数字技术在带来发展机会的同时，也需关注和控制其可能带来的风险和负面影响。通过负责任地使用和治理数字技术，我们可以更好地实现经济增长、社会包容和环境保护的协调发展。

二、数字社会责任核心要素

数字社会责任核心要素包括保护用户隐私，确保网络安全，促进数字技术的公平使用，以及通过数字技术解决社会问题等。

首先，保护用户隐私是数字社会责任的重要组成部分。在数字化时代，个人信息的收集和使用变得更加容易，因此，保护用户的隐私权就显得尤为重要。企业应该建立严格的数据保护政策，确保用户的个人信息不被滥用。

其次，确保网络安全也是数字社会责任的一部分。随着网络攻击和网络犯罪的增加，网络安全问题日益突出。企业应该投入资源来提升网络安全，防止数据泄露和其他网络安全事件。

再次，促进数字技术的公平使用也是数字社会责任的一部分。数字技术的使用不应该加剧社会的不平等，而应该帮助缩小数字鸿沟，让所有人都能公平地享受到数字技术带来的好处。

最后，通过数字技术解决社会问题也是数字社会责任的一部分。数字技术有潜力帮助我们解决许多社会问题，如环境污染、贫困、疾病等。企业和个人应该利用数字技术的力量，为解决这些社会问题做出贡献。

三、数字社会责任的现状及挑战

1. 数字社会责任发展现状

数字社会责任发展现状是全球关注的焦点。随着数字化技术的快速发展，企业和个人在享受便利的同时，也面临着数据安全、隐私保护等挑战。目前，许多国家和地区已经开始制定相关法律法规，要求企业在收集、处理和使用数据时必须遵守一定的规则。同时，企业也在积极探索如何利用数字化技术来履行社会责任，例如通过数据分析来提高生产效率、减少资源浪费，或者通过互联网平台来推动公益事业的发展。然而，数字鸿沟的问题仍然存在，一些地区和群体由于缺乏必要的设备和技能，无法充分享受到数字化带来的便利。因此，如何确保数字化发展的公平性和包容性，是当前面临的重要问题。

2. 数字社会责任面临的挑战

在数字化时代，企业和个人都承担着一定的数字社会责任。然而，随着科技的快速发展，数字社会责任面临着诸多挑战。

首先，信息安全问题日益突出。随着大数据、云计算等技术的应用，个人信息泄露、网络攻击等问题频发，给企业和个人带来巨大的风险。如何保障信息安全，维护网络空间的稳定，是数字社会责任面临的一大挑战。

其次，数字鸿沟问题亟待解决。虽然互联网普及率不断提高，但在一些地区和群体中，仍存在数字资源获取不均、数字技能掌握不足等问题。如何缩小数字鸿沟，让更多人享受到数字化带来的便利，是数字社会责任需要关注的问题。

最后，数字伦理问题也日益受到关注。人工智能、虚拟现实等技术的发展，让人们对数字伦理产生越来越多的思考。如何在数字化进程中坚守道德底线，防止技术滥用，是数字社会责任面临的另一个挑战。

数字社会责任面临着信息安全、数字鸿沟和数字伦理等多方面的挑战。企业和个人都应该认识到这些问题，积极履行数字社会责任，共同推动数字化时代的健康发展。

> **案例分享**
>
> **Facebook数据泄露事件**
>
> 2014年，Facebook允许开发者创建应用程序，并授予他们访问用户数据的权限。一个名为"This Is Your Digital Life"的个人测验应用程序由Cambridge

Analytica开发，通过测试参与者的个人信息，该应用程序获取了大约270万人参与测试的用户数据，并获取了约8700万Facebook用户的朋友列表和部分朋友的个人数据。这些数据被用于政治广告和选举活动，而Cambridge Analytica并未得到Facebook用户的知情同意并违反了Facebook的规定。2018年，Cambridge Analytica的前员工克里斯托弗·温尔登（Christopher Wylie）向英国媒体揭露了这起数据滥用事件。

这一事件迅速引起了全球范围内的关注和批评。媒体广泛报道了这起事件，公众开始对Facebook的数据隐私和个人信息保护问题产生了质疑。各国政府和监管机构也开始对Facebook展开调查。Cambridge Analytica违反了数据保护法规和滥用个人数据，因此受到了相应的处罚。英国信息专员办公室最终对Cambridge Analytica处以最高罚款50万英镑。Facebook也开始进行用户数据调查，并发现了更多可能存在问题的第三方应用程序。他们采取了行动，限制了未经授权的数据获取，并提供了工具让用户查看和删除与第三方应用程序共享的数据。此外，为了恢复用户对其数据隐私的信任，Facebook采取了一系列举措加强数据隐私和个人信息保护，包括更新数据使用政策、改进平台和应用程序的设置选项，并增加了对开发者的审核和监管。

Facebook数据泄露事件不仅导致了对数字社会责任和数据隐私保护的更高要求，也对用户对社交媒体平台的信任产生了重大影响。这一事件提醒人们个人数据保护的重要性，并推动法律和政策的改进，以确保用户数据的安全和隐私权的保护。

> 学习探索

一、数字社会责任实践路径与方法

1. 个人层面

每个人都应该提升自己的数字素养，理解数字技术的潜在影响，并学会负责任地使用互联网和其他数字工具。这包括保护个人隐私，避免传播错误信息，以及在网络环境中展现尊重和理解。

2. 组织层面

企业和机构需要建立和实施全面的数字责任政策，确保他们的业务模式不仅追求经济效益，同时也考虑到社会和环境影响。这可能涉及改进数据管理实践，确保透明度和账户问责制，以及采取措施保护用户数据免受侵害。此外，组织还应鼓励和支持技术创新，以解决社会问题，如通过开发教育平台来提高教育资源的可及性，或者利用数据分析来优化资源分配。

3. 政府层面

政府有必要制定和执行相关法律法规，以监管数字空间，保护公民的权利，并促进公平和安全的网络环境。政府还应该与私营部门合作，共同推动开放和包容的数字创新生态系统，同时积极投资于基础设施建设，以确保所有社区都能访问到数字服务。

最后，为了实现数字社会责任，需要跨部门的合作和全球参与。这意味着需要不同行业、不同国家和不同文化背景的人们共同努力，通过对话和合作来解决跨国界的数字挑战，如网络安全威胁、跨境数据流动和数字分裂问题。总的来说，数字社会责任的实践路径是多维的，需要个人、组织和政府在多个层面上采取积极的策略和行动。通过增强意识、建立伙伴关系、执行政策和鼓励创新，我们可以共同推动构建一个更加负责任和可持续的数字世界。

二、数字社会责任评估与监管体系

1. 数字社会责任评估体系

数字社会责任评估体系是一套综合评价标准，用于衡量个人、组织或企业在数字领域中的社会责任表现。这一体系通常包括对隐私保护、数据安全、信息公平性、透明度、技术伦理和可持续性等方面的评估。

隐私保护指标评价的是个人数据被收集、存储和处理过程中的合法性、合理性以及用户控制权。数据安全指标则关注数据管理的安全措施和应对数据泄露或滥用事件的能力。信息公平性指标检验的是数字服务和资源的普及程度以及不同群体之间的数字鸿沟。透明度指标衡量的是企业和组织在数据处理方面的公开度和用户的知情权。技术伦理指标则着眼于技术应用是否遵循了社会公认的伦理准则。最后，可持续性指标考量的是数字实践对环境的长期影响，以及其是否促进了经济和社会的可持续发展。

通过这些指标的综合评估，可以全面了解相关主体在数字社会责任方面的表现，从而为改进策略和实践提供依据。这种评估体系对于推动数字化进程中的社会责任意识和行为具有重要作用。

2. 数字社会责任监管体系

数字社会责任监管体系是一套旨在确保个人、组织和企业在数字领域的活动符合社会责任要求的制度。这套体系通常由政府机构、行业组织和国际标准制定机构共同制定，并涉及法律法规、行业标准、自律规范和监督机制等多个方面。

（1）法律法规层面　监管机构会制定相关的数据保护法、信息安全法等，以保障个人隐私权、数据安全和社会公共利益。同时，还会设立专门的监察机构，负责对数字活动中的违法行为进行查处。

（2）行业标准层面　行业标准则更为具体地规定了各类数字活动的社会责任要求，如数据处理的透明度、公平性等。这些标准通常由行业协会或专业组织制定，并被行业内的企业自愿采纳。

（3）自律规范　自律规范是企业或个人在道德和社会责任意识基础上自行设定的行为准则。这些规范往往超出法律法规的最低要求，体现了对社会责任的主动承担。

（4）监督机制　监督机制包括第三方评估、公众监督和国际合作等方面。第三方评估可以提供独立的审核和评价，确保数字社会责任的实现情况透明公正。公众监督则依靠媒体、消费者和公民团体等社会力量，对数字活动进行持续的关注和反馈。国际合作则是为了应对跨国数字活动带来的挑战，通过国际协议和多边机制加强监管合作。

>> 实践提升　数字社会责任案例思考

1. 苹果公司的环境保护倡议

苹果公司一直致力于推动可持续发展和环境保护。他们承诺减少碳排放并实施清洁能源项目，通过减少包装材料和推行回收计划来降低环境影响。此外，苹果公司还致力于提高供应链的可持续性，并通过推广能源高效的产品和生产过程来促进可持续发展。

2. 谷歌的人工智能伦理原则

谷歌公司制定了一系列人工智能的伦理原则，以确保其人工智能技术的应用符合道德和社会价值。这些原则包括促进公正和多样性、确保透明度和解释性、保护用户隐私和数据安全等。谷歌承诺在人工智能的发展和应用中始终保持责任和道德导向。

3. 微软的数字包容倡议

微软公司开展了一系列数字包容倡议，旨在解决数字鸿沟问题。他们为农村地区提供互联网接入，推广数字技术教育，推动数字基础设施的改善，并与非政府组织和国际合作伙伴合作，推广数字包容性解决方案，确保每个人都能平等地分享数字化带来的机会。

4. Facebook公司社区支持项目

Facebook公司推出了社区支持项目，旨在帮助社区发展和解决社会问题。该项目投资于社区教育、数字技术培训、社区活动和公共服务等领域，以促进社会发展和改善人们的生活质量。这个项目旨在通过数字技术的力量，帮助社区实现可持续发展和社会进步。

5. Airbnb的社会影响报告

作为共享经济平台，Airbnb发布了社会影响报告，揭示了其平台对社区和经济的积极影响。该报告详细说明了Airbnb对房屋租赁市场的影响、为房东和房客带来的经济收益、对垃圾分类和可持续发展的推动等。这个报告展示了Airbnb对数字社会责任的承诺以及其积极的社会影响。

这些案例展示了企业在数字社会责任方面的积极行动，并通过利用数字技术和创新解决方案来推动社会发展和可持续性。这些公司通过关注环境保护、人工智能伦理、数字包容性、社区支持和社会影响报告等方式，向社会承担责任，为建设一个更加包容、公正和可持续的数字社会做出了贡献。

（1）请结合上述案例中的社会责任，谈谈你如何维护社会责任？
（2）针对目前的数字社会责任现状以及存在的问题，通过查阅资料提出你对推动数字社会责任需要做出的一些方法和建议。

实施提示

可以从以下几个方面思考（参考但不仅限于下面几个方面）：
（1）社会责任融入；
（2）社会责任监督管理；
（3）社会责任制度供给；
（4）社会责任生态；
（5）社会责任治理；
（6）社会责任意识。

学习评价

学习环节	内容	自评分	组评分	教师评分
知识学习	数字社会责任理论基础、核心要素、现状及挑战			
案例分享	Facebook数据泄露事件			
学习探索	数字社会责任实践路径及方法、评估监管体系			
实践提升	数字社会责任案例思考			
学习收获				
学习反思				

拓展阅读　AI虚拟数字人介绍

AI虚拟数字人，或称为"虚拟人工智能助手"，是一种基于人工智能技术的虚拟存在，旨在模拟人类的行为和交流方式。这些虚拟人物可以在多种环境中出现，包括在线聊天平台、智能助手、视频游戏、虚拟现实和增强现实应用等。

AI虚拟数字人的核心是先进的人工智能技术，包括自然语言处理、机器学习、计算机视觉和语音识别等。这些技术使虚拟数字人能够理解和回应人类的语言输入，甚至能够模仿人类的外貌和声音。在功能上，AI虚拟数字人可以执行各种任务，从提供客户支持和在线购物帮助到提供个性化的娱乐和教育内容。他们可以与用户进行实时互动，提供即时反馈，并根据用户的偏好和行为模式进行自我调整。在外观和个性上，AI虚拟数字人可以根据设计者的设定具有不同的形象和性格特征。一些虚拟数字人被设计成具有人类的形象和声音，以便更好地与用户建立情感联系。而其他虚拟数字人则可能采用更抽象或卡通化的形象，以适应特定的应用场景或目标受众。

AI虚拟数字人的一个主要优势是他们的可扩展性和灵活性。与真实的人类助手相比，虚拟数字人可以同时处理多个任务和请求，而不会受到疲劳或情绪波动的影响。此外，他们可以随时随地为用户提供服务，不受地理位置或时间限制。然而，AI虚拟数字人也面临一些挑战和争议。首先，隐私和数据安全是一个重要的问题。虚拟数字人需要收集和分析大量的用户数据以提供个性化的服务，这可能引发用户对数据滥用或泄露的担忧。其次，虚拟数字人可能面临伦理和社会问题。例如，他们可能被用于传播虚假信息或操纵用户的行为。此外，过度依赖虚拟数字人可能导致人类失去重要的社交技能和人际交往能力。

尽管如此，AI虚拟数字人的发展前景仍然广阔。随着人工智能技术的不断进步和普及，我们可以预见虚拟数字人在各个领域发挥更大的作用。无论是在客户服务、教育、医疗还是娱乐领域，AI虚拟数字人都有望为人类带来更高效、便捷和个性化的体验。然而，我们也需要认识伴随这些技术发展的挑战和风险，并采取适当的措施来确保其可持续和负责任地使用。

参考文献

[1] 黄玉兰. 物联网概论[M]. 2版. 北京：人民邮电出版社，2018.

[2] 国家互联网信息办公室. 数字中国发展报告（2022年）[Z].

[3] 中国信息通信研究院. 中国数字包容发展研究报告（2024年）[Z].

[4] 刘媛媛，肖飞，任超瑛，等. 政务领域数字身份管理关键技术研究与应用[J]. 科学技术创新，2024, (08): 99-102.

[5] 张艺馨. 我国数字政府的发展现状分析[J]. 河南科技，2022, 41(11): 156-158.

[6] 刘彩娥，韩丽风. AIGC背景下高校信息素养教育的发展[J]. 大学图书馆学报，2024, 42(02): 46-51.

[7] 童莉莉，曾佳，底颖. AIGC视域下数字教育产品的四维风险矩阵与治理框架[J/OL]. 现代远程教育研究: 1-8.

[8] 芦芊匀. 任务类型及消费者决策风格对AIGC产品使用意愿的影响及机制研究[D]. 上海：上海财经大学，2023.

[9] 沈书生. 适应与变革：AIGC产品如何改变教育过程——人工智能带来的机遇[J]. 教育研究与评论，2023(03): 15-21.

[10] 许雪晨，田侃，李文军. 新一代人工智能技术（AIGC）：发展演进、产业机遇及前景展望[J]. 产业经济评论，2023(04): 5-22.

[11] 杨张博，韩淑君，孙笑明，等. 中美AIGC领先企业技术创新布局比较研究[J/OL]. 科学研究: 1-22.

[12] 陈云龙，孔娜. 我国教育数字化转型的基础、挑战与建议[J]. 中国教育学刊，2023(04): 25-31.